Die Verbrechensverabredung,
§ 30 Abs. 2, 3. Alt. StGB

Europäische Hochschulschriften
Publications Universitaires Européennes
European University Studies

Reihe II
Rechtswissenschaft

Série II Series II
Droit
Law

Bd./Vol. 3087

PETER LANG
Frankfurt am Main · Berlin · Bern · Bruxelles · New York · Oxford · Wien

Ulrich Fieber

Die Verbrechensverabredung, § 30 Abs. 2,3 Alt. StGB

PETER LANG
Europäischer Verlag der Wissenschaften

Die Deutsche Bibliothek - CIP-Einheitsaufnahme

Fieber, Ulrich:

Die Verbrechensverabredung, § 30 Abs. 2,3. Alt. STGB / Ulrich Fieber. - Frankfurt am Main ; Berlin ; Bern ; Bruxelles ; New York ; Oxford ; Wien : Lang, 2001
(Europäische Hochschulschriften : Reihe 2, Rechtswissenschaft ; Bd. 3087)
Zugl.: Hamburg, Univ., Diss., 2000
ISBN 3-631-37545-X

Satz

Kumpernatz + Bromann, Hamburg

Gedruckt auf alterungsbeständigem,
säurefreiem Papier.

D 18
ISSN 0531-7312
ISBN 3-631-37545-X

Printed in Germany 1 2 3 4 5 7

Meinen Eltern

Inhaltsverzeichnis

Vorwort

Diese Dissertation befaßt sich umfassend mit der Strafbarkeit der Verbrechensverabredung. Die zentralen Normen, die dabei behandelt werden, sind die §§ 30 und 31 StGB, wobei § 30 Abs. 2, 3. Alt. StGB die Strafbarkeit der Verbrechensverabredung regelt. Die Normen lauten im Einzelnen wie folgt:

> **§ 30. Versuch der Beteiligung.** (1) Wer einen anderen zu bestimmen versucht, ein Verbrechen zu begehen oder zu ihm anzustiften, wird nach den Vorschriften über den Versuch des Verbrechens bestraft. [2]Jedoch ist die Strafe nach § 49 abs. 1 zu mildern. [3]§ 23 Abs. 3 gilt entsprechend.
>
> (2) Ebenso wird bestraft, wer sich bereit erklärt, wer das Erbieten eines anderen annimmt oder wer mit einem anderen verabredet, ein Verbrechen zu begehen oder zu ihm anzustiften.
>
> **§ 31. Rücktritt vom Versuch der Beteiligung.** (1) Nach § 30 wird nicht bestraft, wer freiwillig
>
> 1. den Versuch aufgibt, einen anderen zu einem Verbrechen zu bestimmen, und eine etwa bestehende Gefahr, daß der andere die Tat begeht, abwendet,
> 2. nachdem er sich zu einem Verbrechen bereit erklärt hatte, sein Vorhaben aufgibt oder,
> 3. nachdem er ein Verbrechen verabredet oder das Erbieten eines anderen zu einem Verbrechen angenommen hatte, die Tat verhindert.
>
> (2) Unterbleibt die Tat ohne Zutun des Zurücktretenden oder wird sie unabhängig von seinem früheren Verhalten begangen, so genügt zu seiner Straflosigkeit sein freiwilliges uns ernsthaftes Bemühen, die Tat zu verhindern.

Schwerpunkt und Abschluß dieser Arbeit wird die Untersuchung der Frage nach dem Unrechtsgehalt der Verbrechensverabredung sein; insoweit ist in der rechtswissenschaftlichen Literatur noch kein befriedigender Beitrag geleistet worden. Die Begründungen der Strafbarkeit der Verbrechensverabredung reichen von kriminalpolitischen Bedürfnissen, der Betonung generalpräventiver Erwägungen bis hin zu unterschiedlich ausgefüllten Gefahrvorstellungen, die teilweise gegensätzlich sind und denen jedenfalls jede dogmatische Verankerung fehlt. Doch gerade die dogmatische Stellung der Verbrechensverabredung ist unklar. So handelt es sich um eine Tat im Vorfeld einer anderen Tat, gewissermaßen der „eigentlichen" Tat. Die Verabredung kann nur gemeinschaftlich begangen werden, womit die Nähe zum Komplex von Täterschaft und Teilnahme deutlich wird, sie wird aber auch „nach den Vorschriften über den Versuch des Verbrechens bestraft". Zur dogmatischen Einordnung der Verbrechensverabredung unter diesen Gesichtspunkten sind durchaus schon einige – auch befriedigende – Lösungsansätze unternommen worden; jedoch mangelt es immer noch an einer vertretbaren Beantwortung der Frage, aus welchen strafrechtlichen Begriffen sich die Unrechtsbegründung der Verbrechensverabredung ergeben soll.

Das Hauptproblem bei der Bestrafung der bloßen, wenn auch ernst gemeinten Verabredung zu einem Verbrechen ist die Bestrafung eines (gemeinsamen) Tatentschlusses ohne Tatausführungshandlung. Es erscheint vor diesem Hintergrund nicht nur die Gleichstellung der Verabredungsstrafbarkeit mit der des Versuches, für den § 22 StGB ausdrücklich eine Ausführungshandlung voraussetzt, fraglich, sondern schon, ob die Strafbarkeit der Verbrechensverabredung sich überhaupt noch vom Gesinnungsstrafrecht abgrenzen läßt und somit nach strafrechtlichen Begriffen innerhalb eines rechtsstaatlichen Strafrechts den – noch konkret aufzustellenden – Unrechtsanforderungen genügt.

Ein weiteres Problem der Strafbarkeit der Verbrechensverabredung ist in diesem Zusammenhang ihr augenscheinlicher Mangel an empirischer Relevanz. Da es sich in aller Regel um einen Lebensbereich handelt, den die Komplottanten geheim halten wollen und der nicht durch nach außen dringende Handlungen der Komplottanten überschritten wird, kann eine gezielte Strafverfolgung – jedenfalls unter Zugrundelegung der gegenwärtigen Instrumentarien staatlicher Strafverfolgungsbehörden durch die StPO – hinsichtlich der Verbrechensverabredung nicht erfolgen. Die Aufdeckung entsprechender Komplotte ist quasi nur „nebenbei" möglich. In Ermangelung aktueller Zahlen[1] soll die Strafverfolgungsstatistik zu dem Vorgänger des § 30 Abs. 2 StGB, § 49 a Abs. 2 StGB a.F. den Mangel empirischer Relevanz verdeutlichen:

1974: Abgeurteilt wegen § 49 a StGB a.F.: 84 Personen
Verurteilt: 71 Personen

1973: Abgeurteilt: 99 Personen
Verurteilt: 74 Personen

1972: Abgeurteilt: 69 Personen
Verurteilt: 45 Personen

1971: Abgeurteilt: 86 Personen
Verurteilt: 59 Personen

1 Es ist nicht möglich, Informationen aus der Strafverfolgungsstatistik zu dem § 30 StGB allgemein, geschweige denn zur Verbrechensverabredung speziell zu bekommen. Zu diesem Tatbestand werden keine Daten gesammelt, laut Information des Statistischen Bundesamtes seien sie auch nicht ermittelbar. Es muß insoweit auf die alten Daten zu der dem § 30 StGB vorangegangenen Regelung aus § 49 a Abs. 2 StGB a.F. zurückgegriffen werden, vgl. Statistisches Bundesamt, Reihe 9, Rechtspflege.

Zu berücksichtigen ist, daß sich diese an sich schon geringen Zahlen auf sämtliche Begehungsformen des § 49 a StGB a.F. (bzw. § 30 StGB) beziehen und nicht nur auf die Verbrechensverabredung. Insbesondere ist davon auszugehen, daß sich die Mehrzahl dieser Ab- und Verurteilungen auf die versuchte Anstiftung beziehen dürften. Dies hängt sicher auch damit zusammen, daß eine versuchte Anstiftung insbesondere dann vorliegt, wenn bei dem Anzustiftenden kein Tatentschluß geweckt werden konnte, womit ein potentieller Strafanzeigender mit Kenntnis von dem Versuch der Anstiftung verbleibt; bei der Verabredung hingegen sind alle Beteiligten auf die Verdeckung ihrer eigenen kriminellen Absicht bedacht.

Offensichtlich ist auch die Diskrepanz zwischen der Aufdeckung von Verbrechensverabredungen und ihrer Begehung: Schließlich ist die Verbrechensverabredung – wie noch näher darzustellen sein wird[2] – nichts anderes als der gemeinsame Tatentschluß zwischen Mittätern; eine mittäterschaftliche Begehungsweise ist allerdings nicht selten. Dies mag auch die „Fremdartigkeit" der Strafbarkeit der Verbrechensverabredung im Vergleich zu anderen Delikten des Strafrechts verdeutlichen, da die Strafverfolgungsorgane offensichtlich gar nicht mit den zur spezifischen Strafverfolgung erforderlichen Kompetenzen ausgestattet sind.

Der Beitrag dieser Arbeit soll es nun sein, die verschiedenen denkbaren und auch schon vorhandenen Unrechtsbegründungsansätze (denn um mehr handelt es sich dabei zumeist nicht) im Rahmen der Strafrechtsdogmatik auszuformulieren und auf ihre Tauglichkeit hin zu überprüfen.

Doch – wie bereits gesagt – handelt es sich bei dieser Arbeit um eine umfassende Abhandlung der Strafbarkeit der Verbrechensverabredung. Folgerichtig beginnt sie mit einem relativ kurzen Abriß über die historische Entwicklung der Strafbarkeit der Verbrechensverabredung. Die Kürze dieses nun folgenden Abschnitts resultiert aus den bereits vorhanden, im folgenden näher dargestellten Abhandlungen über dieses rechtsgeschichtliche Thema. Anliegen der Darstellung der historischen Entwicklung in dieser Arbeit soll es daher sein, sich auf zwei Schwerpunkte zu konzentrieren, nämlich zum einen auf die verschiedenen dogmatischen Ansatzpunkte der Komplottlehre, zum anderen auf die eigentlich politische Motivation der Bestrafung von Komplottformen.

Die Bemühung um eine umfassende Darstellung der Verbrechensverabredungsstrafbarkeit schließt natürlich auch die Behandlung der Probleme in der Rechtsanwendung des § 30 Abs. 2, 3. Alt. StGB mit ein. Hier gibt es noch einige ungelöste Probleme, die nicht selten auf die fehlende Klarheit der dogmatischen Stellung und des Unrechtsgehalts der Verbrechensverabredung zurückzuführen sind.

---

2 Vgl. S. 59.

1. Kapitel
Die historische Entwicklung der Strafbarkeit der Verbrechensverabredung

Schwerpunkt der Untersuchung der historischen Entwicklung der Verabredungsstrafbarkeit soll die Darstellung der Zusammenhänge sein, die zwischen der Strafbarkeitsausdehnung auf Bereiche der sogenannten versuchten Teilnahme und den rechtlichen Entwicklungen im Strafrecht allgemein, im begrenzten Umfang auch den politischen Entwicklungen bestanden und bestehen. Es wird sich dabei zeigen, daß die Bestrafung insbesondere des unausgeführten Komplotts, dessen Kernstück die Verabredung darstellt, zumindest auch politisch motiviert ist.

Diese Zusammenhänge wurden vor allem Ende des 19. Jahrhunderts deutlich, in einer Zeit, in der liberales Rechtsdenken und polizeistaatliche Auffassungen recht unvermittelt aufeinander stießen. Einer der Kernpunkte dieser Untersuchung soll daher auch die Entstehung des § 49 a StGB von 1876 sein, der Vorgänger des heutigen § 30 StGB war.

A. Das Komplott von der Carolina bis zum Preußischen Landrecht von 1721

I. Die Partikulargesetzgebung

Im Mittelalter spielte die Strafbarkeit der Verbrechensverabredung keine Rolle, weder im römischen, noch im kanonischen, noch im deutschen Recht[1]. Allgemein wurde die Teilnahme im mittelalterlichen Recht sehr willkürlich gehandhabt; teilweise war sie gar nicht, teilweise nur lückenhaft geregelt[2]. Eine allgemeine Bestimmung über die Teilnahme tauchte erstmals 1507 in der Halsgerichtsordnung für das Bistum Bamberg (Bambergensis) im Art. 203 auf[3], die die Grundlage für die Strafrechtsreform 1521 auf dem Reichstag in Worms war, welche ihrerseits 1532 zur Constitutio Criminalis Carolina (CCC) führte[4]. Doch weder das Komplott allgemein, noch die Verabredung speziell waren in diesen Gesetzen geregelt.

---

1 Schütze, § 36, S. 205.
2 Vgl. Heimberger, S. 94.
3 Heimberger, S. 43.
4 Vgl. Fabian, Verabredung, S. 3; Wehrstedt, S. 4.

Wort und Begriff „Komplott" entstammen der italienischen Doktrin und wurden dort wahrscheinlich das erste Mal in der um 1744 erschienenen Comentatio Cressii in Carolinam not. Art. 148 § 1 beiläufig erwähnt[5].

Die Lehre vom Komplott wurde von der Doktrin des 18. Jahrhunderts aufgenommen; es ging der Praxis um die Grundlage der Bestrafung des Komplotts in dem mit Art. 174 der Bambergensis übereinstimmenden Art. 148 CCC, der eine Beteiligung an der Verabredung zwar nicht ausdrücklich, aber konkludent genauso unter Strafe stellte, wie die Tatbegehung selbst, ohne daß eine Differenzierung im Strafmaß nach dem Tatbeitrag vorgenommen wurde[6]. So lautet Art. 148 S. 1 CCC: „Item so etlich Personen mit fuergesetztem und vereynigtem Willen und Mut jemandt bösslich zu ermorden einander Hilfe und Beistand tun: diesselben Täter alle haben das Leben verwirkt". Aus der Formulierung „mit fuergesetztem und vereynigtem Willen und Mut" läßt sich als Voraussetzung der Strafbarkeit nach Art. 148 CCC eine hinsichtlich der eigentlichen Tatbegehung vorgeschaltete Verabredung herauslesen. Es lag also eine Komplottbestimmung vor, die aber, da sie nur den Mordkomplott umfaßte, keine allgemeine Teilnahmeregelung war.

Im Unterschied dazu regelte Art. 148 S. 2 ff. CCC die Tötung im Raufhandel, bei der es an einer vorherigen Verabredung fehlt: Dementsprechend sollte jeder Täter auch nur nach seiner Tatbeteiligung bestraft werden[7].

Die Begründung der Strafbarkeit gemäß Art. 148 CCC war der Anlaß zur Gründung der späteren gemeinrechtlichen Wissenschaft und der Ausbildung ihrer allgemeinen Lehre vom Komplott.

Die Strafbarkeit nach Art. 148 CCC wurde vor allem kriminalpolitisch begründet. So ging es auch darum, jedem Komplottanten den Einwand abzuschneiden, daß nicht er, sondern ein anderer die letztlich kausale Tötungshandlung durchgeführt habe[8].

Trotz der Fassung des Art. 148 CCC ist der Eindruck wohl falsch, daß der Mord allen Teilnehmern am Komplott gleichmäßig zugeordnet wurde. Vielmehr hatte der Richter durchaus einen Spielraum, wenn auch die Rechtsfolge immer die Todesstrafe war. Die Todesstrafe der CCC war aber insoweit keine „absolute", da sie verschiedene Arten der Todesstrafe vorsah und die damit verbundenden Schärfungen im Verhältnis zur Schwere der Tat standen[9]. Trotz der gleichen

---

5 Schütze, § 36, S. 206 ff.; Fabian, a.a.O.

6 Wehrstedt, S. 5.

7 Winter, S. 21.

8 Böhmer, Art. 148, § 1, S. 706 ff.; vgl. Wehrstedt, S. 5.

9 Fabian, Verabredung, S. 4; ebenso Marezoll, S. 197 ff.; Schütze, § 36, S. 209; vgl. Wehrstedt, S. 5 m.w.N.

Zurechnung konnte der Richter daher Umstände berücksichtigen, die sich auch auf die Qualität der Mitwirkung bei der Ausführung bezogen.

Auch in der späteren Partikulargesetzgebung spielte das Komplott nur beim Mord, nicht aber als allgemeiner Teilnahmegrundsatz eine Rolle, zum Beispiel in der hessischen Halsgerichtsordnung von 1535 (Art. 102) und in der Pfälzischen Malefizordnung von 1582. Sehr eng an Art. 148 CCC lag auch die Bestimmung der Jus Culmense revisum von 1594 in Teil 2, Titel 7, Kapitel 9. Das Landrecht des Herzogentums Preußens seinerseits entsprach in dieser Hinsicht genau der Pfälzischen Malefizordnung.

Bis zum Preußischen Landrecht von 1721 findet man das Komplott nur als Begehungsform der Tötung. Teilweise war die Teilnahme immer noch ungeregelt, dementsprechend auch das Komplott[10].

II. Das Komplott in der Literatur des 16. und 17. Jahrhunderts

In der Literatur des 16. Jahrhunderts spielte die Teilnahmelehre keine erwähnenswerte Rolle. Es findet sich daher auch keine Behandlung der Komplottbestimmung, was zeigt, daß die Carolina in der Literatur dieser Zeit überhaupt keine Berücksichtigung fand[11].

Erst im 17. Jahrhundert setzten sich verschiedene Autoren mit dem Mordkomplott auseinander, ohne allerdings über die gesetzliche Fassung des Art. 148 CCC hinaus etwas Eigenständiges vorzutragen[12]. V. Frölichsburg ist in diesem Zusammenhang der erste, der den Begriff „Komplott“ verwendet[13].

B. Das Komplott als allgemeine Teilnahmeform

I. Das Komplott in der Literatur bis zum Ausgang des 18. Jahrhunderts

Die Weiterentwicklung der Strafbarkeit des Komplotts vom bloßen Mordkomplott hin zu einer allgemeinen Teilnahmeform wurde von Kreß in seinem Werk „Commentatio succincta in Constitutionem criminalem Caroli V.“, aus dem Jahre 1721 eingeleitet. Er plädiert – ohne den Ausdruck „Komplott“ zu verwenden – für eine Strafbarkeit aller Komplottanten zu gleichen Teilen unabhängig

---

10 Wehrstedt, S. 7.

11 Wehrstedt, S. 7.

12 Z.B. Berlichius, S. 615; Stephani, Caroli quinti constitutiones publicorum judiciorum cum jure communi collatae, 1678.

13 In v. Frölichsburg, Commentarius in Kayser Carls des 5. und des Heil.Röm.Reichs Peinliche Halsgerichtsordnung, 1741.

vom Wert des jeweiligen Tatbeitrages bei der Tatbegehung. Als Ausdruck des damals unter rein subjektiven Unrechtsaspekten verstandenen Strafrechts gab er als Begründung für diese einheitliche Haftung die bei allen Beteiligten bestehende „mala intentio“, also rechtsfeindliche Gesinnung an[14].

Auch Böhmer setzte sich für eine Verallgemeinerung der Teilnahmeform des Art. 148 CCC ein[15]. Ihm zufolge sind alle, also auch die, die nur an der Verabredung zu der Tat teilgenommen hatten, gleich zu bestrafen, sofern das Verbrechen ohne die Verabredung nicht stattgefunden hätte. Böhmer verlangte aber als erster, daß jeder „ordentlich“ zu Bestrafende irgendwie – wenn auch nur durch Ermutigungen oder bloße Anwesenheit bei der Tatbegehung – an der Verübung des Verbrechens mitgewirkt hatte. Anderenfalls wäre der Komplottant lediglich als Gehilfe zu behandeln. Ohne diesen Ansatz näher zu begründen, ging er damit als erster auf das Problem ein, welcher Tatanteil von den Komplottanten jeweils zu fordern sei, um sie als Täter und nicht nur als Gehilfen zu bestrafen.

Auch Quistorp kannte schon das Komplott als allgemeine Teilnahmeform; ähnlich wie Böhmer verlangte auch er, daß jeder „ordentlich“ zu Bestrafende eine Mitursache zu dem Verbrechen selbst geleistet haben mußte, wozu mindestens die Gegenwart bei der Tatausführung erforderlich sei[16].

Kleinschrod nahm eine Position ein, die konträr zu der damals modernen Entwicklung lief: Auch er führte das Komplott als allgemeine Teilnahmeform ein, ging aber bezüglich den Anforderungen an den jeweiligen Tatbeitrag derart über die Vorstellungen Böhmers und Quistorps hinaus, daß man sich fragen muß, warum er überhaupt das Komplott als allgemeine Teilnahmeform einführen wollte. Für die Bestrafung als Totschläger verlangte er, daß der Teilnehmer einen Hauptanteil an der Vollziehung hatte[17]. Derartig hohe Anforderungen hatten mit Art. 148 CCC nicht mehr viel zu tun und liefen der Sache nach eher auf die Aufgabe des Komplottbegriffs hinaus[18].

Für eine Verallgemeinerung des Mordkomplotts aus Art. 148 CCC sprachen sich auch Grolman[19] und Stübel[20] aus.

Bis in das 19. Jahrhundert hinein war die Verallgemeinerung der Komplotthaftung aus Art. 148 CCC sehr umstritten. Viele Autoren hielten Art. 148 CCC nach wie vor für eine nicht verallgemeinerungsfähige Sondervorschrift[21].

---

14 Vgl. auch Wehrstedt, S. 8.

15 Böhmer, Art.148, § 1, S. 706 ff.

16 Vgl. dazu den Nachweis bei Wehrstedt, S. 9, Fn. 3.

17 Kleinschrod, Systematische Entwicklung der Grundbegriffe und Grundwahrheiten des peinlichen Rechts, 1793.

18 So auch Wehrstedt, S. 9.

19 Grolman, in: Grundzüge der Criminalwissenschaft.

20 Stübel, Teilnahme, § 67, S. 82.

II. Das Komplott in der Partikulargesetzgebung bis 1794

Die Bestrafung des Komplotts als allgemeine Teilnahmeform wurde erst im späten 18. Jahrhundert gesetzliche Realität.

In dem „codex iuris Bavarici crim." von 1751, der „constitutio criminalis Therisiana" von 1768 und in Josephs II. „Allgemeinen Gesetz über Verbrechen und deren Bestrafung" von 1787 tauchte zunächst nur das Mordkomplott in der schon durch Art. 148 CCC bekannten Form auf.

Sehr unter dem Einfluß von Quistorps Teilnahmelehre[22] findet sich das Komplott als allgemeine Teilnahmeform in der „Neuen Bambergischen Peinlichen Gesetzgebung" von 1792. Hier steht das Komplott an der Spitze der Teilnahmelehre vom gemeinschaftlichen Verbrechen überhaupt, ihm gegenübergestellt ist die Teilnahme „an dem Verbrechen anderer". Nach diesem Gesetz wurden alle Komplottanten, die sich freiwillig zu Begehung des später wirklich begangenen Deliktes verbunden haben, auf gleiche Weise bestraft, sofern sie wenigstens bei der Tatausführung anwesend waren. Auf die Gewichtung der einzelnen Tatbeiträge wurde ausdrücklich keine Rücksicht genommen.

Im Preußischen Landrecht von 1794 wurde neben einer Sonderregelung des Komplotts beim Mord (in der Tradition des Art. 148 CCC) ebenfalls eine allgemeine Komplottregelung eingeführt. In § 66 dieses Gesetzes wurde sogar eine schärfere Bestrafung angeordnet, als sie für die Begehung durch einen Einzelnen vorgesehen war.

Die Sonderregel für den verabredeten Mord wich aber von der allgemeinen Regelung ab. Die §§ 839 ff. des Allgemeinen Landrechts bestimmten, daß, wenn der tatsächlich Tatausführende des verabredeten Mordes bekannt gewesen ist, nur er zu bestrafen war. Die anderen sollten, sofern sie nach den §§ 71 (tätige und für die Vollendung der Tat notwendige Hilfe), 74 (Hilfeleistung ohne vorherige Teilnahme an der Verabredung) als Miturheber anzusehen waren, eine „lebenswierige Zuchthaus- oder Festungsstrafe" erhalten. Die einfache Beihilfe wurde noch milder bestraft.

Im Ausgang des 18. Jahrhunderts war das Komplott in der Gesetzgebung allgemein anerkannt in einer den Art. 148 CCC verallgemeinernden Form: Als gemeinschaftliche Haftung aller Teilnehmer an der Verabredung und Tat für den gesamten Erfolg[23].

Hieran zeigt sich deutlich, daß Art. 148 CCC die Quelle der gemeinrechtlichen Komplottlehre war; auch in den dogmatischen Begründungsversuchen des

21 Bauer, Abhandlungen, S. 448.; Marezoll, S. 197 ff.; Langenbeck, S. 269.

22 Aufgestellt in Quistorp, Grundsätze des deutschen peinlichen Rechts.

23 Wehrstedt, S. 12.

19. Jahrhunderts wurde immer wieder auf den in Art. 148 CCC positiv formulierten Grundsatz zurückgegriffen.

C. Die Literatur des 19. Jahrhunderts

I. Das Aufkommen der Komplottheorien vor dem Hintergrund der Teilnahmelehre, insbesondere der Lehre von der Miturheberschaft

Gegen Ende des 18. Jahrhunderts kam der Begriff der „Miturheberschaft“ auf[24]. Den Miturheber traf die gleiche Strafe wie den Urheber, wenn dieser mit anderen zugleich die Haupthandlung beging[25]. Dem stand der durch Art. 148 CCC begründete und mittlerweile verallgemeinerte Satz unvereinbar gegenüber, daß auch der als Urheber zu bestrafen sei, der nur an der Verabredung teilgenommen hatte und bei der Begehung der Haupttat einen im Vergleich zum neuen Urheberbegriff nur untergeordneten Beitrag leistete.

Die gemeinschaftliche Komplotthaftung in den damaligen gesetzlichen Formen ließ sich also nicht ohne weiteres mit dem neuen Urheberbegriff vereinbaren, da die Komplotthaftung auch ohne die Begehung einer Ausführungshandlung einsetze[26].

Zunächst waren Bemühungen erkennbar, die Komplotthaftung mit dem Begriff der Miturheberschaft dahingehend in Einklang zu bringen, daß man an die Komplottanten dieselben Maßstäbe ansetzte, wie an den Urheber[27]. Dieser Ansatz konnte sich in der Praxis allerdings nicht durchsetzen, da nach Art. 148 CCC doch eindeutig positivrechtlich feststand, daß bei Deliktsbegehung alle Komplottanten als Urheber zu bestrafen sind, auch wenn sie keinen oder nur einen sehr untergeordneten Beitrag bei der Begehung geleistet hatten.

Damit stellte sich endgültig die Frage, wieso derjenige, der bei gesonderter Betrachtung seines Beitrages nicht den Voraussetzungen des Urheberbegriffs entsprach, im Falle des Komplotts dennoch als Urheber der ausgeführten Tat bestraft werden sollte.

Der Versuch, diese Frage dogmatisch zu beantworten, insbesondere die Komplotthaftung in das Teilnahmesystem einzugliedern und sie somit zu legitimieren, führte zum Aufkommen der sogenannten Komplottheorien[28].

---

24 Man findet ihn z.B. bei Klein, S. 138.

25 Wehrstedt, S. 14.

26 Wehrstedt, S. 14, 15.

27 V.a. bei Kleinschrod, Grundbegriffe, § 177; vgl. Wehrstedt, S. 15.

28 Vgl. Wehrstedt, a.a.O.

Dabei wurde allgemein der Verabredung als hervorragensten Teil des Komplotts die größte Bedeutung für die Haftungserweiterung beigemessen.

Die Behandlung des Komplotts in der Literatur Ende des 18. Jahrhunderts hing vor allem auch von der jeweiligen Sichtweise der Miturheberschaft ab. Sie wurde von den Vertretern der objektiven Kausaltheorien grundsätzlich anders behandelt, als von den Vertretern der subjektiven Theorien[29].

Grundsätzlich waren innerhalb dieser Lehren zwei verschiedene Fragen zu trennen. Zum einen galt es, die Miturheberschaft von der Beihilfe abzugrenzen. Zum anderen war die Einordnung des Komplotts offen. Das Komplott fiel nicht in den Bereich der bloßen Mehrtäterschaft. Im Gegensatz zur Singularhaftung stand hier die Solidarhaftung im Vordergrund, weshalb der Umfang des einzelnen Tatbeitrages für die begriffliche Abgrenzung irrelevant wurde[30]. In dem nun folgenden Abschnitt sollen zunächst die verschiedenen Miturheberbegriffe in ihrer primären Form in Unterscheidung zur Beihilfe dargestellt werden[31], bevor die einzelnen Theorien zum Komplott, die größtenteils erst aus den verschiedenen Miturheberbegriffen verständlich werden, behandelt werden. Es geht also in Abgrenzung zum Komplott als Solidargemeinschaft um die Miturheberschaft als Mehrheit von Urhebern.

1. Die Lehre von der Miturheberschaft

a) Die Arten der Miturheberschaft bei den objektiven Kausaltheorien

aa) v. Feuerbach

Für Feuerbach als hervorragendsten Vertreter der objektiven Kausaltheorien stand die Ursache einer Handlung für den Taterfolg nach Art und Maß im Vordergrund, er stellte also auf materiell-objektive Gesichtspunkte ab[32]. In seinem früheren Werk[33] wurde die Miturheberschaft überhaupt nicht behandelt. Er unterschied lediglich zwischen Urhebern und Gehilfen je nach Wirksamkeit der Handlung, die bei dem Urheber „direkt“ im Gegensatz zur „indirekten“ Wirksamkeit der Handlung des Gehilfen sein sollte[34]. Sein Urheberbegriff unterteilte sich in den intellektuellen und den physischen Urheber, deren Gleichstellung damals herrschende Lehre war[35]. Der intellektuelle Urheber kann mit dem heutigen Begriff des Anstifters gleichgesetzt werden.

---

29 Näher zur geschichtlichen Entwicklung des Miturheberschaftsbegriffs Winter, S. 26 ff.

30 Winter, S. 25.

31 Allerdings nur überblickartig. Vgl. näher dazu Winter, S. 23 ff.

32 Winter, S. 27.

33 Feuerbach, Revision, Bd. II.

34 Feuerbach, a.a.O., S. 243 ff.

35 Feuerbach, a.a.O., S. 252; Tittmann, Handbuch der Strafrechtswissenschaft, S. 286; Grolman, Grundsätze, S. 37 f.

In seinem Lehrbuch wich Feuerbach von seinem bisherigen Miturheberbegriff ab: Für die generelle Unterscheidung von Urheber und Gehilfe sollte es nicht mehr darauf ankommen, ob die von dem Handelnden gesetzte Ursache unmittelbar oder mittelbar gewirkt hatte; Urheber war der, in dessen „Willen und Handlung die hinreichende Ursache enthalten war, welches das Verbrechen als Wirkung hervorbrachte“[36].

Mit dem Verzicht auf die Unmittelbarkeit der Ursachensetzung fügte sich auch der intellektuelle Urheber problemlos in das System der Abgrenzung von Urheber und Gehilfen ein.

Die Miturheberschaft konnte Feuerbach zufolge in verschiedenen Formen vorkommen. In Betracht kam zum einen die Verbindung mehrerer physischer Urheber, deren Tatanteile je für sich oder auch zusammengenommen das Verbrechen insgesamt ergeben[37]. Die Zurechnung des jeweils fremden Tatanteils erfolgte aufgrund der insoweit notwendigen jeweiligen Absicht, daß die Tat vereint hervorgebracht werden sollte. Fehlte diese Absicht, so war „jeder nur Urheber seines speziellen Anteils“[38].

Eine weitere Form der Miturheberschaft nach Feuerbach war das Zusammentreffen von physischen und intellektuellen Urheber[39]. Neu war bei Feuerbach dabei, daß ihm zufolge jeder Teilnehmer zugleich als bestimmender und bestimmter, d.h. als intellektueller und physischer Urheber auftritt; diese wechselseitige Anstiftung charakterisiere Feuerbach zufolge das Komplott[40].

bb) Die Untergrabung der strengen Kausaltheorie durch Stübel und v. Schirach

Stübels Teilnahmelehre war vergleichbar zweigeteilt. Zunächst vertrat er den Standpunkt, daß „Urheber jedes Subjekt ist, in welchem der Grund der Existenz des Verbrechens liegt“[41]. Auch er ging von der Möglichkeit der Miturheberschaft als Mehrheit von Urhebern aus. Er unterschied nahe und entfernte Teilnehmer, wobei lediglich erstere Urheber seien[42]. Nahe Teilnahme lag ihm zufolge bei allen Handlungen, die die Merkmale des Tatbestandes unmittelbar ausmachen, vor; darunter sollten aber auch alle Handlungen fallen, die zur gleichen Zeit unternommen werden, „um eine zum gesetzlichen Begriff eines Verbrechens erforderliche Tatsache zur Existenz zu bringen“[43]. Entfernte Teil-

36 Feuerbach, LB, 14. Auflage, S. 80.
37 Feuerbach, a.a.O., Anm. 2 zu § 46.
38 Feuerbach, a.a.O.
39 Feuerbach, a.a.O., S. 86 f.
40 Winter, S. 37; vgl. S. 31 ff.
41 Stübel, Tatbestand, S. 30.
42 Stübel, a.a.O., S. 34 ff.
43 Stübel, a.a.O., S. 35.

nahme sollte dagegen vor oder nach Ausführung des Verbrechens stattfinden[44]. Auch zum Urheber zählte er den sogenannten Hauptteilnehmer[45].

Später[46] reduzierte Stübel den Täterbegriff auf das Kausalitätserfordernis: Täterschaft hinge allein davon ab, daß die Handlung einer Person zu dem Verbrechen in einem Kausalitätsverhältnis stehe[47]. Er gab damit seine bisher vertretenen Abgrenzungskriterien wie den Zeitraum der Ausführungsphase oder die Erforderlichkeit der Handlung für den Verbrechenserfolg auf und bestimmte jeden zum Mittäter, der irgendwie kausal für den Erfolg gewirkt hat[48]. Eine vorherige Verbindung bzw. Verabredung der Mittäter war für Stübel entbehrlich[49]. Damit kam er der Begründung eines Einheitstäters sehr nahe.

Ähnlich wie Stübel – eher noch konsequenter – untergrub auch v. Schirach die Kausaltheorie, da er letztlich wie Stübel das Argument subjektiver Theorien unterstützte, demzufolge eine Unterscheidung zwischen Täter und Gehilfen nach Art und Maß der Ursachen nicht möglich sei[50].

cc) Luden

Luden verband objektive und subjektive Elemente bei der Bestimmung der Urheberschaft miteinander: Die Handlung sei nicht allein äußere Erscheinung, sondern müsse aus dem Willen, das Verbrechen hervorzubringen, hervorgegangen sein[51]. Dennoch war auch er eindeutig Vertreter der objektiven Kausaltheorien, denn ihm zufolge steht nur die Handlung des Urhebers in einem Kausalzusammenhang zu dem Verbrechen, während die Handlung des Teilnehmers nur fördert, ohne Bedingung des Erfolges zu sein[52]. Die Willensverschiedenheit zwischen Urheber und Gehilfen, der nur einen Förderungswillen hat, sei lediglich faktischer, nicht rechtlicher Natur, während sich der Unterschied zwischen den Beteiligungsformen nur in objektiver Hinsicht zeige[53].

---

44 Stübel, a.a.O.

45 Stübel, a.a.O. S. 44 ff.; insoweit besteht eine Parallele zu Feuerbachs „Hauptgehilfen" (vgl. LB, 14. Auflage, S. 80), was hier aber nicht vertieft werden soll. Vgl. dazu näher Winter, S. 39 f.

46 Vgl. Stübel, Teilnahme, §§ 12, 53.

47 Stübel, a.a.O.

48 Stübel, a.a.O. § 17.

49 Stübel, a.a.O., § 46.

50 Im Gegensatz zu Stübel, der wenigstens einige Fälle der Beihilfe anerkannte, ging v. Schirach sogar davon aus, daß es überhaupt keinen Unterschied zwischen Urhebern und Gehilfen gebe, vgl. v. Schirach, NACr 1819/20, S. 415 ff.; Näher zu Stübel und v. Schirach vgl. Winter; S. 37 ff., 43 ff.

51 Luden, S. 341.

52 Luden, S. 436.

53 Luden, S. 438; vgl. auch Winter, S. 45.

Als Ursache, die nur der Urheber setzen kann, verstand Luden sehr eng nur die unmittelbar zum Erfolg führende Handlung. Daher mußte die Teilnahmehandlung zeitlich vor der Begehungshandlung des Täters liegen, allenfalls mit ihr zusammenfallen[54].

An sich hätte Luden damit auch die Miturheberschaft ablehnen müssen, da grundsätzlich nur ein Urheber die letzte – entscheidende – Tathandlung begehen kann. Diesen Widerspruch löste er mit der Einbringung des Komplotts zur Begründung der Miturheberschaft, obwohl er formal streng Miturheberschaft und Komplott voneinander trennte: Ihm zufolge gründet die gemeinsame Haftung der Miturheber auf der durch die gemeinsame Absicht entstandenen Verbindung. Besteht also die Übereinkunft, die Handlungen zur Verbrechensbegehung zu verbinden, ist Miturheberschaft begründet, auch wenn die Handlung eines Mitwirkenden für sich genommen nicht den Erfolg hervorgebracht hatte[55].

b) Die Miturheberschaft bei den Vertretern der subjektiven Theorien

Ausgangspunkt der subjektiven Theorien war, daß ihren Vertretern zufolge in der der Art der Tätigkeit – zumindest isoliert – kein Abgrenzungskriterium für die Abgrenzung von Urheberschaft und Beihilfe gefunden werden könne. Daher wurden zur Abgrenzung die subjektiven Momente der Handlung und die Beschaffenheit des Willens herangezogen, wobei sich zwei Gruppen subjektiver Lehren bildeten, die im folgenden kurz skizziert werden sollen[56].

Die eine Lehre ging von einem Unterschied zwischen Urheberschaft und sonstiger Teilnahme in der Absicht oder dem Vorsatz aus (Dolustheorien), die andere, weniger bedeutsame, stellte auf die Verschiedenheit des Motives ab (materielle Absicht, materiell-subjektie Theorien).

aa) Materiell-subjektive Theorien

Henke kann als erster konsequenter Vertreter der subjektiven Lehren genannt werden[57]. Ihm zufolge sei auf das Tatinteresse abzustellen. Terminologisch noch an den überkommenen Begriffen des älteren gemeinen Rechts angelehnt, sprach Henke von „vollkommener Teilnahme“ bei mehreren Tatbeteiligten (d.i. Miturheberschaft), sofern sie durch ein gleichartiges Interesse an der Tat vereint

---

54 Luden, S. 451 f.; darin liegt auch der Grund, warum Luden den intellektuellen Urheber grds. ablehnte, vgl. Luden, S. 354 ff.

55 Luden, S. 474 ff.

56 Es soll dabei lediglich auf die Hauptvertreter der verschiedenen Strömungen eingegangen werden. Näheres zur Miturheberschaft bei den Vertretern subjektiver Lehren im 19. Jahrhundert vgl. Winter, S. 60 ff.

57 Winter, S. 65.

sind und dasselbe Verbrechen hervorzubringen bezwecken, mag auch die Verwirklichung von ungleicher Art sein[58].

Hauptvertreter dieser Strömung war Köstlin. Bei ihm war zwar Ausgangspunkt, daß jede Teilnahmehandlung mit dem Verbrechenserfolg im Kausalzusammenhang stehen muß[59]. Damit meinte er aber keine rein äußerlich gesehene Ursachenqualität; sie bestand ihm zufolge vielmehr aus einem objektiven und einem subjektiven Moment, d.h. die Handlung ist als Totalität in ihrer Beziehung auf das Subjekt zu betrachten[60], Handlung als Identität von Wille und Tat[61]. Ursache könne daher nur das sein, dem ein bestimmtes Prinzip zugrunde liegt, welches im Willen des Handelnden begründet ist[62].

Während – verkürzt gesagt[63] – der Gehilfe lediglich Mittel für ein fremdes Interesse sei, werde die Miturheberschaft durch das Verhalten mehrerer Personen bei einem Verbrechen begründet, wobei jeder sich selbst als Zweck der Handlung und die anderen als seine Mittel setzt; deshalb sind die Handlungen der anderen jedem zurechenbar[64].

Köstlin unterscheidet drei Fälle der Miturheberschaft:

Intellektuelle Miturheberschaft sei gegeben, wenn der Entschluß des physischen Urhebers als Produkt der intellektuellen Einwirkung erscheint[65]. Die Handlung des physischen Urhebers sei auch als Handlung des intellektuellen Urhebers anzusehen[66]. Bei der zufälligen Miturheberschaft sei jeder sich selbst der Zweck und setze die anderen als Mittel ein, jeweils verbunden durch eine gemeinsame Absicht[67]. Die Teilnehmer würden sich zufällig zu Beginn der Ausführung des Verbrechens treffen.

Der dritte Fall der Miturheberschaft ist Köstlin zufolge das Komplott[68].

bb) Formell-subjektive Theorien

Größere Bedeutung innerhalb der subjektiven Theorien erlangten die formell-subjektiven Theorien oder auch Dolustheorien, deren Ausgangspunkt die Unterscheidung von Miturheber und Gehilfen nach der Verschiedenheit des zugrundeliegen-

---

58 Henke, S. 288 ff.
59 Köstlin, Neue Revision, S. 453.
60 Köstlin, Neue Revision, S. 450.
61 Köstlin, a.a.O., S. 447, 451.
62 Köstlin, a.a.O., S. 454.
63 Vgl. näher Winter, S. 69 ff.
64 Vgl. Winter, S. 72.
65 Köstlin, a.a.O., S. 534 f.
66 Köstlin, a.a.O., S. 535
67 Köstlin, a.a.O., S. 562 ff.
68 Vgl. dazu S. 31 ff.

den Willens bzw. der Absicht war. Der der Handlung zugrundeliegende Zweck bzw. das Motiv hingegen erschien den Vertretern dieser Richtung als irrelevant.

So lag Wächter zufolge Miturheberschaft vor, wenn jemand bei einem Verbrechen in der Absicht mitwirkt, es auch als seine Tat zu begehen und die Beiträge der anderen mit in seine Berechnung einbezieht[69]. Grundlage ist hier also kein gemeinsamer Entschluß, sondern mehrere Einzelentschlüsse, die auch den Inhalt haben, die Tätigkeit der anderen zur Vervollständigung der eigenen Handlung heranzuziehen. Nur auf dieser Tatsache des „sich-zunutze-Machens" der anderen Tatbeiträge beruht bei Wächter die Solidarhaftung[70]. Somit bestand eigentlich kein struktureller Unterschied zur Alleinurheberschaft. Diesen sah Wächter erst beim Komplott, das er als eigenständige, abtrennbare Form der Miturheberschaft ansah. Daraus erklärt sich auch, daß Wächter einen gemeinsamen Tatentschluß in Form einer Verabredung nicht als Grundlage für die Solidarhaftung hinzuzog[71].

Bauer kannte nur zwei Formen der Miturheberschaft: Das Komplott sowie das Verhältnis zwischen Anstifter und physischem Urheber. Er unterschied den Urheber vom Gehilfen ebenfalls durch die Verschiedenheiten der Absichten: Der Urheber beabsichtige das Verbrechen selbst, der Gehilfe wolle nur das Verbrechen eines anderen fördern[72]. Anders als Wächter nutzte er aber die Mitwirkungsart, also das äußere Erscheinungsbild, als Hinweis auf den zugrundeliegenden Willen[73].

Weitaus subtiler behandelte Berner die Beziehung zwischen Wille und Tat. Der Begriff der Handlung stellte für ihn die Vermittlung von Wille und Tat zur Einheit dar[74]. Die Handlung ist ihm zufolge also Vermittlung des Gewollten und Geschehenen[75].

Auch bei der Miturheberschaft betrachtete Berner die Handlung als Vermittlung zwischen Wille und Tat. Zuerst bestünde nur der Individualwille. Im darauffolgenden Vermittlungsprozeß komme es nicht nur zu einer „Verschmelzung" von Wille und Tat eines jeden einzelnen, sondern auch zu einem Korrespondieren und Vereinigen der bis dahin isolierten Willen[76].

Für die Begründung der Miturheberschaft sah er zwei Möglichkeiten:

Bei der zufälligen Miturheberschaft bilde sich die oben genannte Vereinigung erst bei der Ausführung – die Verständigung über die gemeinsame Ausführung

69 Wächter, Dt. Strafrecht, S. 250; ders., NACr 1834, S. 326.

70 Vgl. Wächter, Dt. Strafrecht, S. 244; kritisch dazu Winter, S. 88.

71 Vgl. Winter, S. 88 f.

72 Bauer, Lehrbuch, S. 115 f.; ders., Abhandlungen, S. 149.

73 Bauer, Abhandlungen, S. 418 ff.

74 Berner, Theilnahme, S. 1.

75 Berner, a.a.O., S. 180.

76 Berner, a.a.O., S. 352.

läge gößtenteils in dem Zusammenwirken selbst[77]. Zweite Form der Miturheberschaft war laut Berner das Komplott[78].

Bei Baur als Vertreter der formell-subjektiven Theorien ist besonders seine scharfe Trennungslinie zwischen Miturheberschaft und Komplott interessant. Bei der Miturheberschaft existiere ein „mehrfacher Wille", beim Komplott „ein Wille mehrerer"[79]. Zwar forderte Baur für die Miturheberschaft das gegenseitige Bewußtsein, daß andere ebenfalls dasselbe Verbrechen verwirklichen wollen, doch laufen die „mehrfachen Willen" parallel nebeneinander her, ohne sich zu vereinigen; demgegenüber entstehe beim Komplott durch die Verabredung der einheitliche Wille[80].

Langenbeck widersprach der Konstruktion Baurs und folgte weitestgehend Berner. Ihm zufolge unterschieden sich Komplott und zufällige Miturheberschaft lediglich darin, daß bei letzterer keine Trennung von Plan und Ausführung stattfände[81].

Wie Berner und Langenbeck sah auch Hälschner den Unterschied zwischen zufälliger Miturheberschaft und Komplott darin, daß sich bei der zufälligen Miturheberschaft die gemeinsame Absicht bei der Ausführung bilde, jedoch betonte er das „sich-gegenseitig-Gehilfe-sein" dadurch stärker, indem er den Verführungsgedanken des Urhebers gegenüber den anderen wieder hervorhob.

Zwar ging er davon aus, daß jeder Miturheber bei dem Zusammentreffen mit den anderen bereits omnimodo facturus gewesen sei,jedoch soll das Zusammentreffen eine Verführung bewirken, ohne die die Mitwirkenden die Tat nicht begangen hätten[82]. Hinsichtlich dieses „Verführungsgedankens" drängt sich die Parallele zu Feuerbachs noch zu erörternden Ansatz des Komplotts als wechselseitige Anstiftung auf[83].

Ausgangspunkt der subjektiven Theorie v. Buris bildete seine Kausallehre[84], wonach alle Kräfte, die den Verbrechenserfolg in irgendeiner Weise bedingen, gleich wesentlich für denselben sind und keine einzelne Kraft ausgeschieden werden kann, ohne den Erfolg selbst in seinem konkreten Dasein in Frage zu stellen. Durch diese vermeintliche Unteilbarkeit des Erfolges selbst wird die Unterscheidung zwischen Urheber und Gehilfe nach objektiven Kriterien natür-

77 Berner, Theilnahme, S. 354.

78 Vgl. dazu später S. 31 ff.

79 Baur, GS 1867, S. 348.

80 Baur, a.a.O., S. 342 f., 348.

81 Langenbeck, S. 270.

82 Hälschner, Preußisches Strafrecht AT, S. 376.

83 S. 31 ff.

84 v. Buri, Zur Lehre von der Teilnahme an dem Verbrechen und der Begünstigung, 1860, S. 1 ff.; vgl. auch die Auswirkungen der Kausallehre auf v. Buris subjektiven Gefahrbegriff auf S. 136 ff. dieser Arbeit.

lich unmöglich. Bei der Heranziehung subjektiver Kriterien scheinen sich bei v. Buri die Grenzen zwischen den materiell-subjektiven Lehren und der Dolustheorie zu verwischen. Zum einen ging er davon aus, daß „die formelle Absicht beim Urheber und Gehilfen an und für sich von gleicher Selbständigkeit“[85] ist, da jeder, der für den verbrecherischen Erfolg tätig gewesen sei, diesen auch wolle. Der Unterschied läge vielmehr in der materiellen Absicht, also dem Zweck: Der Gehilfe ordne seinen Willen dem des Urhebers unter, da sein Zweck nur der sei, daß der andere (der Urheber) seinen Zweck erreiche. Andererseits ist v. Buri letztlich doch zu den Vertretern der Dolustheorien zu zählen, da ihm zufolge durch diese Willensunterordnung des Gehilfen nicht nur die verbrecherische Tätigkeit selbst eine unselbständige werde, sondern auch die zugrundeliegende formelle Absicht[86].

Auch bei der Mittäterschaft verursache v. Buri zufolge jeder Beteiligte den ganzen Erfolg gleichmäßig. Jeder Urheber könne nur aufgrund seines eigenen Willens und seiner eigenen Mitwirksamkeit für den Erfolg haftbar gemacht werden. Daher brauche auch zwischen ihm und den anderen Mitwirkenden keinerlei rechtserhebliche Verbindung zu bestehen; ein Verabredung sei irrelevant. Der Begriff der Mittäterschaft ist bei v. Buri daher kein rechtlicher, sondern nur ein faktischer[87].

Der Handelnde habe das von ihm vorausgesehene Mitwirken eines anderen Beteiligten genauso zu vertreten, als wenn eine „naturkausale“ Ursache hinzukäme. Für v. Buri war es unverständlich, warum bei „menschlichen Tatanteilen“ von anderen in der Lehre des 19. Jahrhunderts eine besondere Verantwortlichkeit für das Handeln des Mitwirkenden konstruiert wurde[88].

Im Unterschied zu bloßen Gehilfen „rechnet der Mittäter jedoch dergestalt auf den Hinzutritt der anderen Handlung, daß das Ausbleiben seinem Willen direkt widersprochen haben würde“[89]. Während der Mittäter also fest auf die wirksame Handlung des anderen baue, sei dies beim Gehilfen nicht der Fall. Die Tatsache der freien Willensbestimmung des jeweils anderen ändert nach v. Buri nichts an dem „Urheberwillen“ des Mittäters – das eventuelle Ausbleiben der anderweitigen Mitwirksamkeit beruhe dann lediglich auf einer unerheblichen „falschen Berechnung“[90].

---

85 v. Buri, GA 1869, S. 233; ders., Lehre von der Teilnahme an dem Verbrechen und der Begünstigung, S. 4 f.

86 v. Buri, Lehre von der Teilnahme, S. 5; vgl. näher zur generellen Teilnahmetheorie v. Buris Winter, S. 107 ff.

87 v. Buri, ZStW 1882, S. 276; GA 1864, S. 512; GS 1870, S. 6 f.; GS 1873, S. 251.

88 v. Buri, Über die Causalität und deren Verantwortung, S. 109 f.

89 v. Buri, ZStW 1882, S. 253.

90 v. Buri, a.a.O.

V. Bar kommt der Theorie v. Buris nahe. Unterschiede bestehen hinsichtlich der Kausallehre v. Buris. Zwar wolle der Urheber die Tat als eigene; der Miturheber sei aber nur zum Teil kausal für den Erfolg. Für die Zurechnung des ganzen Erfolges sei nach v. Bar erforderlich, daß jeder Miturheber den anderen als Mittel benutzt, während der Gehilfe eben nicht den die Tat Vollendenden als Mittel für seine Absicht ansehen dürfte. Anderenfalls müßte die Tätigkeit des anderen zu der seinigen hinzugerechnet werden, womit der volle Begriff des Verbrechens ausgefüllt wäre, was aus dem Gehilfen einen Miturheber machen würde[91]. Nach v. Buris Ansatz würde für die Zurechnung fremder Tatanteile bereits jede Mitwirksamkeit genügen. Damit teilte v. Bar nicht v. Buris Ansicht von der Unteilbarkeit des Erfolges. Den Miturheber unterschied v. Bar also vom Gehilfen dadurch, daß der Miturheber sich nicht nur als Mittel für den anderen, sondern umgekehrt auch diesen als Mittel für seine Absicht einsetzt[92].

Bemerkenswert ist bei v. Bar auch die Einschränkung der Absicht als Unterscheidungsmerkmal. Er hielt „nicht eine willkürliche, sondern die Absicht für ausschlaggebend, welche in einem früheren Verhalten zu anderen Teilnehmern eine objektive Basis hat, in der sie auch allein zu erkennen“ sei.[93] Damit schloß er vornehmlich aufgrund objektiver Kriterien (die „objektive Basis“) auf die Absicht und verließ somit den Boden einer „rein“ subjektiven Lehre.

Aus der eben dargestellten Unterscheidung von Miturheberschaft und Beihilfe bei v. Bar ergibt sich nicht zwingend, daß diesem Vorgang – der Miturheber setzt nicht nur sich als Mittel der anderen, sondern auch die anderen als Mittel für seine eigene Absicht – eine Verständigung z.B. in Form einer Verabredung vorausgehen muß. Allerdings sah v. Bar den Unterschied zwischen Komplott und zufälliger Miturheberschaft allein im Zeitpunkt der „Einigung“[94]. Damit verlangte auch v. Bar letztlich einen psychischen Zusammenhang bei der Miturheberschaft, dessen Inhalt er nicht näher erörtert hat[95].

2. Die Komplottheorien

– *Das Komplott bei Feuerbach: Die Theorie der gegenseitigen Anstiftung*

Die „Federführung“ innerhalb der Komplottheorien ist Feuerbach zuzuschreiben, der die Theorie der gegenseitigen Anstiftung entwarf.

Mit dieser Theorie gelang es ihm, die allgemeine Miturheberschaft und das Komplott auf einen Nenner zu bringen[96].

91 v. Bar, S. 66 ff.
92 v. Bar, S. 65.
93 v. Bar, S. 69.
94 v. Bar, S. 81.
95 Winter, S. 125.
96 Vgl. dazu auch Schütze, Notwendige Teilnahme, S. 209.

Das Komplott definierte er in seinem Lehrbuch wie folgt: „Wenn Mehrere durch gegenseitiges Versprechen wechselseitiger Hülfe die Begehung eines Verbrechens gemeinschaftlich beschliessen und sich zu gemeinschaftlicher Ausführung desselben verbinden, so ist ein Complott vorhanden. Da hier der Entschluss jedes Einzelnen bestimmt wird durch die vertragsmässig begründete Erwartung des Beistandes und der Mitwirkung aller übrigen, so ist jeder Mitverbündete, in Ansehen dessen die Erwartung der übrigen bis zur vollendeten Tat fortdauerte, als intellektueller Urheber des vollendeten Verbrechens zu betrachten, wiewohl er sonst zu dessen Ausführung keinen thätigen Antheil genommen hat“[97].

Damals war die Gleichstellung zwischen intellektuellem und physischem Urheber – wie bereits ausgeführt – durchaus üblich[98]. Ausgang dieser Theorie war es also, zu beweisen, daß jeder Komplottant intellektueller Urheber war, womit die Bestrafung als Urheber keinen inneren Widerspruch mehr zum Urheberbegriff darstellte. Feuerbach[99] ging dabei von Folgendem aus:

- Jeder Komplottant ist sowohl Anstifter, als auch Angestifteter (Theorie der gegenseitigen Anstiftung);
- Jeder Komplottant ist Miturheber des vollendeten Verbrechens, sofern er nicht freiwillig von der Verabredung zurücktritt;
- Jeder Komplottant ist mit der gleichen Strafe zu treffen, jedem ist das gesamte Verbrechen im Ausmaße der Verabredung gleichmäßig zuzurechnen ohne Rücksicht auf das Gewicht des Tatanteils bei der Ausführung;
- Die Übereinkunft zwischen Anstifter und bereits angestiftetem Täter, sowie zwischen Täter und Gehilfen ist kein Komplott.

In der „Kritik“ schreibt Feuerbach[100]: „Das Wesen einer Verschwörung liegt offenbar nur darinn, daß Mehrere das Verbrechen selbst beschließen und sich durch Vertrag zur wechselseitigen Hülfsleistung und gemeinschaftlichen Ausführung desselben verbinden“. Das Komplott ist „eine Vereinigung – Mehrerer zu dem Verbrechen als ihrem gemeinschaftlichen Zweck“[101]. Und weiter: „In dieser Gesellschaft ist ein jeder Hauptperson, sofern das Verbrechen selbst der unmittelbare Zweck eines jeden ist: Jeder ist Gehülfe des Andern, soferne der Beitrag eines jeden, vereinigt mit dem Beitrag des Andern in jedem seinem eigenen Hauptzweck, das Verbrechen, wirklich macht“[102].

---

97 Feuerbach, a.a.O. § 47, S. 90.

98 Z.B. Klein, § 140, S. 2; Kleinschrod, Grundbegriffe, § 33; vgl. Wehrstedt, S. 15, 16.

99 Und mit ihm Tittmann, NACr 1818, S. 376 ff.; Cucumus, NACr 1833/34, S. 1 ff.

100 Feuerbach, Kritik, S. 133.

101 Feuerbach, a.a.O., S. 134.

102 Feuerbach, a.a.O., S. 134.

Demnach ist ein Teilnehmer nur als Miturheber anzusehen, der ein „unmittelbares Hauptinteresse an der Vollendung der Hilfetat hat“[103].

Dieses „unmittelbare Interesse“ diente Feuerbach dazu, den Miturheber vom bloßen Gehilfen abzugrenzen. Eine Verbindung zwischen einem Urheber, der ein unmittelbares Hauptinteresse an der Tatbegehung hat, und einem Hilfeleistenden, bei dem dieses Interesse fehlt, ist Feuerbach zufolge noch kein Komplott (s.o.).

Die Verabredung steht bei dem Modell des Komplotts als gegenseitige Anstiftung wesentlich stärker im Vordergrund, als dies bei Art. 148 CC der Fall war. Nach Feuerbach erschien jetzt jedenfalls der einzelne Komplottant als intellektueller Urheber des ganzen Delikts, weil die anderen nur wegen der Erwartung seines Beistandes handelten. Ob er aber entsprechend der Verabredung auch physisch tätig geworden ist, war im Gegensatz zu Art. 148 CCC völlig irrelevant; der Einzelne war nur aufgrund der Verabredung verantwortlich für das ganze Delikt. Für die Komplott – Bestrafung war die Schaffung der Erwartung eigenen Beistandes bei den anderen Komplottanten erforderlich, nicht aber ein faktischer Beistand[104].

Feuerbach unterschied aber auch innerhalb eines Komplotts verschiedene Rollen der Beteiligung[105]:

- Zum einen die Anführer der Verabredung als diejenigen, die die Tatausführung anordnen und leiten;
- Des weiteren Urheber als diejenigen, die die Täterzusammenkunft (Verabredung) bewirkt haben;
- Schließlich alle übrigen, die die Tat weder selbst unmittelbar vollbrachten, noch Rädelsführer und Urheber der Verschwörung waren.

Die zuletzt genannte Form der Teilnahme entspräche der des Vertragsgehilfen und müßte – Feuerbach zufolge – milder bestraft werden, da seines Erachtens weit mehr rechtswidrige Neigung dazugehöre, eine Verschwörung anzuzetteln bzw. die Tat selbst auszuführen,als sich lediglich nachträglich in eine Tat zu verwickeln und bei der Tatbegehung eine gegenüber der Hauptrolle untergeordnete Funktion zu übernehmen[106].

Wesentlich an Feuerbachs Komplottlehre ist, daß mit ihm erstmals sowohl zwischen Tätern und Gehilfen, als auch zwischen Versuchs- und Vorbereitungshandlung nicht nur nach subjektiven (wie z.B. dem Interesse an der Tat), sondern auch nach objektiven Kriterien unterschieden wurde[107].

---

103 Feuerbach, a.a.O., S. 140; vgl. oben S. 23 f.

104 So auch Wehrstedt, S. 19.

105 Feuerbach, Kritik, S. 138.

106 Feuerbach, a.a.O., S. 137 ff., 140.

107 So auch Fabian, Verabredung, S. 7, 8.

Seine Komplottlehre änderte zwar nichts an der Rechtsfolge des Komplotts. Bisher war aber die Urhebereigenschaft des Komplottanten allenfalls kriminalpolitisch begründet worden; mit der Theorie der wechselseitigen Anstiftung wurde nun erstmals das Komplott einer dogmatischen Begründung zugeführt[108]. Mit seiner Konstruktion des Komplottanten als intellektuellen Urheber fand Feuerbach eine breite Anhängerschaft[109].

3. Kritik an der Theorie der gegenseitigen Anstiftung und andere Begründungsversuche in der Komplottlehre

Gegen die Komplottlehre von der gegenseitigen Anstiftung bildeten sich andere Begründungsversuche für das Komplottunrecht in der wissenschaftlichen Lehre heraus, die vor allem auf den urheberischen Willen der Beteiligten und ihrem gemeinschaftlichen Verhältnis gründeten. Aber auch bei den Vertretern der Kausaltheorien wurde Kritik geäußert.

Sie gingen davon aus, daß sich Verabredungen typischerweise als Zusammenschluß bereits Entschlossener darstellen. Einen omnimodo facturus kann man aber nicht mehr anstiften.

Zu nennen wäre zunächst v. Schirach, der die Theorie der gegenseitigen Anstiftung ablehnte, ohne sich weiter kritisch mit ihr auseinanderzusetzen. Dogmatisch versuchte er die gleiche Haftung aller Komplottanten damit zu begründen, daß der erklärte Wille den gemeinschaftlichen Zweck, die Begehung des Verbrechens, zum Zwecke aller Beteiligten mache, wodurch eine Gemeinschaft Gleicher entstehe, die auch gleich zu bestrafen seien[110].

Eine Unterteilung in Neben- und Hauptrollen bei der Begehung wurde dementsprechend nicht vorgenommen. Alle Komplottanten haften demnach für das Ganze aufgrund des gleichen Zwecks, sofern dazu nur irgendeine physische Tätigkeit bei der Tatbegehung komme. Neben der „Erwartung gegenseitiger Hilfe" verlangte v. Schirach also irgendeine Tätigkeit des Mitverbündeten, wohingegen der bei der Tat Ausbleibende nur wegen Versuchs bestraft werden sollte.

Auch Breidenbach ging nicht davon aus, daß man die gemeinschaftliche Haftung mit der Figur des intellektuellen Urhebers begründen könnte. Seines Erachtens sei eine Anstiftung bei der Verabredung zwar möglich, wenn z.B. besonders „Mutige" bei der Tatbegehung die „Zaghafteren" anfeuern, aber nicht typisch. Stattdessen erklärte er die Haftungsbegründung durch die Verabredung mit einer der späteren Begründung mittäterschaftlicher Haftung durch das Reichsgericht sehr vergleichbaren Lösung: Durch die Verabredung erkläre jeder Komplottant im Voraus die

108 Vgl. Winter, S. 51.

109 Cucumus, NACr 1833/34, S. 1 f.; Henke, S. 276; Jagemann, NACr 1851, S. 347; Morstadt, S. 79 f.; Tittmann, NACr 1818, S. 376.

110 v. Schirach, S. 520 ff.

Handlungen der anderen als seine eigenen, die verabredungsgemäß sind. Jeder Komplottant würde demnach die geplanten Handlungen für sich und die anderen begehen und damit eine Solidaritätshaftung erzeugen, bzw. mittragen[111].

Zu einer weitgehenden Einschränkung der weiten Komplotthaftung kam Kleinschrod[112], der verlangte, daß jeder Komplott notwendig etwas zur Vollbringung des Verbrechens beitrage, ja sogar einen Hauptanteil an der Vollziehung genommen habe. Er stellte somit die gleichen Bedingungen für den Komplottanten auf, die für den physischen Urheber galten. Der Unterschied zu diesem bestand bei Kleinschrod lediglich darin, daß ein Komplottant, der „nur den Vertrag geschlossen" habe, wegen Versuchs bestraft werden könne[113].

Auch Stübel wandte sich gegen den Grundsatz des Komplottanten als intellektuellen Urheber und kam zu vergleichbaren Ergebnissen wie Kleinschrod. Für ihn stand fest, daß es, wenn das Verbrechen erfüllt werde, obwohl der Komplottant keinen Beitrag dazu geleistet habe, des Komplottanten zur „Determinierung" nicht bedurft hätte, weswegen nur Versuch vorläge[114]. Allerdings ging er weiter davon aus, daß ein Komplottant, der Hilfe nach der Tat versprochen hatte, auch dann wegen Vollendung bestraft werden solle, auch wenn er schon vor der Tatbegehung seinen Entschluß geändert habe[115]. Er ging also insoweit von einer Diskrepanz zwischen der Bestrafung für versprochene, aber nicht geleistete Hilfe vor und nach der Tat aus[116].

In einer späteren Schrift über die Teilnahme[117] wies Stübel darauf hin, daß sich seines Erachtens die Eingehung eines Komplotts anders darstelle, als es Feuerbach beschrieben hatte. Der Ausgangspunkt, daß erst durch die Verabredung der Entschluß zur Tatbegehung hervorgebracht werde, sei unzutreffend, da z.B. oft jemand notgedrungen in ein Komplott aufgenommen werde, damit er dieses nicht verrate. In diesen Fällen aber könne der neue Komplottant keinesfalls die bisherigen Beteiligten anstiften; allenfalls sei in diesen Fällen noch intellektuelle Beihilfe denkbar[118].

---

111 Breidenbach, S. 299.

112 Kleinschrod, Grundbegriffe, S. 325 f.

113 Kleinschrod, a.a.O., S. 331.

114 Stübel, Tatbestand, S. 76; im Ergebnis ebenso Henke, S. 276.

115 Stübel, a.a.O., S. 77.

116 Vgl. Winter, S. 53.

117 Stübel, Teilnahme, §§ 24 f.

118 Stübel, Teilnahme, S. 35; diesem sicher plausiblen Gesichtspunkt Stübels könnte man allerdings folgende Überlegung entgegensetzen: Sollte die Aufnahme des neuen Komplottanten zur Geheimhaltung des Komplotts und damit zur Aufrechterhaltung der Entschlüsse der bisherigen Komplottanten notwendig sein (eben eine „notgedrungene" Aufnahme), so läge doch quasi eine Anstiftung durch den neuen Komplottanten vor (nicht im Sinne des „Weckens" eines Tatentschlusses", aber im Sinne des Aufrechterhaltens eines ansonsten aufgegebenen Entschlusses).

Für Stübel war das Komplott auch insofern nicht mehr von Interesse, da schon jeder, der an der Vollendung physisch mitwirkt, Mittäter sein sollte. Die vorherige Einigung war für Stübel also vollkommen irrelevant, allenfalls als Beweis für den Vorsatz noch von Interesse[119].

Auch Luden lehnte die Theorie von der gegenseitigen Anstiftung ab[120]. Zwar hielt er es durchaus für möglich, daß es bei einem Komplott zu gegenseitigen Anstiftungen kommen könnte. Allerdings vertrat er – entgegen der damals noch herrschenden Ansicht – die Meinung, daß der Anstifter nicht intellektueller Urheber sei[121]. Trotzdem gestand auch er dem Komplott eine Sonderstellung zu. Er definierte das Komplott als gemeinschaftliche Entschließung zum Verbrechen und leitete daraus den Grundsatz her, daß auch Handlungen, welche ohne die gemeinschaftliche Entschließung bloße Teilnahme gewesen wären, nunmehr zu Urheberhandlungen würden[122]. Dies konnte er jedoch dogmatisch nicht untermauern, da er die Theorie der gegenseitigen Anstiftung ablehnte, ohne eine Alternative zu nennen[123]. Auch das Argument, die gemeinschaftliche Entschließung stehe im Kausalzusammenhang mit dem Verbrechen und begründe deshalb für jeden Mitverbündeten Miturheberschaft, wurde von Luden ausdrücklich abgelehnt[124].

Auch von den Vertretern der subjektiven Theorie wurde teilweise schon früh die Theorie der gegenseitigen Anstiftung abgelehnt[125]. Andererseits wurde sie auch wieder von Köstlin ins Gespräch gebracht.

Köstlin wählte einen Weg zwischen Feuerbachs Theorie von der gegenseitigen Anstiftung und der Vorstellung, beim Komplott würden Einzelentschlüsse zu einem „Gesamtwillen“ zusammengeführt. Auch er ging grundsätzlich von der Entschlossenheit des Einzelnen vor Eingehung der Verabredung aus; andererseits hielt er den Anstiftungsgedanken insoweit aufrecht, als er von einer „unvollkommenen Anstiftung“ sprach. Gemeint ist damit letztlich eine erfolglose Anstiftung in der Form des heutigen § 30 Abs. 1 StGB, da der andere Komplottant bereits omnimodo facturus sei[126]. Diese Konstruktion war Köstlin möglich, da ihm zufolge die Anstiftung nicht dadurch ihren Charakter verliere, daß der Anzustiftende schon zur Tat entschlossen war[127].

---

119 Stübel, a.a.O., S. 76 f.

120 Luden, § 81.

121 Luden, S. 354 ff.

122 Luden, S. 479 f.

123 Winter, S. 56.

124 Luden, S. 479.

125 Abegg, S. 115 f.; ders., NACr 1841, S. 416; v. Bar, S. 86; Bauer, Lehrbuch, S. 119; ders., Abhandlungen, S. 443; v. Buri, Teilnahme, S. 17.; Geib, S. 359; Heffter, Lehrbuch, S. 76 f.; Wächter, Lehrbuch, S. 151.

126 Vgl. dazu Coenders, S. 286.

127 Köstlin, Neue Revision, S. 522, 544 f.

Ein intellektueller Urheber im Sinne Feuerbachs konnte ein solcher Anstifter freilich nicht sein, da er Köstlin zufolge gar nicht in der Lage war, einen Entschluß hervorzurufen[128]. Allenfalls ließe sich darin ein Versuchsunrecht sehen[129], wie es heute auch durch die Strafbarkeit einer erfolglosen Anstiftung durch § 30 Abs. 1 StGB normiert wird.

Dennoch hat das Aufrechterhalten des Gedankens einer gegenseitigen, wenn auch erfolglosen Anstiftung als Merkmal des Komplotts bei Köstlin eine große Bedeutung. Er trennte zwischen zwei Arten der Miturheberschaft: Zum einen nannte er die „zufällige Mittäterschaft", zum anderen das Komplott.

Nur das Komplott zeichne sich Köstlin zufolge durch die gegenseitige (erfolglose) Anstiftung aus, die bewirke, daß beim Komplott alle Teilnehmer als Miturheber des ganzen Delikts anzusehen seien, sobald sie nur irgendeinen Anteil an der Tatausführung gehabt haben. Der Unterschied zwischen Komplott und zufälliger Miturheberschaft bestünde darin, daß beim Komplott auch die physisch nicht wirksamen Komplottanten bestraft werden, allerdings nur wegen Versuchs[130].

Hinsichtlich der Unvollkommenheit der gegenseitigen Anstiftung widersprach Berner Köstlin. Er führte aus, daß eine Anstiftung unmöglich als „unvollkommen" bezeichnet werden könne, wenn ohne sie das Verbrechen nicht begangen worden wäre[131]. Trotzdem begründete er die Pauschalhaftung der Komplottanten nicht mit der gegenseitigen Anstiftung, weil auch seiner Ansicht nach die Zusage des Beistandes nicht unbedingt die Ursache für die Beschlußfassung der anderen Komplottanten ist.

Stattdessen griff auch er den von Ziegler[132] geprägten Begriff des „Gesamtwillens" als entscheidenden Grund für die gemeinsame Haftung auf; nur für die Begründung dieses Gesamtwillens sei die gegenseitige Anstiftung wesentlich.

Berner charakterisierte im Folgenden ein Komplott als dreistufigen Vorgang, nämlich als Stiftung des Komplotts, der Verabredung und Ausführung[133]. Die wechselseitige Anstiftung forme dabei aus den gleichartigen Einzelentschlüssen einen einheitlichen Gesamtwillen, welcher im Gesamtentschluß zu Tage tritt[134]. Durch die Mitbeschließung der Tatausführung durch jeden Einzelnen mit dem

---

128 So ganz richtig Wehrstedt, S. 23.

129 So Köstlin, a.a.O., S. 545, 577, 584: Es liege ein „beendigter Versuch mit untauglichen Mitteln vor"; ebenso Bauer, Lehrbuch, S. 117, Anm. c.

130 Köstlin, Neue Revision, S. 577, 584; ebenso Bauer, Abhandlungen, S. 341, 444 ff.; Geib, S. 363; v. Bar, S. 91.

131 Berner, Theilnahme, S. 393 ff.

132 S.u. S. 38 f.

133 Berner, a.a.O., S. 346.

134 Berner, a.a.O., S. 428, 440.

animus der Urheberschaft[135] entstehe der Komplottwille und dieser begründe die Verantwortlichkeit jedes Einzelnen, auch des untätigen Komplottanten, für den ganzen Erfolg.

Offenbar in Anlehnung an Berner[136] begründete nun auch Köstlin die Miturheberschaft durch den Gesamtwillen der Komplottanten[137].

Obwohl die Beteiligten Berner zufolge eigentlich schon bei der Komplottstiftung die Verbrechensabsicht haben, hielt Berner trotzdem noch eine Anstiftung für möglich. Er betrachtete diese allerdings nicht, wie Köstlin, als eine unvollkommene, sondern als eine vollkommene. Dies ergibt sich aus dem richtigen Ansatz Berners, wonach jemand zur Begehung eines Verbrechens erst dann entschlossen sei, wenn er mit der Ausführung begonnen habe, streng genommen sogar erst bei Vollendung der Tat, weil nur dann der Entschluß „vollständig durchgerungen sei"[138].

Von seinem Grundsatz der Mitwirkung bei der Ausführung (dritte Stufe) wich Berner übrigens ab, sofern ein Komplottant bereits bei der Beschlußfassung erklärt hat, daß die Tatausführung ohne seine Beteiligung stattfinden solle. Auch in diesem Fall soll der Komplottant Miturhebers des von den anderen begangenen Verbrechens sein. Dies ist im Hinblick auf Berners Abstellen auf den Gesamtwillen als Haftungsgrundlage verständlich, da der Wille des Abwesenden – der dies schon bei der Komplottstiftung erklärt hatte – noch im Gesamtwillen enthalten sei[139].

Ziegler begründete die gemeinschaftliche Haftung im Prinzip genauso wie Köstlin. Der Entschluß des Einzelnen werde durch die anderen nicht erzeugt, sondern lediglich verstärkt[140].

Er führte ursprünglich den Gedanken des „Gesamtwillens" der Komplottgemeinschaft ein, welcher den Tatbeitrag des Einzelnen überflüssig machen sollte.

Ihm zufolge ist die Absicht der Komplottanten also eine gemeinsame und die Teilnahme eine gegenseitige[141].Den intellektuellen Urheber wollte er im Gegensatz zu Feuerbach nicht als den Komplottanten schlechthin ansehen, er schloß ihn vielmehr aus seinen Komplottbetrachtungen aus. Art. 148 CCC bzw. die diesem entsprechenden gesetzlichen Regelungen setzten immer eine gewisse Tätigkeit (und sei es nur die tätige Gegenwart) bei der Tatbegehung für die Komplotthaftung voraus; an der mangelt es aber bei dem intellektuellen Urhe-

---

135 Diese Formulierung verdeutlicht, daß durch Berner die Teilnahmelehre insgesamt subjektiv verstanden wurde, vgl. Wehrstedt, S. 25.

136 Wehrstedt, S. 25.

137 Wehrstedt, a.a.O.

138 Berner, Theilnahme, S. 442 ff.

139 Berner, a.a.O., S. 443 f., 456 f.

140 Ziegler, S. 9 ff.

141 Ziegler, S. 17.

ber. Er nimmt nicht teil am Gesamtwillen, sondern will vielmehr nur eine fremde Tat provozieren. Es findet Ziegler zufolge keine gemeinsame Wechselwirkung zwischen intellektuellem Urheber und den bei der Tatbegehung Beteiligten statt. Der gemeinsame Entschluß werde erst durch zumindest die Gegenwart bei der Begehung gefestigt[142].

Hälschner entfernte sich weitgehend von der Theorie der wechselseitigen Anstiftung.

Sowohl für die zufällige Miturheberschaft, als auch für das Komplott sei die gemeinsame Absicht Grundlage der Haftung. Während sich diese bei der zufälligen Miturheberschaft während der Ausführung bilde, indem sich die Beteiligten der jeweils gleichen Absicht bewußt werden[143], entstehe beim Komplott die gemeinsame Absicht schon durch die vorausgehende Übereinkunft[144].

Hälschner räumte zwar ein, daß in Einzelfällen auch eine wechselseitige Anstiftung vorliegen könne, daß es darauf aber nicht ankomme, da die Anstiftung nicht zum Wesen des Komplotts gehöre. Hälschner begründete dies damit, daß das Komplott als Form der Miturheberschaft nur voraussetze, daß jeder Komplottant die gemeinsame Absicht als eigene zu verwirklichen suche[145].

Die Konstruktion des „Gesamtwillens“ fand bei v. Bar scharfe Kritik, er hielt ihn für eine gefährliche Fiktion. Völlig zu Recht machte er darauf aufmerksam, daß die Konstruktion eines „Gesamtwillens“ zu unüberwindlichen Widersprüchen im Falle des Rücktritts eines Komplottanten vom Komplott führen mußte; denn tritt einer der Komplottanten zurück, müßte dies den Gesamtwillen aufheben, was bei einem wirklich existenten Gesamtwillen nicht möglich sein dürfte[146]. Im Strafrecht könne es daher immer nur auf den Einzelwillen ankommen.

Die Lehre von der wechselseitigen Anstiftung fand bei ihm ebenfalls Ablehnung, da auch er erkannt hatte, daß ein Komplott auch zwischen bereits zur Tat Entschlossenen zustande kommen kann[147].

Seine Unrechtsbegründung hinsichtlich der gemeinsamen Komplotthaftung bestand darin, daß die Komplottanten wegen der Gleichheit ihrer Gesinnung miteinander verbunden seien. Die Absicht jedes Einzelnen sei dabei nicht auf intellektuelle Urheberschaft gerichtet[148], sondern auf gegenseitige Unterstützung. Kein Komplottant müsse Anstifter sein; stattdessen glaube jeder Komplottant bei der Verabredung nur das auszusprechen, was er aus dem Verhalten der an-

142 Ziegler, S. 37.

143 Hälschner, Preußisches Strafrecht AT, S. 376.

144 Hälschner, a.a.O., S. 384 f., 393.

145 Hälschner, a.a.O., S. 376, 389 ff.

146 v. Bar, S. 87 ff.

147 v. Bar, S. 86, 87.

148 Vgl. Winter, S. 144, 145.

deren interpretiert hat. Im Unterschied zum Gesamtwillen will laut v. Bar jeder Komplottant die Tat aus eigenem Antrieb und im eigenen Interesse. Letztlich wird in v. Bars Konzeption jeder Komplottant Urheber der ganzen Tat, weil durch die Ausführung der Tat nach dem gemeinsamen Beschluß (nach welchem jeder die Tat als die seinige will) die Gegensätze der Teilnehmer und dem Einzelnen verschwinden. Unterschiede in der Ausprägung der einzelnen Verabredungs- und Tatbeiträge seien deshalb irrelevant, da – basierend auf einer subjektiven Teilnahmelehre – laut v. Bar jeder die Tat als eigene will, aus eigenem Antrieb und Interesse. Unterschiede zwischen Urheberschaft und Beihilfe verschwänden durch die Ausführung[149].

4. Kritik an der gemeinschaftlichen Haftung der Komplottlehre Mitte des 19. Jahrhunderts

Das „dogmatische Ende" der Komplottlehre, in der das Komplott als Form der Teilnahme stand, hing eng zusammen mit dem Aufkommen des Begriffs der „Mittäterschaft". Mitte des 19. Jahrhunderts nahm insbesondere die Kritik an der gemeinschaftlichen Haftung der Komplottanten aufgrund eines „Gesamtwillens" erheblich zu. Endpunkt dieser Entwicklung war, daß der Komplottbegriff hinsichtlich der Haftung mit dem Mittäterschaftsbegriff übereinging[150]. Der Schwerpunkt der Betrachtung verlagerte sich gleichzeitig von der Verabredung zur gemeinschaftlichen Ausführung[151].

Die zunächst von v. Buri vorgetragene Kritik an der Komplottlehre richtete sich vor allem gegen die von Berner und Köstlin geförderte Konstruktion eines „Gesamtwillens". Ähnlich wie v. Bar meinte auch v. Buri, daß es im Strafrecht immer nur um die Betrachtung des Einzelwillens gehen könne. Die Gründung eines Gesamtwillens durch gegenseitige Anstiftung sei nicht möglich, weil diese Anstiftung zeitlich vor die Verabredung fallen müßte und sich ein Einzelwille nicht mit anderen zu einem Gesamtwillen verbinden könne, bevor er sich nicht selbst gebildet hat. Auch Schütze wandte sich gegen diese Begründung gemeinschaftlicher Haftung[152]. Ihm zufolge begründete nicht die Verabredung die gemeinschaftliche Haftung, sondern der Tatanteil des Beteiligten bei der Tatausführung auf der einen Seite, und sein „innerer Schuldanteil" daran, d.h. der „Anteil, der seine Willenstätigkeit als Ursache an dem Ergebnis zu verantworten hat auf der anderen"[153]. Damit erfolgte die Zurechnung fremder Tatanteile aus denselben Grundsätzen wie bei der „zufälli-

149 Ganz ähnlich argumentiert auch Langenbeck, S. 250.
150 Wehrstedt, S. 71.
151 Vgl. Letzgus, S. 103.
152 Schütze, § 33, S. 192 ff., § 38, S. 221 ff.
153 Schütze, a.a.O., § 33, S. 193 f.

gen" Mittäterschaft. Die Verabredung als solche wurde nicht mehr als Strafgrund, sondern lediglich als Straferhöhungsgrund herangezogen[154].

II. Die Behandlung des unausgeführten Komplotts in der Literatur

Die Strafbarkeit des unausgeführten Komplotts war in der ersten Hälfte des 19. Jahrhunderts heftig umstritten. Sie wurde in Literatur und Gesetzgebung sehr unterschiedlich behandelt.

In den bisher dargestellten Begründungsversuchen ging es lediglich um die Zurechnung fremder Tatanteile in der Form des Art. 148 CCC, also als gleiche gemeinsame Haftung aller Komplottanten bezüglich der begangenen Tat. Die Verabredung diente dabei als Zurechnungsfaktor, Haftungsvoraussetzung war aber jedenfalls die Vollziehung der geplanten Tat.

Die Begründung der Strafbarkeit des unausgeführten Komplotts kann logischerweise nicht denselben Weg beschreiten. Hier geht es bei der Strafbarkeit der Verabredung nicht mehr um einen Zurechnungsfaktor in dem Sinne, daß eine (hauptsächlich) von anderen begangene Tat als eigene zugerechnet werden kann, weil der betreffende Komplottant an der Verabredung mitgewirkt hatte. Bei der Strafbarkeit des unausgeführten Komplotts – die Gegenstand dieser Arbeit ist – muß das strafwürdige Unrecht in der Teilnahme an der Verabredung selbst gesehen werden.

1. Die Bestrafung des unausgeführten Komplotts als Versuch des vollendeten Delikts

Die überwiegende Auffassung in der Wissenschaft betrachtete die bloße Eingehung des Komplotts, ohne daß es zu einer Tatausführung gekommen war, als Versuch des vollendeten Verbrechens[155]. Auf der Grundlage der Grolmanschen Präventionstheorie, nach der die objektive Handlung als Ursache der Rechtsverletzung nicht Voraussetzung der Strafe ist[156], also auf Grundlage einer rein subjektiven Unrechtslehre, bestand der Grund für das Versuchsunrecht nur in dem auf ein Verbrechen gerichteten Vorsatz[157].

Interessant sind in diesem Zusammenhang die Ausführungen Bauers: Er begründete die Strafbarkeit der Verabredung zwar auch mit der Strafbarkeit als Versuch. Zur Begründung der gleichen Strafbarkeit wie der Versuch legte er den Schwerpunkt auf die seines Erachtens bestehende besondere Gefährlichkeit

154 Schütze, a.a.O., § 38, S. 221.

155 So Bauer, Abhandlungen, S. 444 ff.; Kleinschrod, Entwurf, § 64, S. 10; Köstlin, S. 350 ff.; v. Schirach, S. 531.

156 Vgl. zur subjektiven Versuchstheorie Grolmans, § 31.

157 Eine subjektive Versuchstheorie wurde auch von Tittmann, Handbuch, §§ 96-98 vertreten.

der Verabredung[158]. Damit ist der Sache nach nicht anderes wiedergegeben, als die zur heutigen Fassung des § 30 Abs. 2, 3. Alt. StGB entwickelten herrschenden Strafbegründung der Verbrechensverabredung.

Nach den Ansichten, die die Verabredung aber tatsächlich als Versuch des vollendeten Deliktes ansahen, war die Verabredung (auch in Ermangelung des heutigen Erfordernisses eines „unmittelbaren Ansetzens" für die Versuchsstrafbarkeit) bereits eine sich nach außen hin manifestierende rechtsfeindliche Gesinnung.

2. Aufkommen objektiver Theorien im Zeichen des aufkommenden Liberalismus

Wie bereits gesagt wurde, hatte Feuerbach mit der Begründung seiner objektiven Versuchslehre im Prinzip auch die Bestrafung der bloßen Eingehung der Verabredung ablehnen müssen. So meinte er, daß ein Versuch, um strafbar zu sein, „objektiv gefährlich" sein müsse; bürgerliche, d.h. liberale Strafbarkeit verlange nach einem dem äußeren Recht widersprechenden Handlung, welche nur dann vorläge, wenn sie ein Rechtsgut verletzt oder gefährdet. Eine rechtsfeindliche Gesinnung hingegen könne noch keine Strafbarkeit begründen, da ansonsten eine Verwechslung des Moralischen mit dem Rechtlichen stattfände[159]. Die Bestrafung der Verabredung ließ sich unter Zugrundelegung dieser Lehre natürlich nicht mehr als Versuch des vollendeten Delikts begründen[160].

Die Bemühungen um eine Objektivierung des Strafrechts kamen nicht von ungefähr. So wie die Komplottlehre ein Kind der Zeit polizeistaatlichen Denkens war[161], so waren die Bemühungen um ein an objektiven Maßstäben orientiertes Strafrecht Ausdruck eines neuen liberalen Denkens. Der Staat sollte dem Individuum dienen, nicht umgekehrt. Dementsprechend wurden – zunächst nur von der liberalen Wissenschaft – dem Individuum Abwehrrechte gegen den Staat zuerkannt, der Einzelne sollte nicht mehr Objekt staatlicher Gewalt sein. Für das Strafrecht hatte vor allem das oberste liberale Postulat zu gelten: Freiheit der Gesinnung.

So verlangten alle Vertreter dieser liberalen Strafrechtsschule für die Strafbarkeit des versuchten Delikts eine Ausführungshandlung und sahen in der bloßen Verabredung lediglich eine Vorbereitungshandlung[162]. Berner wendete sich explizit auch gegen ein der Versuchsstrafbarkeit entsprechendes Strafmaß: „Offenbar können Vorbereitungshandlungen zu Verbrechen, und eine solche ist auch das

158 Bauer, Abhandlungen, S. 444 ff.

159 Feuerbach, LB, 5. Auflage, § 42, S. 43, Anm. c.

160 Dennoch stellte das von Feuerbach maßgeblich geprägte Strafgesetzbuch des Königreich Bayern von 1813 immer noch auf die Eingehung eines Komplotts als Versuch des vollendeten Delikts ab. Auf diesen scheinbaren Widerspruch zur objektiven Versuchslehre Feuerbachs vgl. S. 39.

161 Fabian, Verabredung, S. 4.

162 v. Bar, S. 91; Berner, Theilnahme, S. 419; Heffter, S. 77; Langenbeck, S. 252 ff.

Komplott, nur unter den Gesichtspunkt der Gefährlichkeit gezogen werden. (...) Niemals aber darf die Strafe irgend einer solchen Vorbereitungshandlung die Höhe der Versuchsstrafe erreichen"[163].

Interessanterweise wurde auch unter den Gegnern der Bestrafung der bloßen Verabredung eine Alternative angeboten: Cucumus[164], Berner[165] und Langenbeck[166] hielten eine staatliche Auseinandersetzung mit der „Begehung" einer Verabredung durchaus für geboten, aber nicht in der Form einer strafrechtlichen Ahndung. Sie sahen in der Eingehung eines letztlich unausgeführten Komplotts kein strafrechtliches Unrecht, dafür aber durchaus ein Präventionsbedürfnis, daß man durch eine Einordnung der Verabredung als „Polizeivergehen" befriedigen könnte[167]. Nicht Strafe, sondern zum Beispiel die Anordnung der Polizeiaufsicht wurde als ausreichend angesehen. Nach modernem Rechtsverständnis wurde also der Verabredung statt einer strafrechtlichen eine ordnungsrechtliche Relevanz zugesprochen.

D. Das Komplott in der deutschen Partikulargesetzgebung

I. Erste Hälfte des 19. Jahrhunderts: Aufkommen der Strafbarkeit des unausgeführten Komplotts

Die verschiedenen Auffassungen in der Literatur zur Strafbarkeit des unausgeführten Komplotts spiegelten sich auch in der Partikulargesetzgebung des 19. Jahrhunderts wider.

In der ersten Hälfte dieses Jahrhunderts wurde die Gesetzgebung geprägt durch die gemeinrechtliche Komplottlehre. Man ging also sowohl vom Komplott als Teilnahmeform, als auch von der Verabredung als Versuch des Verbrechens aus.

Das Strafgesetzbuch für das Königreich Bayern vom 6. Mai 1813 war geprägt von der ursprünglichen Fassung der Feuerbachschen Komplottlehre, der auch Verfasser dieses Gesetzes war. Das Komplott war dementsprechend beim Kapitel „Urheber" in den Art. 50 ff. geregelt, die Komplottanten wurden als Miturheber angesehen. Art. 50 dieses Gesetzes ordnete sinngemäß an, daß schon der Teilnehmer an der Verabredung Miturheber sei, der „seine Mitverbündeten bei der Überzeugung der von ihm zu erwartenden Beihilfe gehalten hat", ohne bei der Ausführung mitgewirkt zu haben. Dieser Schluß konnte seinen Ausgangspunkt nur in der

163 Berner, Theilnahme, S. 419.
164 Cucumus, NACr 1833/34, S. 10.
165 Berner, a.a.O., S. 413, 419.
166 Langenbeck, S. 254.
167 Vgl. Berner, a.a.O., S. 414.

Vorstellung gegenseitiger Anstiftung haben[168]. Art. 52 des Gesetzes ordnete die Strafbarkeit die Strafbarkeit des unausgeführten Komplotts an und zwar als Versuch des vollendeten Delikts. Je nachdem, wie weit entfernt die Tatausführung noch gewesen war, wurde wegen „nächstem" oder „entferntem" Versuch bestraft.

Die gleichen Regelungen finden sich auch in den Art. 72 ff. des Oldenburger Strafgesetzbuches von 1814.

Auffallend ist die Diskrepanz zwischen dieser Bestrafung des unausgeführten Komplotts als Versuch des vollendeten Delikts in dem Strafgesetzbuch für das Königreich Bayern von 1813 einerseits und der von Feuerbach bereits in der 5. Auflage seines Lehrbuchs von 1812 vertretenen objektiven Versuchslehre[169]. Im Rahmen derselben Auflage vertritt Feuerbach aber immer noch seine Komplottlehre, nach der jeder Komplottant als intellektueller Urheber des vollendeten Verbrechens zu betrachten sei, „wiewohl er sonst an dessen Ausführung keinen thätigen Antheil genommen hat"[170].

Es bleibt die Frage offen, wie die Forderung, daß strafbares Unrecht eine das Recht verletzende oder gefährdende (äußerliche) Handlung erfordere[171], mit der Bestrafung der Eingehung eines Komplotts als Versuch des geplanten Verbrechens einhergehen kann.

Diese Frage ließe sich grundsätzlich beantworten, wenn man der Eingehung eines Komplotts bereits eine (äußerliche) Gefährdung des jeweiligen Rechtsguts zusprechen würde. Diese These soll im dritten Teil dieser Arbeit Gegenstand der Untersuchung sein. Sie ist der einzige Ansatz, aus dem heraus man diese verschiedenen Theorien in Einklang bringen könnte. Dies dokumentiert auch die Rücktrittsregelung in Art. 53. Feuerbach zufolge resultiert die Gefährlichkeit des Komplotts bzw. die intellektuelle Urheberschaft jedes Komplottanten aus der „vertragsmäßig begründeten Erwartung des Beystandes und der Mitwirkung aller übrigen"[172]. Revidiert jedoch der Komplottant vor der Tatbegehung diese Erwartung seines Beistandes bei den anderen, so war er gemäß Art. 53 selbst dann nicht Täter des Versuchs des geplanten Verbrechens, wenn es von den anderen noch vollendet wurde, sondern „nur" Gehilfe. Der Gefährlichkeitsgehalt des Komplotts, der sich aus der gegenseitigen Erwartung des Beistandes ergeben soll, bliebe in diesen Fällen nicht bestehen. Dieses fehlende objekte Gefahrmoment – so man ihn überhaupt anerkennen will – führt auch nach dem Strafgesetzbuch des Königreichs Bayern von 1813 somit nicht zur Strafbarkeit

168 Näheres zur Interpretation des Komplotts im StGB für das Königreich Bayern vom 6. Mai 1813: Wehrstedt, S. 58, 59.

169 Vgl. Feuerbach, LB, 5. Auflage, § 42, S. 43, Anm. c.

170 Feuerbach, a.a.O., § 46 b., S. 49.

171 So Feuerbach, a.a.O., § 42, S. 43, Anm. c.

172 Feuerbach, a.a.O., § 46.b., S. 48 f.

wegen Versuchs. Darin mag der Erklärungsansatz zu suchen sein, warum Feuerbach einerseits bereits 1812 eine objektive Versuchslehre vertrat, 1813 aber unter seiner Federführung die Bestrafung des unausgeführten Komplotts als Versuch der geplanten Tat eine gesetzliche Ausprägung fand.

Das Strafgesetzbuch für das Königreich Württemberg vom 1. März 1839 behandelte das Komplott ebenfalls in der damals üblichen Weise. Die Komplottdefinition in Art. 78 dieses Gesetzes unterschied sich vom Bayrischen Strafgesetzbuch nur in der Forderung eines „unmittelbaren" Interesses an der Tat, statt eines dort geforderten „gemeinschaftlichen" Interesses. Die Konstruktion einer gegenseitigen Anstiftung findet sich hier nicht mehr. Dies zeigt sich auch in dem Erfordernis, daß ein Komplottant bei der Tatbegehung wenigstens gegenwärtig sein mußte, um als Urheber des Ganzen zu gelten. Die Voraussetzung eines unmittelbaren Tatinteresses diente dazu, den wirklichen Komplottanten vom Gehilfen zu unterscheiden. Art. 79 Abs. 2 ordnete an, daß bei der Strafbemessung der Grad der Beteiligung Berücksichtigung finden müsse[173].

Das bloße Eingehen des Komplotts wurde dementsprechend in Art. 80 des Gesetzes auch nicht mit der vollen Strafe belegt, vielmehr sollte die Verabredung mit wenigstens einem Fünftel der für das vollendete Verbrechen angedrohten Strafe geahndet werden.

Das Kriminalgesetzbuch für das Königreich Hannover vom 8. August 1840 schloß eng an das württembergische Strafgesetzbuch an. Auch hier wurde Feuerbachs ursprüngliche Lehre keineswegs konsequent durchgeführt; der nicht an der Tatausführung beteiligte Komplottant wurde aufgrund der Verabredungsbeteiligung nicht als Urheber, sondern wegen des nicht beendeten Versuchs bestraft. Das gleiche galt allgemein für das unausgeführte Komplott in Art. 59.

Zu den weiteren Gesetzen, die von der gemeinrechtlichen Komplottlehre geprägt waren, gehörte auch das Strafgesetzbuch für das Großherzogentum Baden vom 6. März 1845, das die Strafbarkeit der Verabredung als Versuch der Tat gemäß Art. 128 bestrafte.

Gänzlich abweichend von der Feuerbachschen Komplottlehre wurde das Komplott in den Strafgesetzbüchern von Sachsen (1838 und 1855), Braunschweig (1840) und Thüringen (1850) geregelt.

Der Begriff des Komplotts tauchte jeweils nicht auf. Diese Gesetze enthielten jeweils nur einen Abschnitt „gleiche Teilnahme" und bestraften jeweils verschieden nach dem jeweiligen Tatbeitrag innerhalb eines relativen Strafrahmens[174].

Im Sächsischen Kriminalgesetzbuch vom 30. März 1838 wurde der Komplott nicht im Sinne Feuerbachs als intellektueller Urheber, sondern als Teilnehmer be-

173 Nähere, für diese Arbeit verzichtbare Einzelheiten sind nachzulesen bei Wehrstedt, S. 58 f.

174 Vgl. Wehrstedt, S. 62.

straft. Verabredung und Tatausführung wurden getrennt und nur die Teilnahme an der Ausführung sollte die gemeinsame Haftung, die Zurechnung fremder Tatbeiträge begründen[175].

Das unausgeführte Komplott wurde wie üblich gemäß Art. 30 des Gesetzes als Versuch des Verbrechens und nicht als bloße Vorbereitung bestraft.

Ähnlich waren auch die Regelungen im Strafgesetzbuch für das Herzogtum Braunschweig vom 17. Juli 1840, das das unausgeführte Komplott in seinem § 37 für strafbar erklärte.

II. Das Ausscheiden des Komplotts aus der Teilnahmelehre in der Gesetzgebung der zweiten Hälfte des 19. Jahrhunderts

Als Folge der starken Kritik in der Literatur an der Komplottlehre, vor allem mit der Durchsetzung des Mittäterschaftsbegriffs, verschwand die Strafbarkeit des unausgeführten Komplotts aus der Gesetzgebung. Das heutige Nebeneinander der Strafbarkeit von Verabredung und Mittäterschaft zeigt aber auch, daß beide Faktoren sich nicht logischerweise ausschließen[176].

Ein weiterer Grund des Ausscheidens der selbständigen Strafbarkeit der Verabredung war daher sicherlich auch die Durchsetzung objektiver Unrechtslehren durch die liberale Strafrechtsschule[177]. Insbesondere die objektive Versuchslehre konnte in der bloßen Verabredung noch keinen Versuch, sondern lediglich eine strafbare Vorbereitung der vollendeten Tat sehen[178]. So heißt es bei Gönner: „Diesem gemäß konnte das Complott an sich nicht mehr als Versuch des verabredeten Verbrechens angenommen werden, da es für sich betrachtet nur eine Willenserklärung der Complotteurs, aber noch keine äusserliche Handlung zur Ausführung des Verbrechens selbst ist“[179].

Schon im Strafgesetzbuch für die preußischen Staaten von 1851 fand das Komplott als Teilnahmeform keine Anerkennung mehr. Dabei entsprach der Entwurf dieses Gesetzes von 1827 noch der damals üblichen Komplottlehre. Die Verabredung führte danach nicht nur zur gleichen Zurechnung, sondern auch zur Strafschärfung bei allen Teilnehmern.

Das (unfreiwillig) unausgeführte Komplott war gleich einem beendeten Versuch strafbar.

---

175 Wehrstedt, S. 63.

176 So auch Letzgus, S. 104.

177 Vgl. dazu ausführlich Fabian, Verabredung, S. 9 ff.

178 Gönner, S. 114 ff; Mittermaier, S. 150 f.

179 Gönner, S. 115.

Die Gesetzesrevisionskommission behielt zwar zunächst das Komplott als Teilnahmeform bei, das unausgeführte Komplott sollte aber straflos sein, außer im Falle des hochverräterischen Komplotts[180].

Im Entwurf von 1847 fehlte dann jede Komplottbestimmung[181].

Auch im Bayrischen Strafgesetzbuch von 1861 war zwar die Mittäterschaft, nicht aber das Komplott als Teilnahmeform geregelt. Ebenso entfiel die Strafbarkeit des unausgeführten Komplotts.

Den Abschluß dieser Entwicklung bildete das Reichsstrafgesetzbuch von 1871, das den der preußischen und bayrischen Regelung entsprechenden Rechtszustand übernahm[182].

E. Abschnitt: Wiederaufkommen der Verabredungsstrafbarkeit – Niedergang des Liberalismus und Neubelebung subjektiver Strafrechtslehren

I. Die Fassung des § 49 a StGB vom 26. Februar 1876

In der zweiten Hälfte des 19. Jahrhunderts ist der Rückzug des Liberalismus zu verzeichnen. Dies blieb nicht ohne Einfluß auf die strafrechtlichen Entwicklungen. Hand in Hand mit der antiliberalen Bewegung wurde auch die Versuchstheorie unter der Leitung v. Buris wiederbelebt.

Nur vor diesem Hintergrund erklärt sich der sogenannte „Duchesne-Paragraph" von 1876, die Einführung des § 49 a in das Reichsstrafgesetzbuch. Dieser Paragraph gilt als direkter Vorläufer des heutigen § 30 StGB, so daß eine kurze Darstellung des Sachverhalts angebracht ist, der Anstoß für die Schaffung dieser Norm war:

Ein Hufschmid namens Duchesne – Poncelet aus Belgien erbot sich 1873 dem dortigen Jesuitenprovinzial zur Ermordung Bismarcks. Hintergrund und Anlaß dieses Vorgehens war der von Bismarck gegen die katholische Kirche geführte Kulturkampf. Als Gegenleistung verlangte Duchesne von dem Erzbischof von Paris D'Affre 60.000 Franken. Obwohl der Erzbischof dieses Angebot nachdrücklich ablehnte, verlangte die deutsche Reichsregierung von Belgien die damals dem 1876 folgenden § 49 a entsprechende Strafgesetzänderung, um derartige Vorgehensweisen unter Strafe zu stellen. Diesem Wunsch kam der belgische Gesetzgeber am 9. Juli 1875 nach und schuf ein Gesetz, daß weit über das bloße – mit dem Vorgehen Duchesnes vergleichbare – Erbieten hinausging und

---

180 Vgl. Wehrstedt, S. 72.

181 Wehrstedt, S. 73; Fabian, Verabredung, S. 14.

182 Wehrstedt, S. 74; Letzgus, S. 104.

weitere Verbrechensvorbereitungen unter Strafe stellte. Es handelte sich um ein auf den Einzelfall zugeschnittenes Gesetz, daß bestimmte Verbrechensaufforderungen und -vorschläge unter Strafe stellte.

Dies war der Auslöser für eine entsprechende Diskussion im Reichstag, die am 26. Februar 1876 mit der Aufnahme des neuen § 49 a StGB endete.

Im Rahmen dieser Diskussion wurden viele der Probleme, die die Norm mit sich brachte und in Gestalt des § 30 StGB auch heute noch mit sich bringt, sichtbar.

Die deutsche Regierung brachte zunächst am 23. November 1875 einen Gesetzentwurf im Reichstag ein, der eine eigenartige Stellung zwischen einer allgemeinen Norm und einem delictum suis generis darstellte. Sie lautete:

> „Wer es unternimmt, einen Anderen zur Begehung eines Verbrechens oder zur Teilnahme an einem Verbrechen zu verleiten, wird, soweit nicht das Gesetz eine andere Strafe androht, mit Gefängnis nicht unter drei Monaten oder mit Geldstrafe von einhundert bis eintausend Mark bestraft.
> Gleiche Strafe trifft denjenigen, welcher einem anderen gegenüber zur Begehung eines Verbrechens oder zur Teilnahme an einem Verbrechen sich erbietet, sowie denjenigen, welcher ein solches Erbieten annimmt.“

Neben der Gefängnisstrafe kann auf den Verlust der bürgerlichen Ehrenrechte und auf Zulässigkeit von Polizeiaufsicht erkannt werden.

Es fällt auf, daß dieser Entwurf zum einen keinen detaillierten objektiven Tatbestand enthielt, sondern einen umfassenden, sehr allgemein gehaltenen Straftatbestand, zum anderen aber entsprechend einem delictum sui generis den Strafrahmen selbst ausgestaltete[183].

Dieser Entwurf war insbesondere in der zweiten Lesung im Reichstag sehr umstritten[184]. Bemerkenswert waren insbesondere die Stellungnahmen des Abgeordneten Windhorst, der bemängelte, daß die Bestrafung der erfolglosen Anstiftung lediglich moralische, nicht aber strafrechtliche Bedeutung habe und daß die angestrebte Norm rein politische Ziele verfolge[185]. Sein eigener Vorschlag lautete[186]:

> „Wer einen anderen zur Begehung eines mit dem Tode oder mit lebenslänglichem Zuchthaus oder mit lebenslänglicher Festungshaft bedrohten Verbrechens oder zur Teilnahme an einem solchen Verbrechen schriftlich oder unter der Gewährung oder dem Versprechen von Vorteilen auffordert oder wer eine solche Aufforderung annimmt, wird mit Gefängnis nicht unter drei Monaten bestraft.
> Die gleiche Strafe trifft denjenigen, welcher sich schriftlich oder unter Ausbedingung von Vorteilen zur Begehung eines im ersten Absatz bezeichneten Verbrechens

183 So auch J.-D. Busch, S. 50.
184 Vgl. die umfassende Darstellung bei J.-D. Busch, S. 50 ff.
185 Vgl. Stenographische Berichte, Bd. II, S. 856.
186 Stenographische Berichte, Bd. III, S. 611.

> oder zur Teilnahme an einem solchen Verbrechen erbietet, sowie denjenigen, welcher ein solches Versprechen annimmt.
> Neben der Gefängnisstrafe kann auch der Verlust der bürgerlichen Ehrenrechte und auf Zulässigkeit von Polizeiaufsicht erkannt werden."

Dieser Vorschlag unterschied sich vom Regierungsentwurf durch die eindeutigere und engere Fassung des objektiven Tatbestandes, der durch die alternativen Voraussetzungen des Schriftformerfordernis bzw. der Vorteilsgewährung konkretisiert wurde.

Wesentlich eindeutiger als in dem Regierungsentwurf wird hier die Motivation für die Bestrafung entsprechender Vorbereitungshandlungen sichtbar: Man befürchtete, daß sich die Komplottanten derart aneinander binden könnten, daß dadurch die Lösung des Komplotts ohne Tatbegehung erheblich erschwert werden würde. Diese Strafmotivation wird insbesondere in dem Erfordernis der Vorteilsgewährung erkennbar, die die Begehung der geplanten Tat wahrscheinlicher macht, als ein bloß mündliches Versprechen; auch ein schriftlich abgegebenes Versprechen bindet nach allgemeiner Ansicht mehr, als ein mündliches.

Andere Abgeordnete setzen sich für eine Beschränkung des Tatbestandes auf bestimmte, besonders schwere Delikte ein[187].

Es soll hier nicht verschwiegen werden, daß es natürlich auch Stimmen gab, die den Regierungsentwurf stützen oder ihn sogar erweitern wollten.

Eine nicht unerhebliche Meinung unter den Abgeordneten war es, daß man nicht gut eine Gesetzesänderung bei einem befreundeten Staat verlangen konnte, ohne selbst entsprechend vorzugehen[188].

Der Abgeordnete Wolfssohn formulierte gar einen weiter gehenden Vorschlag:

> „Wer es unternimmt, einen anderen zur Begehung einer strafbaren Handlung, deren Versuch mit Strafe bedroht ist, oder zur Teilnahme an einer solchen Handlung anzustiften (§ 48) wird mit ... (Hinweise über das Strafmaß je nach Schwere der Tat) ... bestraft."

Dieser Vorschlag sollte also den Regierungsentwurf dahingehend erweitern, daß auch Vergehen, deren Versuchsstrafbarkeit angeordnet war, mit einbezogen wurden.

Der Entwurf, der sich letztlich insbesondere aufgrund des Kompromißvorschlages der Abgeordneten Klöppel und Marquardsen[189] durchsetzte, stellte sich als Kompromiß der weiten Regierungsvorlage und der engen Fassung des Vorschlages Windhorsts dar.

---

187 So z.B. Banks, Stenographische Berichte, Bd. III, S. 605; Lasker, Stenographische Berichte, Bd. III, S. 606.

188 Vgl. v. Bülow (Staatssekretär), Stenographische Berichte, Bd. II, S. 864, 865.

189 Stenographische Berichte, Bd. III, S. 611.

Er lautete schließlich am 26. Februar 1876[190]:

> „Wer einen anderen zur Begehung eines Verbrechens oder zur Teilnahme an einem Verbrechen auffordert, oder wer eine solche Aufforderung annimmt, wird, soweit nicht das Gesetz eine andere Strafe androht, wenn das Verbrechen mit dem Tode oder mit lebenslänglicher Zuchthausstrafe bedroht ist, mit Gefängnis nicht unter drei Monaten, wenn das Verbrechen mit einer geringeren Strafe bedroht ist, mit Gefängnis bis zu zwei Jahren oder mit Festungshaft von gleicher Dauer bestraft.
> Die gleiche Strafe trifft denjenigen, welcher sich zur Begehung eines Verbrechens oder zur Teilnahme an einem Verbrechen erbietet, sowie denjenigen, welcher ein solches Erbieten annimmt.
> Es wird jedoch das lediglich mündlich ausgedrückte Auffordern oder Erbieten, sowie die Annahme eines solchen nur dann bestraft, wenn die Aufforderung oder das Erbieten an die Gewährung von Vorteilen irgendwelcher Art geknüpft worden ist.
>
> Neben der Gefängnisstrafe kann auf Verlust der bürgerlichen Ehrenrechte und auf Zulässigkeit von Polizeiaufsicht erkannt werden."

Die Verbrechensverabredung war in dem „Duchesne-Paragraphen" nicht expressis verbis, wohl aber der Sache nach geregelt; die Verabredung stellt sich dar als ein gegenseitiges, mit einer jeweiligen Annahme verbundenes Erbieten[191], welches positiv geregelt war.

Interessant sind auch die feststellbaren Unterschiede zu der heutigen gesetzlichen Fassung des § 30 StGB: Mit Ausnahme des Mordkomplotts (§ 49 b StGB), das die Tradition seiner Sonderrolle fortsetzte, war das bloße Versprechen nicht strafbar, wenn nicht zusätzlich bestimmte Vorteile in Aussicht gestellt wurden. Ferner diente der Duchesne – Paragraph in erster Linie dem Schutz exponierter, insbesondere politischer Personen, während der Gedanke einer allgemeinen „Vorverlegung der Verteidigungslinie gegen das Verbrechen" erst in der nationalsozialistischen Zeit, insbesondere mit dem Entwurf von 1938[192] eingebracht und so eine auf ein Gesinnungsstrafrecht ausgelegte Strafbarkeit geschaffen wurde[193]. Zwar ist dem Bundesgerichtshof insoweit Recht zu geben, daß Tendenzen zum Willensstrafrecht nicht erst durch den Nationalsozialismus begründet wurden, sondern bereits Anwendung in der Rechtsprechung des Reichsgerichts bezüglich der Versuchsstrafbarkeit fanden[194]; an dem Zusammenhang zwischen einer antiliberalen gesellschaftlich-politischen Entwicklung und dem Aufkommen von Gesinnungsstrafrecht ändert dies aber nichts. Denn auch der plötzliche Umschwung der Rechtsprechung des Reichsgerichts unter der Federführung v. Buris, die im krassen Widerspruch zu den bis dahin herrschenden objektiven Unrechtslehren stand, war

---

190 RGBl. 25.

191 Vgl. dazu die Ausführung zu den Konkurrenzen, S. 81 ff.

192 Vgl. S. 52.

193 So Lange, Niederschriften, S. 212.

194 BGHSt 1, 59.

Symptom des scheiternden Liberalismus[195]. Der Fall des Hufschmied Duchesne war eigentlich nicht Grund genug, die Grundsätze der gesetzlich erfaßten Teilnahmeregeln umzustürzen, worauf Binding zu Recht hinwies[196]. Er war lediglich ein willkommener Anlaß für bereits vorhandene Kräfte[197].

Nach der bis zu dieser Gesetzesänderung andauernden Rechtsentwicklung in der Wissenschaft, die auch in der Gesetzgebung zu einem stetigen Verschwinden der Strafbarkeit entsprechender Vorbereitungshandlungen geführt hatte, stellte sich dieses Gesetz reaktionär und anachronistisch dar[198].

Es versteht sich daher von selbst, daß der § 49 a StGB Anlaß zu weitreichender Kritik der Wissenschaft war.

Gegen die faktisch erfaßte Strafbarkeit der Verabredung, d.h. des neu erfaßten Tatbestandes des Anerbietens und dessen Annahme wendete sich insbesondere Stemann[199]. Er hob vor allem hervor, daß die Bestrafung des bloßen verbrecherischen Willens ohne das Vorliegen äußerer Handlungen von einem polizeirechtlichem Charakter beherrscht sei, der auf dem Gebiet des materiellen Strafrechts nichts zu suchen habe[200]. In ähnlicher Form äußerte sich auch Geyer[201].

Gerade in der Fassung von 1876 wurde der § 49 a StGB trotz seiner Einordnung im Allgemeinen Teil des Gesetzes vielfach als delictum sui generis angesehen. Das zu schützende Rechtsgut wurde in diesem Zusammenhang in der „Autorität der Staatsgewalt“[202] oder auch in der „rechtsgetreuen Gesinnung“ des Bürgers[203] gesehen; das Reichsgericht erwähnte einmal beiläufig als Rechtsgut die „Sicherheit der Person“[204] und auch in den Reformentwürfen von 1909 bis 1927 wurden die in § 49 a StGB erfaßten Beteiligungsvorschriften als selbständige Delikte gegen den „Rechtsfrieden und die Öffentlichkeit“[205], die „öffentliche Ordnung“[206] oder auch als Delikte der „Vorbereitung von Straftaten, Begünstigung, Strafvereitelung“[207] aufgefaßt.

---

195 So auch Fabian, Verabredung, S. 15.

196 Binding, Lehrbuch II, S. 865.

197 Fabian, a.a.O.

198 J.-D. Busch, S. 54.

199 Stemann, GerS 28, S. 267 ff.

200 Stemann, GerS 28, S. 277.

201 Geyer, S. 145, 148.

202 Wachenfeld, § 139 III, S. 552, der den § 49 a StGB unter den „Ungehorsamsdelikten“ im Kapitel „Verbrechen gegen die Rechtsgüter des Staates“ behandelte.

203 Binding, Lehrbuch II, S. 838.

204 RGSt. 37, 46.

205 So der Entwurf von 1911 (§ 180), allerdings nur für das Erbieten und dessen Annahme, was auch die Verabredung erfaßte.

206 § 132 im Entwurf von 1909.

207 §§ 231, 232 des Entwurfs von 1919; §§ 182, 183 der Reichsratsvorlage von 1925 (E 1925); §§ 196, 197 der Reichsratsvorlage von 1927 (E 1927); vgl. dazu Letzgus, S. 212.

Die Annahme eines delictum sui generis lag damals eigentlich recht nahe, da § 49 a StGB einen selbständigen, nicht-akzessorischen Strafrahmen besaß. Ausschlaggebend für die Neigung, die Norm als eigenständiges Delikt aufzufassen, dürfte aber eher das Fehlen einer nach den Regeln der Akzessorietät unbedingt erforderlichen realen Haupttat gewesen sein[208]. Das Problem der Akzessorietät stellt sich auch heute noch für die sogenannte Teilnahmetheorie bezüglich der Einordnung des heutigen § 30 StGB[209].

II. Andere gesetzliche Erfassungen des unausgeführten Komplotts

Das Komplott tauchte in dieser Zeit und teilweise schon vorher auch in anderen neuen Gesetzen auf, so im Vereins-Zollgesetz vom 1. Juli 1869, dem Militär-Strafgesetzbuch vom 20. Juni 1872, der Seemanns-Ordnung vom 27. Dezember 1872, dem Spionage-Gesetz und dem Sprengstoff-Gesetz jeweils vom 9. Juli 1884 und im Gesetz gegen den Verrat militärischer Geheimnisse vom 3. Juli 1914.

Diese Gesetze verdeutlichen auch die politische Bedeutung der Komplottstrafbarkeit: Dort, wo der Staat sich selbst in seiner Integrität gefährdet sah, bediente er sich einer entsprechenden Vorverlegung der Strafbarkeit durch Bestrafung verschiedener Komplottformen[210].

III. Die Behandlung der Verabredung im Nationalsozialismus

Die national-sozialistische Strafgesetzgebung war geprägt durch die Doppelnatur zum einen verbrecherische Absichten ohne Rücksicht auf eine Tatbestandsverwirklichung zu bestrafen, sich dabei aber zum anderen zumindest formal an die damals anerkannte juristische Methodik anzulehnen[211]. Aufgrund des Schwerpunktes auf den erstgenannten Aspekt erfuhr die Strafbarkeit der Verabredung eine bis heute nie erreichte Ausweitung. In § 12 Abs. 1 des endgültigen Entwurfs von 1938 hieß es:

> „Wer die Begehung einer Tat, die mit dem Tode oder mit dem Zuchthaus bedroht ist, verabredet oder in eine ernsthafte Verhandlung darüber eintritt, wird bestraft, wie wenn er die Straftat begangen hätte."

Diese Fassung war sowohl hinsichtlich der Offenheit der tatbestandlichen Voraussetzungen, als auch hinsichtlich des Strafmaßes extrem. Aus der *Verbrechens*verabredung wurde eine Verabredung, die schon bei Planung einer lediglich mit Zuchthausstrafe bedrohten Tat strafbar war. Schon der Versuch dieser

208 Z.B. Beling, S. 416; Berner, Lehrbuch, S. 168 ff.
209 Vgl. S. 57 f.
210 Vgl. Fabian, Verabredung, S. 16.
211 J.-D. Busch, S. 96.

Verabredung (als Eintritt in ernsthafte Verhandlungen) sollte mit der gleichen Strafe geahndet werden, wie die Begehung der Straftat selbst.

IV. Die Entwicklung von 1943 bis in die Gegenwart

Eine erhebliche Strafbarkeitserweiterung erzeugte die Strafrechtsausgleichs – Verordnung vom 29. Mai 1943[212], die die bislang eingeschränkte Strafbarkeit bei nur mündlichen Erklärungen strich. Bemerkenswert ist vor allem, daß neben der Verabredung noch quasi der Versuch einer Verabredung unter Strafe gestellt wurde, nämlich das Eintreten in ernstliche Verhandlungen über die Begehung eines Verbrechens. Eine solche Tathandlung stellte der Sache nach den Versuch einer Verabredung dar, da der „Eintritt in Verhandlungen", nicht aber ein abgeschlossener gemeinsamer Tatentschluß verlangt wurde, der sich als Fortentwicklung der Verhandlungen darstellen konnte, aber nicht mußte.

Diese Regelung hatte aber nur ein relativ kurzes Dasein; sie wurde mit dem 3. Strafrechts-Änderungsgesetz vom 4. August 1953 gestrichen. Diese Fassung wurde bis zum 1. Januar 1975 beibehalten.

Seit diesem Zeitpunkt gilt § 30 StGB, der gegenüber seinem Vorgänger § 49 a StGB vor allem die Besonderheit der Anwendbarkeit des § 23 Abs. 3 StGB enthält, womit auch eine untaugliche Verbrechensverabredung strafbar ist.

Die in dem Entwurf von 1962 in dessen § 35 Abs. 3 (E 1962)[213] vorgesehene Lösung des Problems besonderer persönlicher Merkmale[214] wurde allerdings nicht übernommen, sondern – da es sich hierbei um ein sehr umstrittenes Thema handelte und handelt – der Rechtsprechung überlassen[215].

---

212 RGBl. I, S. 339.

213 BT-Drucksache IV/650.

214 Vgl. S. 75 ff.

215 Sonderausschuß – BT-Drucksache V/4095, S. 13: Der in dem E 1962 vorgesehene Lösungsweg sah vor, daß für die Verbrechensqualität der Tat erforderliche persönlichen Merkmale bei dem vorliegen müssen, der die Tat begehen soll, damit die Abs. 1, 2 anwendbar sein sollten.

2. Kapitel
Anwendungsprobleme bei der geltenden Rechtslage

A. Einleitung – Gang der Untersuchung

Das folgende Kapitel behandelt die rechtlichen Probleme der Anwendung des § 30 Abs. 2, 3. Alt. StGB und der Rücktrittsvorschrift des § 31 Abs. 1, Nr. 3 StGB.

Dies soll jedoch nicht isoliert von der Frage der Unrechtsbegründung der Verbrechensverabredung geschehen; vielmehr sollen bereits hier einige der diesbezüglichen Probleme angedeutet werden, die jeweils mit „Anwendungsproblemen" korrespondieren. Es wird sich zeigen, daß einige Anwendungsprobleme insbesondere im Hinblick auf Beweisfragen und unklaren bzw. unbestimmten Tatplanungen mehrerer bereits die Schwierigkeiten für die Frage der im 3. Kapitel zu beantwortenden Frage der Unrechtsbegründung umreißen.

Am Anfang steht die systematische und dogmatische Verortung der Verbrechensverabredung. Insbesondere die Frage, ob diese Vorschrift eine Versuchs-, Teilnahmebestimmung oder die Pönalisierung einer Vorbereitungshandlung darstellt, ist nicht nur für die Anwendung der Norm von wesentlicher Bedeutung, sondern vor allem auch für die im letzten Kapitel dieser Arbeit aufgeworfene Frage des Unrechtsgehalts der Verbrechensverabredung.

Neben diesen allgemeinen Erörterungen gibt es eine Reihe von Einzelproblemen bei der Anwendung des § 30 Abs. 2, 3. Alt. StGB, die auch den größten Raum innerhalb dieses Kapitels einnehmen werden.

Dabei geht es vor allem um Mängel im subjektiven Bereich der Verbrechensverabredung, also dem „Willenszusammenschluß"; im objektiven Bereich geht es in erster Linie um die Frage, wie detailliert der Verbrechensplan konkretisiert sein muß, um bereits eine spezifische Verbrechensverabredung darzustellen. Weitere Probleme, denen sich diese Untersuchung widmen wird, sind sowohl die Verabredung zur Teilnahme, als auch die Teilnahme an der Verabredung. Ein weiterer Schwerpunkt wird das Verhältnis zwischen der Strafbarkeit der Verbrechensverabredung und der letztlich ausgeführten Tat sein, welches insbesondere dann Probleme aufwirft, wenn die Tatausführung von der Planung in irgendeiner Weise abweicht. Den Abschluß bildet die Untersuchung der Rücktrittsvorschrift in § 31 Abs. 1, Nr. 3 StGB, deren Anwendung vor allem in Bezug auf den erforderlichen Verhinderungszeitpunkt Schwierigkeiten bereiten kann, wie auch bei zeitlichen Verschiebungen der geplanten Tat.

Bei der Diskussion der Anwendungsprobleme der gesetzlichen Fassung der Verbrechensverabredung bzw. ihrer Rücktrittsregelung kann auf eine durchaus breite Erfassung in der gängigen Literatur zurückgegriffen werden. Trotzdem gibt es noch viele Einzelprobleme, deren Lösung umstritten und keineswegs bereits erreicht ist. Auf sie wird im besonderen Maße einzugehen sein.

B. Die systematische Stellung des § 30 StGB

Vor allem in der Fassung von 1876 wurde der damalige § 49 a StGB vielfach als selbständiger Tatbestand gesehen, der die „Autorität des Staates“ (v. Liszt), die „rechtstreue Gesinnung des Bürgers“ (Binding) oder auch die „Sicherheit der Person“ (Reichsgericht) schützt[1].

Für die heutige Fassung dieser Norm (§ 30 StGB) wird dies nicht mehr vertreten, da § 30 StGB keinen eigenen Strafrahmen aufweist.

Stattdessen handelt es sich bei den Alternativen des § 30 StGB um Strafausdehnungsgründe bis an den Beginn des Vorbereitungsstadiums[2] und damit um Regelungen des Allgemeinen Teils des StGB.

Umstritten ist allerdings die systematische Einordnung des § 30 StGB innerhalb des Allgemeinen Teils:

I. § 30 StGB als Versuchsbestimmung

Wie bereits in dem Kapitel über die Entstehungsgeschichte der heutigen Norm aufgezeigt worden ist, wurde gerade die Verbrechensverabredung von der alten subjektiv geprägten Komplottlehre als Versuch des vollendeten Verbrechens angesehen[3]. Auch heute noch wird § 30 StGB als „Versuch der Beteiligung“ bezeichnet. Daran ist richtig, daß es sich bei den Alternativen dieser Norm um Vorstufen bestimmter Teilnahmeformen handelt; allerdings erfordert die gesetzliche Fassung des Versuchs in § 22 StGB ein „unmittelbares Ansetzen“ zur Tatverwirklichung, während dies für § 30 StGB gerade ausbleiben muß. Kommt es aber zu einem unmittelbaren Ansetzen im Sinne eines Versuchs, so kann allenfalls eine Teilnahme am Versuch oder eine versuchte Täterschaft vorliegen, nicht aber eine „versuchte Beteiligung“[4].

---

1 Vgl. S. 59.

2 Roxin, in: LK, § 30 Rdnr. 1.

3 Vgl. S. 171 f.

4 So auch Roxin, in: LK, § 30 Rdnr. 2.

II. Teilnahmetheorie – Schwerpunkt auf dem personalen Element

Die gesetzliche Einordnung des § 30 StGB in den Bereich „Täterschaft und Teilnahme" stellt die Basis dar für die heute herrschende Ansicht, es handele sich dabei um eine Sonderregelung der Teilnahme[5].

Eine nahe Verwandtschaft zu dem Bereich „Täterschaft und Teilnahme" läßt sich nicht leugnen, da alle Alternativen – wie bereits erwähnt – Vorstufen bestimmter Beteiligungsstufen darstellen, die Verbrechensverabredung zum Beispiel die antizipierte Mittäterschaft[6]. Dies allein kann aber über den systematischen Standort der Bestimmung nicht entscheiden. Wesentlich für die Einordnung als Teilnahmeregelung wäre die Bestimmbarkeit des Unrechtsgehalts der jeweiligen Erscheinungsformen des § 30 StGB nach den gleichen Kriterien wie denjenigen von Anstiftung und Beihilfe[7].

Auf der Grundlage der heute herrschenden Verursachungs- (oder Förderungs-) theorie[8], nach der der Strafgrund der Teilnahme in der Herbeiführung oder Unterstützung der Tat durch den Teilnehmer liegt, würde es auf den ersten Blick naheliegen, Strafgrund und Unrechtsgehalt einer „versuchten Beteiligung" in dem Versuch der Verursachung eines Deliktes zu sehen und somit den § 30 StGB dem Bereich der Teilnahme zuzuordnen.

Dagegen spricht aber, daß gerade die Verbrechensverabredung nicht als Teilnahme, auch nicht als vorweggenommene, angesehen werden kann, sondern eindeutig antizipierte Mittäterschaft ist[9]. Sie stellt eben nicht den „Versuch" der Verursachung der Tat dar, weil durch sie keine Kausalkette in Gang gesetzt werden soll – jedenfalls nicht nach dem Willen und der Vorstellung der Komplottanten – die in die Tatvollendung mündet.

Aber auch im Hinblick auf die restlichen Alternativen des § 30 StGB ist die Teilnahmetheorie nicht haltbar, da Teilnahme überhaupt erst strafbar ist, wenn ihre Haupttat zumindest in das Versuchsstadium vorgedrungen ist, also der Beginn einer Ausführungshandlung vorliegt. An einer Haupttat fehlt es aber in allen Fällen des § 30 StGB und damit an der für die Teilnahme notwendigen Akzessorietät[10].

---

5 Baumann/Weber/Mitsch, § 32 II Rdnr. 40, S. 683; Jescheck/Weigend, § 65 I 3, S. 701 f., der aber auch die noch darzustellende „Vorbereitungstheorie" gelten läßt; Maurach, JZ 1961, S. 138; Schmidhäuser, AT, § 15/Rdnr. 105 ff., S. 644 ff.

6 Dazu später mehr, vgl. S. 59.

7 Letzgus, S. 216.

8 Baumann/Weber/Mitsch, § 30 I 2 Rdnr. 3, S. 639; Jescheck/Weigend, § 64 I 2, S. 685; Maurach/Gössel/Zipf, AT II, S. 283 f.; Rudolphi, GA 1970, S. 365; Schönke/Schröder-Cramer, Rdnr. 17 vor § 25, u.a.

9 Was auch von den Vertretern der Teilnahmetheorie nicht geleugnet wird, vgl. z.B. Jescheck/Weigend, AT, § 65 III 1, S. 704.

10 Roxin, in: LK, § 30 Rdnr. 2.

Teilweise wird zwar im Anschluß an Maurach-Gössel[11] versucht, diesen Mangel durch die Konstruktion einer „hypothetischen“, d.h. vom Komplottanten in seiner Vorstellung antizipierten Akzessorietät zu heilen; wenn sich aber das Unrecht der Teilnahme aus dem Unrecht der Haupttat ableitet, kann essentiell kein Teilnahmeunrecht vorliegen, wenn es an einer realen Tat fehlt[12].

III. Vorbereitungstheorie – Schwerpunkt auf dem sachlichen Element

Es bleibt insoweit nur noch die Möglichkeit, die in § 30 StGB erfaßten Tathandlungen als unselbständige Vorbereitungshandlungen einzuordnen, die selbständig bestraft werden können[13]. § 30 beinhaltet zwar Vorstufen zum Versuch und zu verschiedenen Beteiligungsformen, aber eben nur Vorstufen. Auch die neuere Rechtsprechung des Bundesgerichtshofes charakterisiert die Bestimmung als „selbständig strafbare Vorbereitungshandlung“[14]. Auch und gerade die Rücktrittsvorschrift in § 31 StGB stellt den Zusammenhang der Norm mit den Lehren von Vorbereitung und Versuch deutlich her[15]. Die Vorbereitungstheorie ist auch sehr viel besser als die Teilnahmetheorie in der Lage, die augenscheinliche Diskrepanz zwischen Eigen- und Fremdvorbereitungshandlung zwischen den Alternativen des § 30 StGB unter einem einheitlichen Gesichtspunkt – nämlich dem der Vorbereitung – zusammenzufassen[16].

C. Die Verbrechensverabredung als Vorstufe der Teilnahme

I. Die Verabredung zur Verbrechensbegehung in Mittäterschaft

§ 30 Abs. 2, 3. Alt. StGB erklärt sowohl die Verabredung, ein Verbrechen zu begehen, als auch die Verabredung, zu einem Verbrechen anzustiften, für strafbar.

Hier stellt sich das Problem, ob eine Verbrechensverabredung nur strafbar ist, wenn eine gemeinschaftliche Tatbegehung oder Anstiftung im Sinne eines mittäterschaftlichen Vorgehens angestrebt wird, oder ob auch die Verabredung zwischen einem potentiellen Täter (der Tat oder der Anstiftung) und einem Gehilfen erfaßt ist; denn auch die Beihilfe zu einem Verbrechen ist ein Verbrechen.

---

11 Maurach/Gössel/Zipf, § 53 II A 2 Rdnr. 3, S. 365.

12 Roxin, in: LK, § 30 Rdnr. 2.

13 So auch Busch, in: Maurach-FS, S. 248; Letzgus, S. 219 ff.; Schönke/Schröder-Cramer, § 30 Rdnr. 1, 2; Tröndle/ Fischer, § 30 Rdnr. 2.

14 BGHSt 9, S. 131 (134); 14, S. 378 (379).

15 Roxin, in: LK, § 30 Rdnr. 2.

16 Letzgus, S. 220.

Nach heute einhelliger Ansicht müssen die geplanten Tatbeiträge richtigerweise eine mittäterschaftliche Begehung darstellen[17]. Dieses Ergebnis ist zwingend aufgrund der Straflosigkeit der versuchten Beihilfe: Wenn schon das unmittelbare Ansetzen zur Hilfeleistung im Sinne des § 27 StGB straflos ist, wie sollte dann die bloße Verabredung, d.h. die schlichte Vorbereitung strafbar sein[18]?

Die Straflosigkeit einer Verabredung von Gehilfenbeiträgen wird auch noch mit dem kriminalpolitischen Argument untermauert, daß die die Strafwürdigkeit der Verbrechensverabredung angeblich begründende Bindung zwischen den Komplottanten[19] im Verhältnis eines Täters zu einem Gehilfen jedenfalls geringer ist als zwischen Mittätern[20].

II. Verabredung zur Teilnahme an der Tatbegehung

Von der Frage, ob das Begehen einer Tat auch in einem Stufenverhältnis zwischen Täter und Gehilfen verabredet werden kann, läßt sich die Frage unterscheiden, ob überhaupt eine Teilnahmehandlung, also eine Anstiftung oder Beihilfe zu der Tat eines anderen, verabredet werden kann.

Der Fall der Verabredung zu einer Anstiftung ist in § 30 Abs. 2, 3. Alt. StGB geregelt. Nicht strafbar ist hingegen die Verabredung zur gemeinsamen Beihilfe. Dies ist auch konsequent im Hinblick auf das bereits genannte Argument der Straflosigkeit der versuchten Beihilfe. So ist auch das Auslassen der Beihilfeverabredung innerhalb des § 30 StGB sicherlich kein Zufall.

D. Die Voraussetzungen de lege lata

I. Die Willenseinigung

Zu einer „Verabredung“ bedarf es der Willenseinigung wenigstens zweier Personen[21] zur mittäterschaftlichen Begehung eines im wesentlichen bestimmten Verbrechens[22].

---

17 BGH, NStZ 1982, S. 244; Baumann/Weber/Mitsch, § 32, Rdnr. 52, S. 687; Dreher, GA 1954, S. 14; Jescheck/Weigend, § 65 III 1, S. 704; Kohlrausch/Lange, § 49 a Anm. V 1, S. 184; Lackner/Kühl, § 30 Rdnr. 6; Letzgus, S. 110; Maurach/Gössel/Zipf, AT II, § 53 II C 3 Rdnr. 42, S. 373; Roxin, in: LK, § 30 Rdnr. 70; Schmidhäuser, AT, § 15 Rdnr. 106, S. 644.

18 Roxin, in: LK, § 30 Rdnr. 71.

19 Vgl. S. 164 f.

20 Vgl. Roxin, in: LK, § 30 Rdnr. 71. Dieser These soll hier nicht weiter nachgegangen werden, da die Frage auch nach der Intensität der Bindung zwischen den Komplottanten eine entscheidende Frage der Unrechtsbegründung ist.

21 RGSt. 55, S. 87.

Gemeint ist damit nichts anderes, als der gemeinsame Tatentschluß unter Mittätern im Sinne des § 25 Abs. 2 StGB[23]. Der einzelne Beteiligte muß demnach einen Tatentschluß im Sinne des § 22 StGB haben[24].

Damit stellen belanglose Vorbesprechungen, bloße Erwägungen und eine allgemeine, noch nicht auf ein bestimmtes Delikt bzw. eine Deliktsart festgelegte Verbrechensbereitschaft noch keine Verabredungen in diesem Sinne dar[25]. Für die Verbrechensverabredung ergibt sich das schon durch einen Blick auf die Entstehungsgeschichte des § 30 StGB: Ab 1943 stand das „Eintreten in ernstliche Verhandlungen", quasi der Versuch der Verabredung, unter Strafe, seit 1953 aber nicht mehr[26].

Die Form des Willenskonsenses ist irrelevant; die Kommunikation kann persönlich, brieflich, telefonisch, telegrafisch, auch durch Mittelsmänner und sogar konkludent erfolgen[27]. Der allgemein gehaltene Wortlaut des § 30 Abs. 2, 3. Alt. StGB engt hier die denkbaren Sachverhaltskonstellationen nicht ein. Man kann sich auch stillschweigend einer Verbrechensverabredung anschließen.

Schwierigkeiten treten auf, wenn der gemeinsame Entschluß nicht durch eine freie Betätigung der Entschlußfähigkeit einzelner Komplottanten zustande gekommen ist, zum Beispiel im Fall der Verabredung durch Drohung und bei Schuldunfähigkeit eines oder einiger Komplottanten. Ebenfalls problematisch ist die Scheinbeteiligung eines oder mehrerer Komplottanten. Ein weiteres Problem der Willensbildung liegt vor, wenn die Tatbegehung von Bedingungen abhängig gemacht wird, bzw. auf einer unsicheren Tatsachengrundlage steht.

1. Verabredung auf unsicherer Tatsachengrundlage

Eine Verabredung auf unsicherer Tatsachengrundlage liegt vor, wenn sich die Komplottanten zu einem Verbrechen verabreden unter der Bedingung des Eintritts oder Ausbleibens einer bestimmten Tatsache. Ein solcher Fall liegt zum Beispiel vor, wenn sich zwei Gefangene zu einem gemeinsamen Raub verabreden, falls ihnen der Ausbruch aus der Haftanstalt gelingt[28]. Problematisch können in diesem Zusammenhang natürlich nur solche Tatsachenbedingungen sein, auf deren Ausbleiben bzw. Eintreten – je nachdem, worin die Voraussetzung für die Realisierung der Verbrechensverabredung besteht – sich die Komplottanten nicht unbedingt verlassen können und die in gewisser Weise „ungewöhnlich"

22 Lackner/Kühl, § 30 Rdnr. 6; Letzgus, S. 105; Maurach, JZ 1961, S. 139; Roxin, in: LK, § 30 Rdnr. 60.

23 Jescheck/Weigend, AT, §65 III 1., S. 704.

24 Roxin, in: LK, § 30 Rdnr. 61.

25 Maurach, JZ 1961, S. 139.

26 Roxin, in: LK, § 30 Rdnr. 61. Vgl. auch S. 53.

27 Roxin, in: LK, § 30 Rdnr. 60.

28 Vgl. BGHSt 12, S. 306, (309 f.).

sind. Denn unbestreitbar steht jede Verbrechensverabredung auf einer unsicheren Tatsachengrundlage; ihre Realisierung ist zum Beispiel immer bedingt durch das Überleben der Komplottanten. Das Vorliegen der tatbestandlichen Voraussetzungen des § 30 Abs. 2, 3. Alt. StGB kann in solchen Fällen kaum bestritten werden. Sie sind daher hier nicht gemeint.

Bei einer Verabredung auf unsicherer Tatsachengrundlage wird die verabredete Tat von einer Tatsache abhängig gemacht, die objektiv, d.h. unabhängig vom Willen der Komplottanten besteht. Es ist nicht bezweifelbar, daß keine Verabredung bezüglich eines Komplottanten vorliegt, wenn jener sich die Teilnahme am Verbrechen vorbehält; es liegt dann kein Willenskonsens zwischen ihm und den anderen vor[29]. Bei der Verabredung auf unsicherer Tatsachengrundlage liegt aber kein Mangel im Willenskonsens vor, sofern die Komplottanten bei entsprechend erhofftem Eintritt der jeweiligen Bedingung die Tat nur ernsthaft begehen wollen[30].

Die Strafbarkeit der Verbrechensverabredung kann hier also nicht unter dem Aspekt des Tatentschlusses angezweifelt werden.

Problematisch an dieser Fallkonstellation ist vielmehr, daß das Geschehen bei noch einzutretender Bedingung als Vorbereitung auf die eigentliche Tat noch nicht so weit „gereift" ist, wie bei einer unbedingten Verabredung. Stellt man mit der herrschenden Meinung – unabhängig von der noch zu untersuchenden Frage der Strafwürdigkeit der Verabredung – auf die objektive Gefährlichkeit der Verabredung als unrechtsbegründendes Merkmal ab[31], so erscheint es auf den ersten Blick fragwürdig, diese bedingte Verabredung genauso zu bestrafen, wie eine unbedingte.

Dementsprechend verneint Binding die Strafbarkeit einer solchen Verbrechensverabredung[32].

Nach anderer Ansicht[33] verkennt Binding, daß es bezüglich der Gefährlichkeit der Verabredung nicht auf den Zufall des Eintritts bzw. Nichteintritts einer Bedingung ankommen könne.

Letztlich kann es nur darauf ankommen, wie weit der gemeinsame Tatentschluß bereits „gereift" ist: Sollten die Komplottanten sich lediglich darauf verständigt haben, daß die Begehung eines Verbrechens *möglich wäre*, sobald eine bestimmte Bedingung eingetreten ist, muß letztlich Binding Folge geleistet werden; insoweit ist nämlich die Verabredung selbst von der Bedingung abhängig und nicht nur noch die Tatausführung. Verständigen sich die Komplottanten hingegen darauf, daß sie bei Eintritt einer Bedingung das Verbrechen selbst *be-*

29 Maurach, JZ 1961, S. 139.

30 Maurach, JZ 1961, S. 139; Roxin, in: LK, § 30 Rdnr. 61.

31 Z.B. Roxin, in: LK, § 30 Rdnr. 3, vgl. auch die Ausführungen im 3. Kapitel, S. 133 ff.

32 Binding, Lehrbuch, II, S. 451.

33 Maurach, JZ 1961, S. 139; Roxin, in: LK, § 30 Rdnr. 61; BGHSt 12, 306 (309 f.).

gehen werden, so ist die tatbestandlich einzig erforderliche Voraussetzung einer Verbrechensverabredung gegeben: Der gemeinsame Entschluß zur Tatbegehung. In diesem Fall liegt also eine Verbrechensverabredung vor. Die Frage, ob alle fraglichen Bedingungen eintreten, die für die Tabegehung selbst erforderlich sind, ist in diesem Falle keine direkte Frage des Planungszusammenhangs mehr, zumal sich die Bedingungen, um die es bei dieser Frage geht, ohnehin dem Planungsvermögen, d.h. der Kontrolle der Komplottanten entziehen. Dies gilt letztlich für jede Vorbereitungshandlung und auch für den Versuch, der auch strafbar ist, wenn ein Täter mit Tatentschluß unmittelbar zur Tatvollendung ansetzt, ohne daß im konkreten Fall alle Bedingungen für die Tatbegehung gegeben sind[34].

2. Scheinbeteiligung

In den Fällen der Scheinbeteiligung besteht ein Mangel im Willenskonsens: Einer der Komplottanten will das verabredete Verbrechen tatsächlich nicht begehen, zumindest aber eine Vollendung nicht zulassen.

a) Ansicht 1: Die Scheinbeteiligung begründet keine Verabredungsstrafbarkeit des betreffenden Komplottanten

Vielfach wird die Ansicht vertreten, daß es am „ernstlichen" Willen eines bzw. mehrerer Komplottanten mangele und insoweit keine Verbrechensverabredung vorläge[35]. „Mentalreservation", so Maurach, sei „im Gegensatz zum Bürgerlichen Recht im Strafrecht sehr wohl am Platze"[36].

b) Ansicht 2: Mentalreservation bzw. Scheinbeteiligung haben keinen Einfluß auf das Vorliegen einer Verbrechensverabredung

Nach anderer Ansicht soll Mentalreservation hingegen keinerlei Einfluß auf das Vorliegen einer Verbrechensverabredung haben[37]. Selbst bei einer nur aus zwei Komplottanten bestehenden Verabredung mit Mentalreservation des einen bliebe der andere wegen einer Verbrechens"verabredung" strafbar.

Diese Ansicht geht davon aus, daß eine Scheinerklärung die Gefährlichkeit des konspirativen Tatentschlusses nicht beeinträchtige[38]. Cramer zufolge ergebe sich dieses Ergebnis aus dem Strafgrund der Verabredung: Auch bei einer ein-

---

34 Das ist das Wesen des fehlgeschlagenen Versuchs. Bei dem unter gewissen Voraussetzungen ebenfalls strafbaren untauglichen Versuch können die Bedingungen für die Tatbegehung – jedenfalls im konkreten Fall – überhaupt nicht eintreten.

35 RGSt. 58, 392 (393).

36 Maurach, JZ 1961, S. 139.

37 Letzgus, S. 183; Schröder, JuS 1967, S. 294; Schönke/Schröder-Cramer, § 30 Rdnr. 29.

38 Letzgus, a.a.O.

seitigen Mentalreservation bestünden zwei objektiv aus der Empfängersicht übereinstimmende Willensäußerungen, ebenso wie bei einer beiderseitig ernsthaft gemeinten Verabredung. Dies genüge auch für dem in § 30 Abs. 2, 3. Alt. StGB als Tatbestandsmerkmal vorausgesetzten Erklärungswert[39].

c) Lösung

Bei der Lösung dieser Streitfrage ist zunächst zwischen einer Verabredung aus nur zwei Komplottanten einerseits und der Verabredung mehrerer Komplottanten mit jeweils bestehender Mentalreservation eines Beteiligten zu unterscheiden. Wenn sich lediglich einer von mehreren Komplottanten vorbehält, nicht am geplanten Verbrechen teilzunehmen, so verbleibt selbstverständlich die Strafbarkeit der anderen gemäß § 30 Abs. 2, 3. Alt. StGB. Hinsichtlich der anderen Komplottanten besteht ein ungebrochener Willenskonsens. Sollte der „Scheinbeteiligte" seinerseits durch sein Mitwirken am gemeinsamen Tatentschluß (bewußt) bei den anderen überhaupt erst den Tatentschluß (mit)geweckt haben, so ist auch er wegen versuchter Anstiftung strafbar[40].

Bei einer aus lediglich zwei Komplottanten bestehenden Verbrechensverabredung stellt sich hingegen die Streitfrage, ob überhaupt noch eine Verbrechensverabredung vorliegen kann. Hier kommen die dargestellten Ansichten zu Ergebnissen, die dogmatisch sehr, praktisch jedoch nicht erheblich unterschiedlich sind, da § 30 StGB für alle Tatalternativen denselben – vom jeweils angestrebten Delikt abhängigen – Strafrahmen bietet und sich die einzelnen Alternativen auch inhaltlich überschneiden[41].

Der Meinungsstreit ist bedingt durch zwei unterschiedliche Auffassungen in Bezug auf das Wesen der Verbrechensverabredung. Die unter *b)* genannte, eine Verabredung bejahende Ansicht geht davon aus, daß es auf den objektiven Empfängerhorizont ankäme. Wenn man als Strafgrund der Verbrechensverabredung annähme, daß der (im Fall der Scheinbeteiligung mutmaßliche) Willenskonsens eine über den alleinigen Tatentschluß hinausgehende Bindung an den Verbrechensentschluß mit sich brächte[42], dann bestünde bzw. bewahrheitete sich dieser Strafgrund auch seitens des ernsthaft Entschlossenen, der sich mit einem zum Schein Entschlossenen zusammentut. Er würde davon ausgehen (entsprechend des objektiven Empfängerhorizontes), daß der in Wirklichkeit alleinige Tatentschluß ein gemeinsamer wäre und müßte sich an diesen Tatentschluß genauso gebunden fühlen, als wäre es ein gemeinsamer.

---

39 Schönke/Schröder-Cramer, a.a.O.

40 Roxin, in: LK, § 30 Rdnr. 62.

41 Vgl. S. 81 ff.

42 Vgl. S. 164 f.

Diese Betrachtungsweise läßt aber gerade den Scheinbeteiligten aus. Daß § 30 Abs. 2, 3. Alt. StGB lediglich einen Erklärungswert im Sinne eines objektiven Empfängerhorizontes enthält, läßt sich nicht dem ansonsten extrem offenen Wortlaut der Norm entnehmen. Vielmehr handelt es sich bei der Verbrechensverabredung um eine antizipierte Mittäterschaft, bei der der Tatentschluß, also die Willensbildung als solche statt ihrer bloßen Äußerung, ein gemeinsamer sein muß. Wenn einer von zwei Komplottanten in Wirklichkeit das Verbrechen nicht begehen will, liegt keine antizipierte Mittäterschaft und damit keine Verbrechensverabredung vor. Eine auf die Gefährlichkeit der gegenseitigen Bindung aufbauende Unrechtsbestimmung (und gerade darauf beruft die eine Verabredung bejahende Ansicht) ist gerade auf eine gegenseitige Bindung an einen gemeinsamen Tatentschluß angewiesen.

Auf seiten des Entschlossenen ist dann ein untauglicher Versuch zur Verabredung zu bejahen[43]. Er ist ferner wegen eines Sich-Bereit-Erklärens strafbar[44], sofern er nicht bereits omnimodo facturus war[45].

Straflosigkeit muß sich in jeder Konstellation für den Scheinbeteiligten ergeben, wenn ihm ein auf die Ausführung gerichteter Vorsatz fehlt. Dies gilt zum einen für den sogenannten „agent provocateur“, der zumindest die materielle Beendigung der Tat nicht will[46]; ebenso für denjenigen, der weiß, daß es bei der Umsetzung des Tatplans lediglich zu einem untauglichen Versuch kommen kann oder auch für den Scheinbeteiligten, der meint, daß das Verbrechen ohne sein Mitwirken gar nicht begangen werden kann.

3. Willenseinigung durch Drohung und bei anderen schuldrelevanten Situationen

Bei der Willenseinigung, die ein Komplottant gegenüber dem/den anderen Komplottanten erst durch eine Drohung veranlaßt hat, ist es zweifelhaft, ob im Einzelfall noch von einer „Verabredung“ gesprochen werden kann. Es entsteht hier ein Spannungsverhältnis zwischen dem Wesen der Verbrechensverabredung als antizipierte Mittäterschaft einerseits und der nach herrschender Ansicht auf den besonderen gegenseitigen Bindungsgehalt basierenden Strafwürdigkeit der Verabredung andererseits.

---

43 Roxin, in: LK, § 30 Rdnr. 62, Fn. 58; der Versuch zur Verabredung, nicht nur der untaugliche, ist allerdings nicht strafbar, vgl. auch S. 53, 81.

44 Vgl. BGH v. 13.06.1961, 1 StR 201/61; genauso Maurach, JZ 1961, S. 139; Roxin, in: LK, § 30 Rdnr. 61; Schmidhäuser, AT, § 15/Rdnr. 110, S. 646.

45 Roxin, in: LK, § 30 Rdnr. 62, Fn. 56, 57 m.w.N.

46 Zu der allgemeinen Frage der Strafbarkeit des agent provocateur vgl. RGSt. 15, 315 (317); 44, 172 (174); BGH GA 1975, 333; Jescheck/Weigend, § 64 II 2 b, S. 687 f.; Lackner/Kühl, § 26 Rdnr. 4; Plate, ZStW 84, S. 306 ff.; Schönke/Schröder-Cramer, § 26 Rdnr. 20; Stratenwerth, Rdnr. 889, 891 u.a.

Nach herrschender Ansicht ist die Verbrechensverabredung deshalb besonders gefährlich und entsprechend strafwürdig, da sich die Komplottanten durch die Gemeinsamkeit des Willensentschlusses gegenseitig auf den Tatplan festlegen, stärker, als wenn sie jeweils isoliert vorgehen würden[47]. Ob so eine Bindungswirkung tatsächlich typisch ist für die Verbrechensverabredung, soll den Erörterungen im dritten Kapitel dieser Arbeit vorbehalten sein; es leuchtet aber sofort ein, daß ein durch Drohung gewissermaßen erzwungener Tatentschluß den Bedrohten in besonderem Maße binden kann. Ob diese Bindungswirkung tatsächlich der Verabredung zuzuschreiben ist, oder ob man die Drohung isoliert davon betrachten muß, sei vorerst dahingestellt[48]. Jedenfalls ist eine solche mit einer Drohung versehene Verabredung aus dem Blickwinkel der herrschenden Ansicht besonders bindend und damit gefährlich.

Das Wesen der Verbrechensverabredung ist allerdings das einer antizipierten Mittäterschaft. Unter diesem Gesichtspunkt wäre eigentlich ein gewisses Maß an Gleichwertigkeit unter den Komplottanten zu fordern. Es ist daher erforderlich, zwischen diesem Spannungsverhältnis zu vermitteln und das Vorliegen einer Verbrechensverabredung von dem Grad der Drohung abhängig zu machen. Dabei ist natürlich vorausgesetzt, daß es sich um eine Verabredung bestehend aus nur zwei Komplottanten handelt. Anderenfalls liegt immer eine Verabredung wenigstens zwischen den unbedrohten Komplottanten vor.

a) Bedrohungen, die keinerlei Einfluß auf die Schuld des Bedrohten haben

Drohen dem Komplottanten zum Beispiel lediglich wirtschaftliche Nachteile für den Fall seiner Nichtteilnahme oder hat die Drohung allgemein keinen schuldbeeinflussenden Charakter, dann ist mittäterschaftliches Vorgehen durchaus möglich und es liegt mit der Verbrechensverabredung eine antizipierte Mittäterschaft vor. Daher bliebe auch der bedrohte Komplottant wegen einer Verbrechensverabredung strafbar[49]; es verbleibt höchstens die Berücksichtigung der Drohung bei der Strafzumessung[50]. Anders liegt der Fall natürlich, wenn der Komplottant aufgrund der Drohung nur zum Schein an der Tat teilnimmt, ohne die Tat tatsächlich zur Vollendung kommen zu lassen[51].

---

47 Z.B. Letzgus, S. 126 ff., 222 ff. zur Gefährlichkeit der Beteiligung an einem „konspirativen" Tatentschluß; Roxin, in: LK, § 30 Rdnr. 10; Schönke/Schröder-Cramer, § 30 Rdnr. 1.

48 Vgl. S. 171.

49 Maurach, JZ 1961, S. 139; Roxin, in: LK, § 30 Rdnr. 63.

50 Roxin, a.a.O.

51 Es gelten insoweit die oben beschrieben Grundsätze, S. 62 ff.

b) *Drohungen entsprechend den Voraussetzungen des § 35 StGB und andere schuldausschließende Situationen*

Weitaus schwieriger ist die Situation zu beurteilen, in der die Drohung für den Bedrohten das Ausmaß des entschuldigenden Notstandes gemäß § 35 StGB erreicht oder einer der Komplottanten aus anderen Gründen schuldunfähig ist.

Hier werden zwei unterschiedliche Ansichten vertreten:

aa) Die Verbrechensverabredung bleibt bestehen

Nach einer Ansicht liegt in einem solchen Fall, also auch bei der Konstellation von lediglich zwei Komplottanten trotz des Schuldauschlusses bei einem Komplottanten eine Verbrechensverabredung vor[52]. Der Grund dafür wird in der limitierten Akzessorietät des § 29 StGB gesehen, der insoweit auch für die Mittäterschaft gilt[53]. Der Bedrohte seinerseits bliebe natürlich aufgrund des § 35 StGB straflos. Da der eine Komplottant unabhängig von der Schuld des anderen handele, könne dementsprechend die Schuldlosigkeit des einen an der Strafbarkeit des anderen nichts ändern.

bb) Ausschluß der Verabredung beim Vorliegen der Voraussetzungen des § 35 StGB und anderen schuldausschließenden Gründen

Einer anderen Ansicht zufolge[54] soll bei einer Drohung mit dem Ausmaß eines entschuldigenden Notstandes oder bei sonstigen Gründen, die die Schuldlosigkeit eines Komplottanten begründen, gar keine Verabredung zwischen den beiden Beteiligten vorliegen.

Für diese Ansicht spricht, daß bei mangelnder Schuld des bedrohten Komplottanten eigentlich eine antizipierte mittelbare Täterschaft vorliegt, wohingegen sich die Verbrechensverabredung eigentlich als antizipierte Mittäterschaft darstellt. Diese Form einer „Verabredung“ entspricht auch kaum ihrem Sinn im normalen Sprachgebrauch.

Weiterhin wird angeführt, daß dieser präsumtive mittelbare Täter mit dem Gefügigmachen des Schuldlosen bereits das Versuchsstadium erreicht und damit das von § 30 Abs. 2 StGB umfaßte Vorbereitungsstadium bereits verlassen habe[55].

---

52 Roxin, a.a.O.

53 Lackner/Kühl, § 29 Rdnr. 1; Roxin, in: LK, § 29 Rdnr. 7.

54 BGH NJW 1956, S. 30, 31, allerdings bei gleichzeitigem Vorliegen einer Scheinbeteiligung: Der BGH summierte die Scheinbeteiligung und die Drohung zu dem Ergebnis, daß keine Verabredung vorläge; bei Schuldunfähigkeit ebenfalls dieser Ansicht: Maurach, JZ 1961, S. 141; Schönke/Schröder-Cramer, § 30, Rdnr. 31, sofern der Schuldfähige die fehlende Verantwortlichkeit des anderen nicht kennt.

55 Maurach, JZ 1961, S. 141.

Bei der Lösung dieses Problems muß man sich vor Augen halten, daß mittelbare Täterschaft und Mittäterschaft durchaus parallel bestehen können, etwa dann, wenn der Hintermann sich an der Tat beteiligt[56]. Tatsächlich würde man nur die Fälle, in denen der drohende, jedenfalls schuldfähige Komplottant sich mit einem Schuldunfähigen verbündet, auf eine Strafbarkeit wegen einer Verbrechensverabredung hin untersuchen, wenn der präsumtive mittelbare Täter plant, ebenfalls die Tat in Zusammenarbeit mit dem Schuldlosen zu begehen.

Verabredungsausschließend würde aber der Umstand wirken, daß das Verhalten des präsumtiven mittelbaren Täters/Mittäters bereits für diesen versuchsbegründend wäre. Dann wäre sein Verhalten nicht mehr an § 30 StGB zu messen[57].

Wann das „unmittelbare Ansetzen" als versuchsbegründendes objektives Merkmal des § 22 StGB bei dem mittelbaren Täter vorliegt, ist allerdings umstritten.

(1) Versuch beim unmittelbaren Ansetzen des Vordermannes

Der Versuch des mittelbaren Täters und damit Subsidiarität der Verbrechensverabredung[58] liegt unstreitig dann vor, wenn der nicht strafbare Vordermann selbst unmittelbar zur Tatvollendung ansetzt[59]. Hier kann es also erst gar nicht zu einer Verbrechensverabredung zwischen mittelbarem Täter und Vordermann kommen.

(2) Versuch beim Verlust der Kontrollmöglichkeit des Hintermannes

Nach herrschender Ansicht beginnt der Versuch bei mittelbarer Täterschaft bereits mit dem Verlust der Kontrolle des mittelbaren Täters über den Vordermann, was regelmäßig anzunehmen ist, wenn der Hintermann den Vordermann zur Tatbegehung aus seinem Wirkungsbereich entläßt („modifizierte Einzellösung")[60]. Dieser Ansatz entspricht auch der sich (auch in der Rechtsprechung langsam) durchsetzenden Tatherrschaftslehre, da der mittelbare Täter – seine Tatherrschaft aufgebend – die Kontrolle über den weiteren Kausalverlauf verliert, was dem Wesen des beendeten Versuchs entspricht.

Dieser Fall kann letztlich nicht anders behandelt werden, als wenn eine mechanische Ursachenkette in Bewegung gesetzt wird.

---

56 Roxin, in: LK, § 30 Rdnr. 64.

57 Vgl. Subsidiarität gegenüber dem Versuch, S. 91 f.

58 Vgl. S. 91 f.

59 Jescheck/Weigend, § 62 IV, S. 672 f.; lediglich auf diesen Zeitpunkt stellen u.a. ab: Kühl, JuS 1983, S. 182; Küper, JZ 1983, S. 369; Stratenwerth, Rdnr. 838.

60 Z.B. BGHSt 30, 363, 365; Tröndle/Fischer, § 22 Rdnr. 18 a; Herzberg, MDR 1973, S. 94 f.; Jescheck/Weigend, § 62 IV 1, S. 673; Roxin, in: Maurach-FS, S. 227 ff.; Rudolphi, in: SK, § 13 Rdnr. 33; Schönke/Schröder-Eser, § 22 Rdnr. 54 u.a.

Somit wird auch in diesem Fall die Verabredungsstrafbarkeit durch den Eintritt in das Versuchsstadium ausgeschlossen.

(3) Versuch beim Einwirken des Hintermannes auf den Vordermann

Nach einer anderen Ansicht würde der Versuch des mittelbaren Täters bereits bei seinem Einwirken auf den Vordermann beginnen.

Diese Ansicht ist vor allem vor dem Hintergrund einer – unter Tatherrschaftsgesichtspunkten verfehlten – Unterscheidung zwischen gutgläubigem und bösgläubigem Vordermann zu sehen. Beim gutgläubigen Vordermann soll bereits die Einwirkungshandlung versuchsbegründend sein, beim bösgläubigen Vordermann hingegen erst dessen Ausführungshandlung[61].

Konsequenz dieser Ansicht wäre, daß eine Verabredung zwischen mittelbarem Täter und Vordermann beim gutgläubigen Vordermann letztlich de facto unmöglich wäre. Wie schon gesagt, ist diese Ansicht allerdings nicht mit der hier favourisierten Tatherrschaftslehre vereinbar, soweit es die objektive Komponente des unmittelbaren Ansetzens im Sinne des § 22 StGB betrifft. Entscheidend ist ferner gemäß § 22 StGB, daß der Täter nach seiner Vorstellung unmittelbar zur Tatverwirklichung ansetzt: Vor diesem Hintergrund kann die Gut- bzw. Bösgläubigkeit des Vordermannes keinen Einfluß haben.

Demnach ist in der letztgenannten Konstellation eine Verabredung zwischen dem präsumtiven mittelbaren Täter und dem Vordermann durchaus möglich, sofern der mittelbare Täter auch bei der Tatverwirklichung einen mittäterschaftlichen Tatbeitrag leisten will.

4. Das Problem mangelhafter Einigung als Problem der Unrechtsbegründung

Soweit hier festgestellt wird, daß eine solche Verabredung auf unsicherer Einigungsgrundlage eine nach § 30 Abs. 2, 3. Alt. StGB strafbare Verbrechensverabredung darstellt, ist damit nicht gesagt, daß eine solche Konstellation strafrechtlich unproblematisch ist. Die Problematik liegt lediglich nicht in der Subsumierbarkeit dieses Sachverhalts unter § 30 Abs. 2, 3. Alt. StGB. Es besteht vielmehr in der Feststellbarkeit der „Ernsthaftigkeit“ des gemeinsamen Tatplanes.

Dieses Problem besteht bei der Einigung auf unsicherer Tatsachengrundlage genauso wie bei der Konstellation der Asymmetrie zwischen einem bedrohten und einem drohenden Komplottanten.

---

61 Blei, AT, S. 261 f. u.a.; die Einwirkung auf den Vordermann als immer versuchsbegründend sehen an: Baumann/Weber/Mitsch, § 29 V Rdnr. 155, S. 634; Bockelmann/Volk, AT, S. 183; Jakobs, AT, S. 537; Schilling, S. 104 (sog. „Einzellösung“).

Bei der Frage der Ernsthaftigkeit des Komplotts wird grundsätzlich der Begriff des „Tatentschlusses“ aufgeführt. Festzuhalten ist jedoch, daß strenggenommen ein Tat*entschluß* im Vorbereitungsstadium gar nicht denkbar ist; eigentlich handelt es sich bei einem Entschluß um einen aktuell umzusetzenden Willen, gleich ob er umsetzbar ist oder nicht („tätiger Wille“). Ohne dieses Merkmal der tätigen Umsetzung eines Willens – beim Versuch verkörpert durch das tatbestandliche Erfordernis des unmittelbaren Ansetzens – ist man als Tatrichter letztlich abhängig von der Einlassung der Komplottanten. Gerade in den Fällen einer unsichereren Tatsachengrundlage wäre der Nachweis der Ernsthaftigkeit des Tatplans schwierig.

Diese Beweisproblematik deutet ein generelles Problem der Verbrechensverabredung an, daß auch bei der Frage der Unrechtsbegründung eine entscheidende Rolle spielen wird[62]. Neben der Frage, ob die noch nicht tätig umgesetzte Gesinnung strafbar sein kann, läßt auch die praktische Frage der Nachweisbarkeit an dem Sinn des § 30 Abs. 2, 3. Alt. StGB zweifeln. Die empirischen Besonderheiten diesbezüglich wurden bereits angesprochen[63]. Das gleiche Problem stellt sich auch bei Mängeln in der Konkretisierung des Tatplans selbst. Es wird an entsprechender Stelle nochmals aufgenommen und vertieft[64].

II. Die Konkretisierung der Verbrechensverabredung

1. Die Konkretisierung der Tat

Durch die Verbrechensverabredung muß das geplante Verbrechen in seinen wesentlichen Grundzügen konkretisiert sein[65]. Da die Verabredung grundsätzlich nicht anders ist, als der gemeinsame Tatentschluß der Mittäter, gelten die dazu entwickelten Grundsätze auch hier[66]. Dasselbe gilt auch für die Grundsätze, die bezüglich der Bestimmtheit des Anstiftervorsatzes gelten, da sich eine Mittäterschaft auch als wechselseitige gegenseitige Anstiftung charakterisieren ließe[67]. Es ist also keineswegs erforderlich, daß die genauen Modalitäten der Tat, wie auch Zeit und Ort detailliert festgelegt sind. Essentiell ist allerdings, daß die rechtliche Grundstruktur der geplanten Tat im gemeinsamen Entschluß feststeht[68].

---

62 Vgl. S. 7 ff. (Vorwort), S. 185 ff. (Schlußwort) und auch S. 74 f.

63 Vgl. Vorwort, S. 7 ff.

64 S. 74 f.

65 Roxin, in: LK, § 30 Rdnr. 66.

66 Roxin, a.a.O., und in LK, § 25 Rdnr. 173.

67 Vgl. schon für das Komplott Feuerbach, vgl. S. 31 ff. dieser Arbeit.

68 Maurach, JZ 1961, S. 140; ähnlich die Rechtsprechung, in der es zumeist heißt, daß die „Art des verabredeten Verbrechens“ feststehen müsse, BGH NJW 1973, S. 156 (157); BGH NJW 1951, S. 666 f.

Zu weitgehend ist der Ansatz Roxins, demzufolge der Tatbestand des Verbrechens feststehen müsse. Viele Tatbestände unterscheiden sich zum Beispiel nur durch die Verschiedenheit ihrer Motive, wie etwa § 211 StGB und § 212 StGB. Bei gleicher Tat kann aber die Frage nach der kriminellen Motivation der einzelnen Komplottanten als subjektives Merkmal nicht über die objektive Konkretisierung der Tat im Entschluß der Komplottanten entscheiden[69].

Auch auf tatbestandstechnische Einzelheiten kann es nicht ankommen: Wenn sich die Komplottanten dazu verabreden, ihr Opfer umzubringen und „auszufleddern", dann liegt eine Verbrechensverabredung vor, unabhängig von der Frage, ob sich der eine Komplottant einen Raubmord oder der andere einen Mord in Realkonkurrenz mit einer Unterschlagung vorgestellt hat[70].

2. Konkretisierung des potentiellen Opfers

Bei der Frage, ob auch die Person des Opfers konkretisiert sein muß, ließen sich drei Lösungswege beschreiten: Zum einen der, demzufolge das Opfer immer feststehen muß, damit eine Verbrechensverabredung vorliegt[71]; zum anderen könnte man auf die Konkretisierung des Opfers als Voraussetzung gänzlich verzichten oder schließlich eine differenzierende Lösung beschreiten. Letzteres wird üblicherweise getan.

Eine differenzierende Lösung ist in der Tat angebracht, da für das Vorliegen einer Verabredung zu einem bestimmten Verbrechen feststehen, es aber auch ausreichen muß, daß die Grundstrukturen des Verbrechens festgelegt sind (s.o.). Die typischen Grundstrukturen sind aber von Deliktsart zu Deliktsart durchaus verschieden und nicht bei allen Delikten ist die Identität des Opfers das für die Verbrecherintention Entscheidende. Ist die Opferidentität aber entscheidend, im Plan der Komplottanten aber noch nicht konkretisiert, so kann nicht von einem Tatentschluß gesprochen werden.

a) Differenzierung nach Deliktskategorien

Nach wohl überwiegender Ansicht wird daher nach bestimmten Deliktskategorien unterschieden: Bei Delikten gegen das Vermögen sei die Identität des Opfers unerheblich, bei Delikten gegen die Person hingegen nicht[72].

---

69 So auch zu Recht Maurach, JZ 1961, S. 140.

70 Vgl. Maurach, JZ 1961, S. 140; HansOLG Hamburg, HESt I, 250.

71 So HansOLG Hamburg, MDR 1948, S. 368.

72 Maurach, JZ 1961, S. 140; Schönke/Schröder-Cramer, § 30 Rdnr. 6 (mit Tendenz dazu, die Konkretisierung des Opfers für gänzlich unbedeutend zu halten); i.E. auch BayObLG, NJW 1954, S. 1257 (1258), das allerdings eine Übertragung der Anstiftungsgrundsätze aus RGSt. 34, S. 327, wonach es auf die Bestimmtheit des Opfers dann nicht ankomme,

Diese Einteilung scheint auf den ersten Blick, auch unter Berücksichtigung der zumeist erzielten Ergebnisse, plausibel zu sein. Doch bei näherer Betrachtung lassen sich durchaus Fälle finden, in denen diese Unterteilung keinen Sinn macht. Wenn die Verabredung den Plan beinhaltet, in einem abgelegenen Park irgendeine Passantin zu vergewaltigen, ohne daß es den Komplottanten auf die Identität dieser Frau ankommt, so wäre es unsinnig, die Verabredungsstrafbarkeit mit dem Hinweis auf die Eigenart des § 177 StGB als Delikt gegen die Person zu verneinen. Sollte das strafrechtliche Unrecht tatsächlich dadurch unter die Grenze der Strafwürdigkeit gesenkt worden sein, weil es den Komplottanten völlig egal war, welche Frau sie vergewaltigen würden?[73]

b) Differenzierung nach dem Inhalt der Verbrechensverabredung

Entscheidend kann daher nicht die allgemeine Deliktskategorie sein, sondern nur, ob es den Komplottanten nach dem Inhalt ihres Tatentschlusses auf die Identität des Opfers ankam[74]. Ist dies der Fall, so liegt eine Verbrechensverabredung erst vor, wenn sich die Komplottanten auf die Identität geeinigt haben. Anderenfalls müßte man auch an der Ernsthaftigkeit der Verabredung zweifeln. Auch bei einem geplanten Raub, der in Tateinheit mit einem Mord begangen werden soll, kann es somit im Einzelfall unerheblich sein, daß die Komplottanten nicht wissen, welche Identität die zu tötende Person haben wird; zum Beispiel dürfte die Identität des Schalterbeamten in einer Bank den Bankräubern im Regelfall ziemlich gleichgültig sein, da es ihnen in erster Linie um das Geld geht[75]. Trotzdem liegt in solchen Fällen bei geplanter Tötung des Bankangestellten eine Verabredung zum Mord vor. Würde man hier eine genaue Konkretisierung des Opfers verlangen, hieße das letztlich, eine Verabredungsstrafbarkeit gänzlich auszuschließen, da eine exakte Konkretisierung des Opfers in diesen Fällen regelmäßig erst nach Eintritt in das Versuchsstadium möglich sein dürfte.

Ein denkbares Gegenargument zu diesem Gesamtergebnis ließe sich aufstellen, indem man auf die den Unrechtsgehalt der geplanten Tat ausmachenden Merkmale abstellen würde. Für das Vorliegen der Tatbestandsmerkmale eines Mordes ist es beispielsweise nicht entscheidend, *wer* ermordert werden soll, sondern ausschließlich, daß vorsätzlich ein Mensch unter bestimmten, unrechtserschweren-

---

wenn sie für den Anstifter unwesentlich ist, auf die Verbrechensverabredung offensichtlich für richtig hält – dieser Ansatz entspräche aber der unter b) dargestellten Ansicht.

73 Beispiel bei Roxin, in: LK, § 30 Rdnr. 67.

74 So zu Recht Roxin a.a.O.; ebenfalls an der Richtigkeit der herrschenden Ansicht zweifelnd: Samson, in: SK2, § 30 Rdnr. 19; dieser Ansicht schließt sich wohl auch der BGH MDR 1960, S. 595 unter Hinweis auf OLG Köln, NJW 1951, S. 612 an. Schon zur Anstiftung, für die diesbezüglich nichts anderes gelten kann, als für die versuchte Anstiftung, führte das RGSt. 34, S. 327 aus, daß es nicht auf die Bestimmtheit der Person ankomme, wenn sie dem Anstifter unwesentlich ist.

75 Vgl. Roxin, a.a.O.

den Bedingungen getötet soll. Daraus könnte man schließen, daß es für die Verabredung zu einem Mord nie auf die Identität des Opfers ankommen dürfte.

Ein solcher Ansatz übersieht jedoch, daß sich Komplottanten noch im Planungsstadium befinden: Sie haben bisher nicht mehr als einen konkreten und gemeinsamen Entschluß zur Tat gefaßt. Kommt es nach ihrem Tatplan auf die Identität des Opfers an, so muß davon ausgegangen werden, daß ein Entschluß auch nur zur Tötung dieses einen Menschen vorliegt. Wenn man den selbständigen Unrechtsgehalt der Verbrechensverabredung anerkennt und dabei auf die besondere Gefährlichkeit des gemeinsamen Tatentschlusses abstellt[76], so muß man konstatieren, daß auch nur ein bestimmtes Rechtsgut und ein bestimmter Rechtsgutsinhaber gefährdet sind. Sollte das potentielle Opfers beispielsweise vor Tatausführung aus anderen Gründen sterben, läge auch keine Verbrechensverabredung vor. Sieht man den eigenständigen Unrechtsgehalt der Verbrechensverabredung hingegen schlicht in der zum Ausdruck gekommenen rechtsfeindlichen Gesinnung, so kann man zu keinem anderen Ergebnis kommen: Denn wenn es allein der Vorsatz der Komplottanten ist, der das Unrecht der Verabredung ausmacht, so ist der Inhalt des Vorsatzes – auch im Hinblick auf die Konkretisierung des Opfers – letztlich entscheidend für das Vorliegen einer hinreichend konkreten Verbrechensverabredung.

3. Das Problem der alternativen Verbrechensverabredung und Beweisfragen

Abzugrenzen von einer Verabredung zu einem noch nicht ausreichend konkretisierten Verbrechen ist die alternative Verbrechensverabredung.

Gemeint sind damit Fälle, in denen die Komplottanten zwar zur Begehung einer Tat entschlossen sind, aber mehrere Begehungsmöglichkeiten ins Auge gefaßt und in ihren Willen aufgenommen haben[77].

a) Die Begehungsalternativen sind allesamt Verbrechen

Sind die möglichen Begehungsalternativen allesamt Verbrechen, so liegt jedenfalls eine Verbrechensverabredung vor. Sie kann nicht deswegen verneint werden, weil unklar ist, welche Begehungsweise gewählt wird und somit die Art des Verbrechens unklar ist. Es kommt nur darauf an, daß eine (oder mehrere) Begehungsweise(n) ernstlich von den Komplottanten gewollt wird (werden)[78].

Problematisch ist allerdings noch die Frage, zu welchem Verbrechen die Verabredung strafbar ist. Sind mehrere ernstlich im Willen der Komplottanten aufgenommene Tathandlungen Verbrechen, so könnte man vertreten, daß hinsichtlich

---

76 Vgl. S. 133 ff.

77 Roxin, in: LK, § 30 Rdnr. 69.

78 BGH, NJW 1973, S. 157; BGHSt 12, S. 306 (308); BayObLG, NJW 1954, S. 1257 (1258).

jeder Begehungsalternative eine strafbare Verbrechensverabredung vorläge, mit dem Ergebnis mehrerer strafbarer Verbrechensverabredungen. Dies kann allerdings als Grundsatz nicht richtig sein, da jedenfalls nur die Begehung einer der möglichen Verbrechen gewollt war.

Man könnte ferner zu dem Ergebnis kommen, den Grundsatz „in dubio pro reo" dergestalt anzuwenden, daß lediglich wegen der Verabredung zu dem Delikt mit der geringsten Strafandrohung verurteilt werden könnte. Dieses Ergebnis würde aber vernachlässigen, daß auch de facto eine Verabredung zu schwereren Verbrechen durchaus tatbestandlich vorliegt.

Letztlich ist dieses Problem unter Konkurrenzgesichtspunkten zu lösen: Ausgangspunkt für den Ansatz, bei der alternativen Verbrechensverabredung mit der ausschließlichen Planung von Verbrechen nur wegen einer Verbrechensverabredung zu bestrafen, ist der, daß nur die Begehung einer Tat geplant ist und die Begehung dieser Tat grundsätzlich alle vorbereitenden Verabredungen konsumieren würde. Impliziert nun die Verabredung zu einem Verbrechen mehrere alternative Verabredungen, so ist davon auszugehen, daß sich diese Verabredungen gegenseitig ausschließen, je nachdem, welche Begehungsalternative sich letztlich „durchgesetzt" hätte. In einem Stufenverhältnis kann aber nur die schwerere Tat die leichtere im Unrechtsgehalt konsumieren, nicht umgekehrt. Daraus folgt, daß wegen Verabredung zu dem schwersten der alternativen Verbrechensbegehungen bestraft werden muß. Stehen die alternativen Verbrechen nicht in einem Stufenverhältnis zueinander, bzw. unterscheiden sie sich in der Angriffsrichtung oder in anderen wesentlichen Tatmodalitäten (vgl. dazu das Kap. „Konkretisierung der Tat und des Opfers"), so liegen ohnehin gänzlich verschiedene Verbrechensverabredungen vor, die unabhängig voneinander strafbar wären.

b) Die Begehungsalternativen umfassen Verbrechen und Vergehen

Problematischer scheinen die Fälle zu sein, in denen eine von den Komplottanten ins Auge gefaßte Begehungsalternative kein Verbrechen darstellen würde.

Doch auch hier ist die Ernstlichkeit des gemeinsamen Tatentschlusses ausschlaggebend: Wenn die Täter bei Eintritt einer bestimmten Bedingung jedenfalls eine Handlungsalternative wählen wollen, die ein Verbrechen darstellen würde, so ist dieses Verbrechen verabredet.

Letztlich handelt es sich bei dieser Fallkonstellation um eine Unterart der Verabredung auf unsicherer Tatsachengrundlage: Ein Verbrechen soll nur begangen werden, sofern die Tat wegen des Eintritts einer bestimmten Bedingung nicht als Vergehen begangen werden kann oder im Sinne der „kriminellen Vernunft" nicht begangen werden sollte.

Zur Verdeutlichung mag wieder ein Beispiel dienen: Wenn A und B ihrem Opfer die Beute wegnehmen wollen, allerdings nicht wissen, ob sie dazu Gewalt anwenden müssen, dann liegt ein verabredeter Raub schon vor, wenn A und B nötigenfalls auch vor der Gewaltanwendung nicht zurückschrecken wollen[79]. Sind sich die Täter dagegen nicht sicher, ob sie, falls Gewalt erforderlich werden sollte, nicht doch den gesamten Tatplan fallen lassen sollten, liegt noch kein ausreichend konkret verabredetes Verbrechen vor. Die alternative Verabredung allerdings ist strafbare Verbrechensverabredung.

Dieses Problem spitzt sich noch zu, wenn die geplante Tat in Verbrechensform nur als ultima ratio begangen werden soll, die Täter die Begehung eines Vergehens also erheblich favourisieren. Dieser Tatentschluß stellt sich rechtstechnisch nicht mehr als Absicht, sondern als dolus eventualis dar. Nun verlangt § 30 Abs. 2, 3. Alt. StGB keine „Absicht" und der gemeinsame Tatentschluß bei der Mittäterschaft kann nach allgemeiner Ansicht durchaus ein dolus eventualis sein.

In der Rechtsanwendung ist das Merkmal der Ernsthaftigkeit der Verbrechensverabredung in diesen Fällen allerdings ganz eng auszulegen: Wollten die Täter die geplante Tat *jedenfalls* als Verbrechen begehen, wenn sie sie als Verbrechen begehen „müßten"; oder fassen sie bei der Verabredung die Begehung eines Verbrechens bei entsprechendem Bedingungseintritt lediglich ins Auge und wollen sich erst bei Bedingungseintritt ernstlich festlegen? Im letzten Fall wäre eine strafbare Verbrechensverabredung erst nach dem Bedingungseintritt möglich.

Selbstverständlich sind bloße Zweifel bei der gerichtlichen Ermittlung von der alternativen Verbrechensverabredung zu unterscheiden. Läßt also nicht die Verabredung selbst mehrere Möglichkeiten offen, sondern gelingt es lediglich dem Gericht nicht, zu erkennen, ob die geplante Tat ein Verbrechen oder lediglich ein Vergehen wäre, so muß nach dem Grundsatz „in dubio pro reo" das Vergehen als verabredet gelten[80], was nicht strafbar ist. Handelt es sich bei den Tatalternativen, die der Richter eingrenzen kann, jeweils um Verbrechenstatbestände, die nicht in einem Stufenverhältnis stehen, so kann auf die Grundsätze der Wahlfeststellung zurückgegriffen werden[81]. Bei Verbrechenstatbeständen, die in einem Stufenverhältnis zueinander stehen, muß nach dem Grundsatz „in dubio pro reo" der Grundtatbestand angenommen werden.

4. Das Problem mangelhafter Konkretisierung als Problem der Unrechtsbegründung

Ebenso wie bei den Einigungsmängeln[82] veranlassen auch die Mängel bei der Konkretisierung des Verabredungsinhalts zu der generellen Frage der Existenzberechtigung der Verbrechensverabredung. Der letzte Abschnitt hat zwar gezeigt, daß man entsprechend problematische Konstellationen, wie eine ungenaue oder

---

79 Beispiel bei Roxin, in: LK, § 30, Rdnr. 69.
80 BayObLG, NJW 1954, S. 1258.
81 So in folgenden Fällen: BGH, NJW 1954, S. 521; BayObLG, NJW 1954, S. 1258.
82 S. 59 ff.

unterbliebene Konkretisierung des Tatopfers oder alternative Verbrechensverabredung zwar unter bestimmten Voraussetzungen unter § 30 Abs. 2, 3. Alt. StGB subsumieren kann, die Probleme dadurch aber in praktischer Hinsicht eher größer werden. Dies ist insbesondere bei der Konstellation der alternativen Verbrechensverabredung deutlich, wenn von den durch die Komplottanten in das Auge gefaßten Begehungsalternativen nur eine ein Verbrechen darstellen würde und dieses womöglich nur als ultima ratio gewollt ist. Die praktischen Probleme für den Tatrichter sind hierbei letztlich die gleichen wie bei den Einigungsmängeln und berühren die Frage nach der Existenzberechtigung der Norm. Die Feststellung, daß von mehreren angedachten Tatalternativen gerade auch die einzige Verbrechensalternative zumindest bedingt gewollt war, wirft letztlich wieder die nur von den Komplottanten beantwortbare Frage nach der Ernsthaftigkeit des Tatplanes insoweit auf und dürfte kaum die Schwelle des „in dubio pro reo"-Grundsatzes überwinden. Die in diesem Kapitel vorgestellten Lösungen beschreiben daher auch nur das unter der geseztlichen Fassung des § 30 Abs. 2, 3. Alt. StGB „Machbare". Die hier angedeuteten, die Existenz der Norm in Frage stellenden Probleme werden dadurch nicht überwunden. Sie werden Gegenstand der Untersuchung im 3. Kapitel sein.

E. Das Problem besonderer persönlicher Merkmale

Das Problem des Einflusses besonderer persönlicher Merkmale auf die Verbrechensverabredung ist nicht so oft diskutiert worden, wie zum Beispiel im Bereich der versuchten Anstiftung. Dennoch verdient es eine eigenständige Diskussion, zumal die zur versuchten Anstiftung entwickelten Maßstäbe[83] aufgrund der Bedeutung des § 29 StGB auch für Mittäter zueinander nicht ohne weiteres übertragbar sind[84].

Grundsätzlich lassen sich drei idealtypische Möglichkeiten vertreten:

(1) Man könnte verlangen, daß bei mehreren Komplottanten die geplante Tat in der Person aller Beteiligten ein Verbrechen sein muß[85].

(2) Der entsprechende Gegensatz wäre es, die verbrechensbegründenden persönlichen Merkmale nur bei einem Beteiligten zu verlangen, damit sich alle Komplottanten einer Verbrechensverabredung strafbar machen; bei den anderen Komplottanten würde sich lediglich die Berücksichtigung des Strafrahmens des Vergehenstatbestandes strafmildernd auswirken[86].

83 Vgl. Roxin, in: LK, § 30 Rdnr. 33 ff.
84 So auch Roxin, in: LK, § 30 Rdnr. 73.
85 So Welzel, § 16 VIII, S. 125.
86 So Busch, in: LK9, § 49 a Rdnr. 32.

(3) Die dritte idealtypische Möglichkeit entspricht im wesentlichen der zweitgenannten, würde aber nur den Komplottanten wegen einer Verbrechensverabredung bestrafen, bei dem die besonderen persönlichen Merkmale gegeben sind; weitere Komplottanten blieben straflos[87].

Richtigerweise wird man allerdings einer differenzierenden Ansicht folgen müssen, die sich auf die Einordnung der Verbrechensverabredung als Vorstufe zur Mittäterschaft stützt.

Es ist die Frage zu stellen, ob die unterschiedliche Strafrahmen-Einstufung zweier Komplottanten auf einer Unrechts- oder einer Schulddifferenz beruht[88].

Bei einer bloßen Schulddifferenz gilt die dritte der genannten Möglichkeiten: Nach dem Grundsatz des § 29 StGB haftet jeder Beteiligte, also auch jeder Mittäter, nach seiner eigenen Schuld. Ist also die geplante Tat in der Person des A ein Verbrechen, in der Person des B aber nur ein Vergehen, so unterfällt A der Strafbarkeit aus § 30 Abs. 2, 3. Alt. StGB, während B straffrei bliebe[89]. Daß A dabei durch die Verabredung den B auch angestiftet haben könnte, ist im Hinblick auf die Straflosigkeit der versuchten Anstiftung zu einem bloßen Vergehen irrelevant.

Anders gelagert sind die Fälle einer echten Unrechtsdifferenz zwischen den Komplottanten. In diesen Fällen könnte der Komplottant, dem das besondere persönliche Merkmal fehlt, niemals Mittäter des anderen zur geplanten Tat sein, so daß eine Verbrechensverabredung als antizipierte Mittäterschaft auszuschließen ist. Es bliebe lediglich eine dem präsumtiven Täter zugesagte Beihilfe, die als solche straflos ist[90].

Eine solche Unrechtsdifferenz ist allerdings nur bei Verabredungen zu Amtsdelikten denkbar[91].

Dabei darf allerdings nicht unberücksichtigt bleiben, daß in der Verabredung häufig eine versuchte wechselseitige Anstiftung liegt; in diesen Fällen wäre der Extraneus nach § 30 Abs. 1 StGB, der Amtsinhaber wegen eines Sich – Bereiterklärens gemäß § 30 Abs. 2 StGB strafbar[92].

War der Amtsträger freilich omnimodo facturus, so sind beide nicht strafbar.

---

87 Maurach, JZ 1961, S. 141.

88 Roxin, in: LK, § 30 Rdnr. 74.

89 Roxin, a.a.O.; vgl. auch Schönke/Schröder-Cramer, § 30 Rdnr. 11, der aber nicht zwischen Unrechts- und Schulddifferenz unterscheidet, sondern wegen des Mangels an Akzessorietät grundsätzlich die Wirkung der besonderen persönlichen Merkmale auf den Beteiligten beschränkt, bei dem sie vorliegen.

90 Vgl. S. 59.

91 Roxin, in: LK, § 30 Rdnr. 75.

92 Roxin, a.a.O.

F. Die Teilnahme an der Verbrechensverabredung

Umstritten ist auch die Frage der Teilnahme an der Verabredung, also die Strafbarkeit der Anstiftung und Beihilfe zur Verabredung. Der BGH hatte stets Fälle der Anstiftung zu § 49 a Abs. 1 StGB a.F. zu behandeln. Die Anstiftung zu den Alternativen des § 30 Abs. 1 StGB wird dementsprechend auch heute von der herrschenden Ansicht bejaht[93]. Ob diese Ergebnisse auch auf die Teilnahme zur Verabredung zutreffen, ist allerdings fraglich.

I. Anstiftung zur Verabredung

1. Die Ansicht Maurachs

Maurach zufolge ist die Anstiftung zur Verbrechensverabredung straflos[94]. Die Gleichstellung der Anstiftung mit der Verabredung ist seines Erachtens verfehlt, so daß sich auch die Grundsätze der Kettenanstiftung nicht übertragen ließen. Dies begründet er damit, daß die Anstiftung zur Verbrechensverabredung mehrerer einen „erheblich größeren Unsicherheitskoeffizienten“ aufweise und damit einen geringeren Unrechtsgehalt als die Kettenanstiftung[95].

2. Die Gegenansicht Roxins

Demgegenüber hält Roxin die Anstiftung zur Verabredung für strafbar, allerdings unter zwei verschiedenen Blickwinkeln: Die selbständige Bestrafung nach §§ 26, 30 Abs. 2, 3. Alt. StGB käme nur in Betracht, wenn der Anstifter zwei omnimodo facturi zusammenbringt; in dem Fall, daß nur einer oder keiner der Komplottanten omnimodo facturus ist, liegt entweder eine Anstiftung zur wechselseitigen Anstiftung oder zumindest zur Anstiftung eines der Komplottanten vor und damit eine Kettenanstiftung[96].

Dieser Ansicht ist grundsätzlich zuzustimmen. Wie noch bei der Frage nach dem Verhältnis der Verbrechensverabredung zu den anderen Alternativen des § 30 StGB festzustellen sein wird[97], ist die Verbrechensverabredung oftmals nichts anderes, als eine wechselseitige Anstiftung, zumindest aber eine einseitige Anstiftung zwischen einem bereits Entschlossenen und einem unentschlossenen Komplottanten. Wenn nun jemand zu dieser (wechselseitigen) Anstiftung anstiftet, dann ist nicht einzusehen, warum darin keine Kettenanstiftung zu sehen sein soll. Der „Unsicherheitskoeffizient“ ist keineswegs niedriger als bei jeder anderen Kettenanstiftung auch.

---

93 Z.B. J.-D. Busch, NJW 1959, S. 1120; Maurach, JZ 1961, S. 143.

94 Maurach, JZ 1961, S. 143

95 Maurach, a.a.O.

96 Roxin, in: LK, § 30 Rdnr. 76.

97 S. 81 ff.

Maurach ist freilich insoweit Recht zu geben, als daß eine Verabredung nicht zwingend eine (wechselseitige) Anstiftung beinhalten muß. So räumt auch Roxin die Möglichkeit ein, daß der Anstifter zwei omnimodo facturi zusammenbringen könnte. Auch daß hier die Regeln der Kettenanstiftung nicht anwendbar sind, ist Maurach zuzugestehen, da omnimodo facturi nicht angestiftet werden können. Umso befremdlicher ist dann aber das Ergebnis, daß der „Anstifter" zweier bereits Entschlossener selbständig gemäß §§ 26, 30 Abs. 2, 3. Alt. StGB bestraft werden sollte – Roxin geht also davon aus, daß eine Anstiftung zur Verabredung als selbständiges Verbrechen vorliegt; zur Verabredung waren die omnimodo facturi noch nicht entschlossen.

Nun mag es richtig sein, daß die jeweils zur Haupttat entschlossenen Komplottanten zur Verabredung selbst nicht entschlossen waren. Weiter könnte man ausführen, daß die Verbrechensverabredung jeweils als Versuch des geplanten Verbrechens bestraft wird und somit insoweit selbst Verbrechen ist. Dennoch darf nicht das Verhältnis zwischen der Verabredung und der geplanten Tat vergessen werden. Die Verabredung ist bloße Vorbereitung des Verbrechens. Wie kann ein Verhalten als Anstiftung zur Verabredung strafbar sein, ohne als Anstiftung zur Haupttat strafbar zu sein? Das kann nicht sinnvoll sein.

Etwas zugespitzt könnte man auch einwenden, daß es hinsichtlich Roxins Standpunkt konsequent wäre, ein Anstiftungsverhalten gegenüber bereits zur Tat Entschlossenen als Anstiftung zum Versuch zu qualifizieren, da die omnimodo facturi nur zur Vollendung entschlossen waren. Im Unterschied zur Verbrechensverabredung impliziert der Entschluß zur Vollendung auch den zum Versuch. Zwar ist die Verbrechensverabredung Vorbereitungshandlung und auch die Vorbereitung der Tat ist vom Entschluß zur Tat eingeschlossen. Allerdings ist die Verabredung zur Tat im Gegensatz zum Versuch eine spezifizierte Vorbereitungshandlung. Die omnimodo facturi bereiten sich nicht irgendwie, zum Beispiel auch voneinander isoliert auf die geplante Tat vor, sondern gemeinsam in Form der Verabredung. Stellt die Verbrechensverabredung also eine im Unrechtsgehalt eigenständige, gegenüber einer Einzelvorbereitung qualifizierte Vorbereitung dar, dann erscheint Roxins Standpunkt zunächst wieder in einem neuen Licht.

Doch auch dieser Schein trügt, da es für die hier diskutierte Frage nicht darauf ankommen kann, ob die Verbrechensverabredung gegenüber einer anderen, insbesondere gegenüber der Einzelvorbereitung einen eigenständigen Unrechtsgehalt hat; sie hat jedenfalls keinen gegenüber der geplanten Tat eigenständigen, vielmehr einen davon abhängigen Unrechtsgehalt. Nicht die Verabredung also solche kann strafrechtlich relevant sein, sondern natürlich nur die zu einer Straftat, de lege lata sogar nur zu Verbrechen. Sind also die Komplottanten bereits zur Haupttat entschlossen, so kann der hinsichtlich der Verabredung die Initiative ergreifende Komplottant nicht selbständig wegen Anstiftung zur Verabredung strafbar sein, weil der zur Verabredung „angestiftete“ Komplottant den strafrechtlich relevanten Teil der Verbrechensverabredung, nämlich den Willen zum Verbrechen, bereits ausgebildet bzw. gefaßt hatte.

II. Beihilfe zur Verbrechensverabredung

Noch umstrittener ist die Frage, ob die Beihilfe zur Verbrechensverabredung strafbar sein soll. Ein klassisches Beispiel für eine solche Konstellation ist das Bereitstellen der Wohnung durch A, damit sich dort die Komplottanten B und C ungestört zur Begehung eines Verbrechens verabreden können. Hier ist zwischen zwei Möglichkeiten zu unterscheiden: Zum einen könnte schon das Zustandekommen der Verabredung selbst scheitern, zum anderen nur die geplante Tat.

1. Strafbarkeit der Beihilfe zur Verbrechensverabredung

Für eine Bestrafung der Beihilfe zur Verbrechensverabredung hat sich vor allem Dreher für den Fall ausgesprochen, daß zwar die Verabredung zustande kommt, die geplante Tat aber nicht in das Versuchsstadium vorrückt.[98]

Da die Verbrechensverabredung gemäß § 30 Abs. 2, 3. Alt. StGB selbst Verbrechen ist, läge auch strafbare kausale Beihilfe zu einem Verbrechen vor. Lediglich wenn die Verabredung nicht zustande käme, läge nur eine versuchte Beihilfe vor, die als solche nicht strafbar ist.

2. Straflosigkeit der Beihilfe zur Verbrechensverabredung

Nach herrschender Ansicht soll hingegen die Beihilfe in jedem Fall straflos sein[99].

Dafür werden verschiedene Begründungen angeboten. Maurach verneint die Verbrechensqualität der Verbrechensverabredung, da sie kein selbständiger Tatbestand mit eigenem Strafrahmen ist (woraus bei ihm wohl auch seine „direkte“ Ablehnung der Strafbarkeit der Anstiftung zur Verabredung resultiert, s.o.).

Diese Ausgangsposition bestreitet auch Dreher nicht, da er die Verbrechensverabredung als „Vorstufe der Mittäterschaft“ charakterisiert[100]. Wenn man aber die Verabredung nicht als in sich geschlossenen strafbewehrten Tatbestand ansieht, könnte man im Falle des Zustandekommens der Verabredung nicht von einer kausalen *Verbrechens*beihilfe sprechen[101]. Auch der Bundesgerichtshof hat sich – wenn auch die Beihilfe zur versuchten Anstiftung betreffend – ähnlich geäußert, daß die Möglichkeit strafbarer Beihilfe an der fehlgeschlagenen Anstiftung

98 Dreher, GA 1954, S. 18; aber auch Busch, in: LK9, § 49 a Rdnr. 37.

99 Maurach, JZ 1961, S. 143; Roxin, a.a.O.

100 Dreher, GA 1954, S. 28.

101 Maurach, a.a.O.

abzulehnen sei, da § 49 a StGB a.F. nicht einen „selbständigen gesetzlichen Tatbestand“ darstelle[102].

Diese Begründung steht allerdings auf „wackligen Beinen“, da sie lediglich auf dem sehr formalen Argument basiert, daß § 30 StGB als Regelung des Allgemeinen Teils keinen eigenen Strafrahmen aufweist. Die Stellung der Norm kann durchaus als gesetzestechnische Vereinfachung angesehen werden, als mehr aber nicht. Rein theoretisch hätte der Gesetzgeber auch die Verabredungsstrafbarkeit bei jedem einzelnen Verbrechenstatbestand einzeln anordnen können, wie er es auch bei dem Versuch einzelner Vergehen angeordnet hat, so daß keine Zweifel an der Eigenständigkeit der jeweiligen Verabredungstatbestände angebracht wären. Daß eine solche gesetzestechnische Formalität, die man ohne inhaltliche Veränderung (aber mit erheblich mehr Gesetzestext) auch hätte vermeiden können, derart weitreichende Strafbarkeitskonsequenzen haben soll, ist nicht einzusehen. So gesehen müßte auch die Anstiftung eines zur Haupttat Unentschlossenen zur Verbrechensverabredung straflos sein, was Maurach allerdings auch vertritt[103].

Weitaus schwerer aber wiegt die Tatsache, daß auch der Verbrechensversuch kein delictum sui generis mit eigenem Strafrahmen ist, eine Strafbarkeit der Beihilfe zum Versuch aber nach allgemeiner Ansicht keineswegs an dieser gesetzestechnischen Eigenschaft scheitert[104].

Einleuchtender ist hingegen das Argument, die Straflosigkeit der Beihilfe zur zustande gekommenen Verbrechensverabredung abzulehnen, da andere Teilnahmeformen an der hypothetischen Haupttat als die in § 30 StGB genannten eben nicht deren Strafausdehnung in das Vorbereitungsstadium unterliegen und daher zu weit entfernt von der Straftatbegehung sind[105].

Genauso wie die Anstiftung zur Verabredung als Kettenanstiftung strafbar ist, da sie gleichfalls Anstiftung zur Haupttat ist, muß auch die Beihilfe zur Verabredung auf ihren Einfluß auf die Begehung der geplanten Haupttat hin betrachtet werden. Bei entsprechender Anwendung der Grundsätze zum Zusammentreffen mehrerer Teilnahmehandlungen könnte die Beihilfe zur Verabredung bei Zustandekommen der geplanten Tat (zumindest bis zum Versuchsstadium) Beihilfe zur Haupttat sein[106].

---

102 BGH, NJW 1960, S. 1164.

103 S.o. Maurach, JZ 1961, S. 143.

104 Vgl. Jescheck/Weigend, § § 64 III 3, S. 695; Lackner/Kühl, § 27 Rdnr. 7.

105 Maurach, a.a.O.; BGH, NJW 1960, S. 1164.

106 Allerdings sieht R. Busch, Teilnahme, S. 251 in der Beihilfe zu einer Vorbereitungshandlung nach § 30 (bzw. § 49 a a.F.) StGB nur eine versuchte Beihilfe zur Haupttat und kommt auch so zu dem Ergebnis der Straflosigkeit. Es geht dabei um die Frage, inwieweit die Teilnahmehandlung, um strafbar zu sein, die Haupttat fördern muß. M.E. kann es für die Vollendung der Beihilfe nicht auf eine Förderung im Sinne der „conditio sine qua non“-Formel ankommen (die Verabredung und damit auch die Beihilfe dazu soll ja gera-

Kommt die Verbrechensverabredung aber zustande, ohne daß die geplante Tat in das Versuchsstadium eintritt, so scheitert die geplante Tatbestandverwirklichung bereits im Vorbereitungsstadium[107]. Im Hinblick auf die geplante Tat liegt damit aber nur eine versuchte Beihilfe vor, die straflos ist[108].

G. Der Versuch der Verbrechensverabredung

Die versuchte Verbrechensverabredung, die vorliegt, wenn wenigstens zwei zusammenkommende präsumtive Mittäter sich nicht einigen können, ist unstrittig straflos[109].

Dies ergibt sich zwingend aus der Aufhebung der von 1943 bis 1953 geltenden Strafbarkeit des „Eintretens in ernsthafte Verhandlungen", welche quasi eine Versuchsstrafbarkeit der Verbrechensverabredung darstellte. Eine Strafbarkeit ist allerdings dann noch als versuchte Anstiftung oder Bereiterklärungen zu einem Verbrechen möglich.

H. Konkurrenzen zu den anderen Tatbestandsalternativen des § 30 StGB

Wie bereits aufgezeigt wurde, erfüllt der Tatbestand der Verbrechensverabredung oft andere Tatbestände des § 30 StGB, so daß sich die Frage der Auflösung einer somit denkbaren Konkurrenz stellt.

Hierbei gilt der Grundsatz: Jede Tatbestandsalternative tritt hinter der anderen als subsidiär zurück, wenn letztere tatbestandsnäher ist[110].

Sollte der Fall vorliegen, daß sich die Komplottanten erst durch die Verbrechensverabredung zur Tat entschließen oder doch wenigstens ein Komplottant den Entschluß bei einem anderen erst weckt, so liegt neben der Verabredung im ersten Fall eine wechselseitige versuchte Anstiftung, im zweiten Fall eine einseitige versuchte Anstiftung und ein Sich – Bereiterklären vor. Da die Verbrechensverabredung hier aber tatbestandsnäher ist, treten diese anderen Alternativen des § 30 StGB zurück.

---

de die Tatvollendung nur vorbereiten, womit über die Notwendigkeit der Verabredung noch nichts gesagt ist; dies soll angesichts des Themas dieser Arbeit, wonach die Ausgangslage gerade die Nichtbegehung der Haupttat ist, aber nicht weiter erörtert werden.

107 Roxin, in: LK, § 30 Rdnr. 76.

108 Roxin, a.a.O.

109 Maurach, JZ 1961, S. 142; Roxin, in: LK, § 30 Rdnr. 77.

110 Roxin, in: LK, § 30 Rdnr. 78.

Es kann natürlich auch vorkommen, daß die Verbrechensverabredung zum Beispiel hinter der versuchten Anstiftung als subsidiär zurücktritt: Wenn sich A und B verabreden, den C zu einem Verbrechen anzustiften, diese Anstiftung allerdings scheitert, so stellt sich diese versuchte Anstiftung als Weiterentwicklung der Verabredung in Richtung auf die gleiche Tat dar, womit die versuchte Anstiftung tatbestandsnäher ist[111]. Anderer Ansicht ist lediglich Cramer, der hier wohl nur „aus § 30 StGB" bestrafen will, da es sich um „gleichwertige, aber untereinander unselbständige Formen der Deliktsvorbereitung" handeln soll[112]. Diese Ansicht überzeugt jedoch nicht, da sich die Verabredung in diesen Fällen lediglich als Durchgangsstadium der versuchten Anstiftung darstellt. Damit kann sie aber gegenüber der versuchten Anstiftung nicht gleichwertig sein[113].

Realkonkurrenz zwischen verschiedenen Alternativen des § 30 StGB kommt dagegen in Betracht, wenn mehrere Alternativen erfüllt werden, diese sich aber auf verschiedene Tatbestände beziehen. Wenn A sich zum Beispiel gegenüber B bereit erklärt, einen Mord gemäß § 211 StGB zu begehen, beide dann aber nur ein Körperverletzungsdelikt verabreden[114], so liegt Realkonkurrenz zwischen der Verabredung und dem Sich – Bereiterklären vor.

J. Der Grundsatz der Subsidiarität der Verbrechensverabredung

Die Verbrechensverabredung tritt grundsätzlich als subsidiär zurück, wenn der mit der Verabredung gefaßte gemeinsame Tatentschluß „in die Tat umgesetzt", d.h. weiterentwickelt wird. Dies gilt nicht nur für die Tatvollendung, sondern auch für den Versuch der Tat und auch für weitere Vorbereitungshandlungen, sofern diese strafbar sind. Als Beispiel für letzteres mag der Fall aus dem letzten Abschnitt dienen, in dem die Verabredung lediglich Durchgangsstadium für eine versuchte Anstiftung war. Im folgenden soll diese Subsidiarität der Verabredung gegenüber der Vollendung der geplanten Tat (I.) und deren Versuch (II.) untersucht werden.

111 Vgl. Sachverhalt aus BayObLG, NJW 1956, S. 1000 f. (1001).
112 Schönke/Schröder-Cramer, § 30 Rdnr. 43.
113 So zu Recht Roxin, in: LK, § 30 Rdnr. 78.
114 Vgl. Schröder, JuS 1967, S. 295.

I. Die Subsidiarität der Verbrechensverabredung gegenüber der vollendeten Tat

1. Der „Idealfall" einer subsidiären Verbrechensverabredung

Der „Idealfall" einer subsidiären Verbrechensverabredung liegt dann vor, wenn sämtliche Komplottanten als Mittäter die Tat in der geplanten Form durchführen. Hier tritt der gesetzlich unerwähnte, aber allgemein anerkannte subsidiäre Charakter der Verbrechensverabredung vollkommen ein[115].

Dabei ist es irrelevant, ob man die Verbrechensverabredung als antizipierte Mittäterschaft, antizipierte Teilnahme oder als eine unselbständige Teilnahme ansieht. Lediglich Maurach hält die Konsequenz absoluter Subsidiarität bei der Annahme einer Vorbereitungshandlung für problematisch, da es im Verhältnis zwischen Vorbereitungshandlung und Vollendung bzw. Versuch nicht immer zu einer Absorption kommen muß, sondern durchaus eine Realkonkurrenz vorliegen kann.

Bei den anderen Vorstellungen der Struktur der Verbrechensverabredung folge die Subsidiarität der Verabredung zwingend aus dem Grundsatz „Täterschaft konsumiert Teilnahme" bzw. „vorweggenommene Mittäterschaft wird durch die Mittäterschaft" konsumiert[116].

Der einzige allgemeingültige Grundsatz der Konsumtion ist allerdings der, daß die Tat, deren Unrechtsgehalt in einer anderen aufgeht, konsumiert wird und daher zurücktritt[117]. Vor diesem Hintergrund ist die Tatsache, daß manche Vorbereitungshandlungen in Realkonkurrenz zur vollendeten Tat bestraft werden können, wenig aufschlußreich. Die Verbrechensverabredung ist auch nach dem Modell als Vorbereitungshandlung subsidiär gegenüber der vollendeten, der Verabredung entsprechenden Tat, weil ihr Unrechtsgehalt[118] in dem der vollendeten Tat aufgehen *muß*.

2. Abweichungen zwischen Verabredung und Tatausführung

Problematisch wird das Verhältnis zwischen der Verabredung und der begangenen Tat immer dann, wenn die Tatausführung wesentlich von der Tatplanung abweicht. Die Verabredung kann nur subsidiär sein, wenn die Komplottanten zumindest versuchen, die verabredete Tat zu vollenden und nicht eine andere.

Für die Frage, welche Abweichungen derart erheblich sind, daß die Verabredungsstrafbarkeit selbständig bestehen bleiben muß, kann auf die Kriterien über

---

115 BGHSt 9, 134; 14, 378; Maurach, JZ 1961, S. 143; Roxin, in: LK, § 30 Rdnr. 80.

116 So Maurach, a.a.O.

117 „Lex consumens derogat legi consumptae", vgl. Tröndle/Fischer, Rdnr. 20 vor § 52; Jescheck/Weigend, § 69 II 3, S. 735; Stratenwerth, Rdnr. 1187 ff.

118 Vgl. dazu Kapitel 3.

die Bestimmtheitsanforderungen der Verbrechensverabredung verwiesen werden. Im folgenden sollen die relevantesten Abweichungen erörtert werden.

a) *Das Angriffsobjekt weicht vom geplanten ab*

Weicht das tatsächliche Angriffsobjekt vom geplanten ab, stellt sich im Prinzip wieder das Problem, inwieweit das Opfer der Tat bei der Verabredung konkretisiert sein muß.

War eine nähere Konkretisierung nach den oben dargestellten Grundsätzen[119] nicht erforderlich, so ist die geplante Tat im wesentlichen auch vollendet worden. In diesem Fall tritt die Verabredungsstrafbarkeit als subsidiär zurück.

War eine Konkretisierung hingegen erforderlich, dann ist die geplante Tat nicht begangen worden, so daß die Strafbarkeit der Verbrechensverabredung bestehen bleibt. Sie stünde dann zu der tatsächlich begangenen Tat in Realkonkurrenz[120].

b) *Ein Komplottant wirkt an der Tatausführung nicht mit*

Relativ unproblematisch sind die Fälle, in denen ein Komplottant an der Tatausführung nicht teilnimmt. Hier zeigt sich, daß die Verbrechensverabredung keine Mittäterschaft, sondern nur antizipierte Mittäterschaft ist, was an sich nur eine Vorbereitungshandlung beschreibt. Dementsprechend ordnet § 30 Abs. 2, 3. Alt. StGB auch im Gegensatz zu § 25 Abs. 2 StGB keine Solidarhaftung an. Die Haftung aus der Verbrechensverabredung muß vielmehr für jeden Beteiligten individuell festgelegt werden, so daß der nicht – teilnehmende Komplottant aus § 30 Abs. 2, 3. Alt. StGB strafbar bleibt[121].

c) *Ein Komplottant nimmt statt des vereinbarten Mittäterbeitrags einen Gehilfenbeitrag vor*

Wie bereits aufgezeigt wurde, ist eine Verabredung zur Beihilfe straflos, lediglich die Vereinbarung einer mittäterschaftlichen Tatbegehung ist strafbar[122]. Daher ist es durchaus problematisch, wenn einer der Komplottanten statt des verabredeten Mittäterbeitrags nur einen Gehilfenbeitrag vornimmt.

Auf den ersten Blick scheint es daher angebracht, die verabredete Tat für diesen Komplottanten als nicht bis in das Versuchs- oder Vollendungsstadium vorgedrungen anzusehen und ihn somit in Realkonkurrenz aus § 30 Abs. 2, 3. Alt. StGB und der Beihilfe zur durch die anderen begangenen Tat zu bestrafen.

---

119 Vgl. S. 70 ff.

120 Roxin, in: LK, § 30 Rdnr. 80; im Prinzip auch Maurach, JZ 1961, S. 144, der jedoch andere Maßstäbe an die Erforderlichkeit der Konkretisierung des Opfers ansetzt.

121 Vgl. Maurach, a.a.O.

122 Vgl. insbesondere S. 59, 59.

Dreher kommt zu dem Ergebnis, daß nur § 30 StGB (bzw. § 49 a a.F. StGB) zum Zuge komme, da diese Norm nach der Bewertung des Gesetzes die stärkeren Beteiligungsformen darstelle[123].

Das erstgenannte Ergebnis ist aber nicht mit dem Grundsatz der materiellen Gerechtigkeit in Einklang zu bringen: Warum sollte derjenige, der im Gegensatz zu dem Täterverhalten der übrigen Komplottanten nur einen Gehilfenbeitrag geleistet hat, auch aufgrund der Verbrechensverabredung strafbar sein, während diese Strafbarkeit bei den anderen Komplottanten konsumiert wird? Es ist daher richtig, auch in diesem Fall Konsumtion der Verabredung anzunehmen[124]: Auch der Gehilfenbeitrag zur Tat konsumiert die Verabredungsstrafbarkeit.

Drehers Lösung ist somit auch abzulehnen.

Dieses Ergebnis läßt sich also auch dogmatisch mit der Vorstellung der Verabredung als Vorbereitungshandlung begründen: Der Unrechtsgehalt der vorbereitenden Verabredung ist in jedem Tatbeitrag, auch einem Gehilfenbeitrag, enthalten[125].

d) Qualitative Abweichung der begangenen von der verabredeten Tat

Fälle qualitativer Abweichung zwischen verabredeter und ausgeführter Tat liegen vor, wenn eine gänzlich andere Tat als die verabredete begangen wird. Die Frage, ob die selbständige Bestrafung wegen der Verbrechensverabredung bei qualitativen Abweichungen der ausgeführten von der geplanten Tat bestehen bleibt, wird allgemein unter Heranziehung der Maßstäbe über die Bestimmtheit der Verabredung beantwortet[126]: Je allgemeiner die Verabredung gehalten war, desto eher müsse den Beteiligten im Zweifel die Identität zwischen Tatplan und Ausführung zugestanden werden, womit die Verabredungsstrafbarkeit subsidiär wäre[127].

War die Abweichung hingegen rechtlich erheblich, so müsse Realkonkurrenz angenommen werden. Davon sei insbesondere bei Rechtsgüterverschiedenheit auszugehen[128].

Diese „übliche" Problemlösung ist freilich sehr allgemein gehalten, bietet einen nur sehr vagen Lösungsmaßstab.

Zunächst lassen sich die problematischen Fälle eingrenzen: Die Verabredung darf nicht zu allgemein gehalten sein. Die rechtliche Grundstruktur der geplanten Tat muß in Grundzügen nach dem gemeinsamen Tatentschluß ebenso fest-

---

123 Dreher, GA 1954, S. 21.

124 Genauso Maurach, JZ 1961, S. 144; Schönke/Schröder-Cramer, § 30 Rdnr. 38.

125 So wohl auch Maurach, JZ 1961, S. 144.

126 Roxin, in: LK, § 30 Rdnr. 80.

127 Maurach, a.a.O.

128 Maurach, a.a.O.

stehen[129], wie auch – sofern es auf die Opferidentität nach dem Inhalt der Verabredung ankam – die Bestimmung der Person des Opfers[130]. Ist dies nicht der Fall, so liegt schon keine strafbare Verbrechensverabredung vor. Wenn allerdings die rechtliche Grundstruktur der Tat, zum Beispiel als „Eigentumsdelikt" oder „Tötungsdelikt" feststehen muß, so reduziert dies die Möglichkeit, daß die Verbrechensverabredung derart allgemein gehalten ist, daß wenigstens zwei qualitativ voneinander abweichende Verbrechenstatbestände von ihr umfaßt sind und somit den Komplottanten im Zweifel „die Identität zwischen Tatplan und Ausführung zugestanden werden" müsse, ungemein. Hier ergeben sich auch gewisse Abgrenzungsprobleme: So muß die alternative Verbrechensverabredung außer Betracht bleiben, da in diesem Fall zwei verschiedene Taten verabredet sind, beide jedoch für sich genommen konkret und ernsthaft; dennoch liegt nur eine Verbrechensverabredung vor, so daß im Fall der Begehung eines der alternativ geplanten Taten insgesamt Subsidiarität vorliegt (es sei denn, die begangene Tat ist kein Verbrechen).

Der hier zu untersuchende Fall geht aber von einer Verabredung aus, die einerseits konkret genug ist, als Verbrechensverabredung strafbar zu sein, andererseits aber auch derart allgemein gehalten ist, daß eine qualitative Abweichung zwischen der anteziperten und der begangenen Tat im Hinblick auf die Subsidiarität der Verabredung zugunsten der Komplottanten irrelevant sein soll. Dieses Ergebnis geht von nur selten erfüllbaren Voraussetzungen aus.

Beispiel: A und B wollen einen Passanten, auf dessen Identität es ihnen nicht ankommt, überfallen und „ausrauben". Ihnen kommt es weiterhin nicht darauf an, zu welchem Zeitpunkt sie Gewalt anwenden würden, jedenfalls gehen sie davon aus, gewalttätig den Widerstand ihres Opfers brechen zu müssen. Daher legen sie sich mit Baseball-schlägern bewaffnet auf die Lauer und überfallen den vorbeikommenden C. Wider Erwarten läßt sich C nicht durch einige Schläge einschüchtern, sondern versucht weiter, seine Habe zu verteidigen. A und B, die damit vorher nicht gerechnet hatten, schlagen den C so lange, bis dieser bewußtlos liegen bleibt. Obwohl sie erkennen, daß nur baldige Hilfe das Leben des C retten könnte, flüchten A und B, ohne sich der Habe des C zu bemächtigen.

Dieser Fall zeigt eine qualitative Abweichung: Statt eines Raubes oder eines räuberischen Diebstahls haben die Komplottanten einen Mord begangen. Der Fall zeigt auch, daß bei qualitativen Abweichungen grundsätzlich von Realkonkurrenz auszugehen ist, insbesondere weil hier – wie oben schon allgemein ausgeführt – das verletzte Rechtsgut schwerer wiegt (Leben), als das, was verletzt werden sollte (Eigentum).

---

129 Vgl. S. 69 ff.

130 Vgl. S. 70 ff.

Allerdings ist die allgemeinen These, daß bei Rechtsgutverschiedenheit immer von Relakonkurrenz auszugehen ist, sehr problematisch.

Beispiel: A, B und C wollen gewaltsam aus dem Gefängnis ausbrechen (was noch keine Verbrechensverabredung darstellt, da § 121 Abs. 1 Nr. 2 StGB kein Verbrechen ist). Sie planen in diesem Zusammenhang auch, einen Vollstreckungsbeamten, dessen Widerstand sie erwarten, mittels eines Messers zu töten. Sie gehen dabei nicht davon aus, daß ein einfaches „Überwältigen" genügen würde, da der Beamte in aller Regel bewaffnet sei und daher so schnell wie möglich widerstandsunfähig gemacht werden müsse. Wider Erwarten stellen die Komplottanten bei der Tatbegehung fest, daß der Beamte unbewaffnet ist, so daß sie ihn gemeinsam gewalttätig überwältigen können. Während dieser Gewaltanwendung nehmen sie dem Beamten auch noch diverse Wertgegenstände ab, obwohl sich der Beamte auch dagegen wehrt.

Dieser Fall ist zugegebener Weise sehr konstruiert. Seine Besonderheit liegt darin, daß die Rechtsgutsverschiedenheit gegenüber dem ersten Beispielsfall umgekehrt ist: Nun wiegt das verletzte Rechtsgut (Eigentum) nicht so schwer, als das, welches verletzt werden sollte (Leben). Auf den ersten Blick scheint die Annahme der Realkonkurrenz in Konflikt mit dem Grundsatz materieller Gerechtigkeit zu geraten: Warum sollten die Komplottanten sowohl aufgrund der Verbrechensverabredung als auch aufgrund der begangenen Tat strafbar sein, wenn bei Begehung der schwereren, nämlich verabredeten Tat die Strafbarkeit der Verbrechensverabredung subsidiär wäre? Trotzdem ist ein anderes Ergebnis als das der Realkonkurrenz – vorausgesetzt man erkennt die selbständige Strafbarkeit der Verbrechensverabredung als solche an – dogmatisch unhaltbar. Wenn man die Begehung einer Verbrechensverabredung (zum Beispiel unter dem Gesichtspunkt ihrer besonderen Gefährlichkeit für das betroffene Rechtsgut) für strafwürdiges Verhalten hält, so kann die Begehung einer gegen ein anderes Rechtsgut gerichtete Tat nicht die eigenständige Strafbarkeit der Verbrechensverabredung verdrängen.

Im Ergebnis läßt sich also festhalten, daß die Begehung einer Tat die Strafbarkeit der vorangegangenen Verbrechensverabredung nicht verdrängen kann, wenn jeweils verschiedene Rechtsgüter betroffen sind.

Offen geblieben ist damit nur noch die Frage, inwieweit die Verbrechensverabredung durch eine Tatbegehung verdrängt werden kann, die lediglich der Gattung nach das gleiche Rechtsgut betrifft, nicht hingegen den gleichen Rechtsgutsinhaber.

Die Antwort ergibt sich unter Heranziehung der zur Konkretisierung der Tat gewonnenen Ergebnisse[131]: Der betroffene Rechtsgutsinhaber bzw. seine Spezifi-

131 Vgl. S. 69 ff.

zierung ist im Rahmen des Zustandekommens einer Verbrechensverabredung nur relevant, wenn es auf seine Person oder Rechtsnatur (zum Beispiel bei Identität von Rechtsgut und Rechtsgutsinhaber: Staat, Rechtsverkehr etc.) nach dem Inhalt der Verabredung ankommt. Übertragen auf das Problem der qualitativen Abweichung bedeutet dies, daß die Strafbarkeit der Verbrechensverabredung durch die Begehung einer gegen ein der Gattung nach gleiches Rechtsgut gerichteten Tat verdrängt wird, sofern es auf die Identität des Rechtsgutsinhabers nach dem Inhalt der Verbrechensverabredung nicht ankam und sich die Tat als – wenn auch nicht exakte – Realisierung der Verbrechensverabredung darstellt.

Richtet sich die begangene Tat hingegen gegen den gleichen Rechtsgutsinhaber und das gleiche Rechtsgut, so greift jedenfalls der Grundsatz der Subsidiarität der Verbrechensverabredung durch.

e) Quantitative Abweichung

Eine quantitative Abweichung zwischen der verabredeten und der begangenen Tat liegt vor, wenn sich die Taten im Unrechtsgehalt unterscheiden. Gemeint ist damit aber nicht der Fall, daß eine vollkommen andere Tat als die geplante innerhalb eines neuen Lebenssachverhaltes begangen worden ist – in diesem Fall läge eine qualitative Abweichung vor (s.o.).

Ein Beispiel für eine quantitative Abweichung ist, wenn A und B sich zu einem einfachen Raub verabredet haben, die Tat dann aber mit Waffen begehen.

Bei dem Problem quantitativer Abweichungen ist zu unterscheiden:

aa) Wenn die begangene Tat im Unrechtsgehalt die verabredete Tat überwiegt (wie im Beispielsfall), so konsumiert ihre Strafbarkeit die der Verabredung.

bb) Umstrittener ist hingegen die Beurteilung der Situation, in der die verabredete Tat die tatsächlich begangene im Unrechtsgehalt überwiegt.

Während die Rechtsprechung zunächst immer Subsidiarität der Verabredung in diesen Fällen annahm[132], ging das Schrifttum von Idealkonkurrenz aus[133]. Dem schloß sich auch die Rechtsprechung später an[134].

Eine andere Ansicht vertrat lediglich Kaufmann, der Konsumtion der verwirklichten Tat durch den (damaligen) § 49 a StGB annahm[135]. Dieser Ansicht ist sicher nicht zu folgen, da eine lediglich verabredete, d.h. nur vorbereitete Tat nicht eine tatsächlich begangene konsumieren kann. Wenn zum Beispiel A und B einen Raub mit Waffen verabredet hatten, dann aber nur einen einfachen Raub begehen, so würden beide Kaufmanns Ansicht nach nur aufgrund einer

---

132 BGHSt 1, 131.

133 Nachweise in BGHSt 9, 133; Maurach, JZ 1961, S. 144; Roxin, in: LK, § 30 Rdnr. 80.

134 BGHSt 9, 131; speziell für die Verabredung: BGHSt 14, 378.

135 Kaufmann, JZ 1956, S. 607.

Verabredung zu einem Raub mit Waffen bestraft werden, ohne daß die Tatsache, daß beide tatsächlich einen Raub begangen haben, berücksichtigt werden würde. Das kann nicht richtig sein.

Aber auch der ansonsten einhellig vertretene Standpunkt der Idealkonkurrenz, also der Bestrafung sowohl wegen Verbrechensverabredung als auch der begangenen Tat ist zumindest dann fraglich, wenn die verabredete Tat die begangene nur um eine unselbständige Qualifikation übersteigt[136], wenn auch bei gleichem Rechtsgut.

Bei diesem Problempunkt läßt sich eine Parallele zu der Diskussion über die Bestrafung der Anstiftung eines zum Grunddelikt bereits Entschlossenen zur Qualifikation ziehen. Dort wird von einer beachtlichen Ansicht entgegen der Rechtsprechung[137] – meines Erachtens zu Recht – eine Anstiftungsstrafbarkeit nur bejaht, wenn die Qualifikation gegenüber dem Grundtatbestand einen zusätzlichen Deliktstatbestand, zum Beispiel eine Körperverletzung – beinhaltet[138]. Dieser Maßstab ist auf die Verbrechensverabredung durchaus übertragbar. Es erscheint unbillig, die Strafbarkeit der Verbrechensverabredung nicht soweit zurücktreten zu lassen, wie sie durch die tatsächlich begangene Tat verwirklicht worden ist. Insoweit wird auch die Verabredung konsumiert. Das verbleibende „Mehr" an Unrecht der verabredeten Tat kann als Verabredung nur selbständig strafbar sein, wenn es seinerseits ein Verbrechen darstellt, da nur die Verabredung zu einem Verbrechen strafbar ist. Die Tatsache, daß aufgrund der zuletzt genannten, auf dem Gesetz beruhenden Tatsache das verbleibende „Mehr" an Unrecht nicht berücksichtigt werden kann, als bei der Anstiftung zur Qualifikation, ändert nichts an der inneren Logik dieses Standpunktes. Dem Grundsatz materieller Gerechtigkeit weitaus abträglicher wäre es, einen an sich konsumierten Unrechtsgehalt eigenständig als Verbrechensverabredung zu bestrafen, mithin also doppelt zu berücksichtigen.

Angesichts der Tatsache, daß sich im Strafgesetzbuch kein Verhältnis zweier Tatbestände findet, bei denen der eine Tatbestand eine um ein selbständiges Verbrechen gesteigerte Qualifikation des anderen darstellt, gibt es – unter Zugrundelegung des hier gefundenen Standpunktes – kein selbständiges Bestehenbleiben der Verabredungstrafbarkeit bei einer lediglich quantitativen Unrechtssteigerung der Tatplanung gegenüber der Tatbegehung.

---

136 Anders Maurach, JZ 1961, S. 144, der das Problem eigentümlicherweise im umgekehrten Fall vermutet.

137 BGHSt 19, 339.

138 Wobei daneben grds. noch die Strafbarkeit der (psychischen) Beihilfe verbleibt, vgl. Bemmann, in: Gallas-FS, S. 273; Jescheck/Weigend, § 64 II 2 c, S. 689; Letzgus, S. 33; Samson, in: SK, § 26 Rdnr. 4; Schönke/Schröder-Cramer, § 26 Rdnr. 8.

f) *Behandlung von Anschlußdelikten, wenn ein Komplottant verabredungswidrig nicht an der Tat mitgewirkt hat*

Komplottanten, die sich verabredungswidrig nicht an der Tat beteiligen, bleiben folgerichtig selbständig wegen Verbrechensverabredung strafbar; insoweit treten keine Probleme auf. Anders aber ist es bei der Frage, ob solche Komplottanten als taugliche Täter von Anschlußdelikten, wie zum Beispiel der Hehlerei, Begünstigung etc. in Betracht kommen[139].

Maurach beantwortet diese Frage unter Berücksichtigung der verschiedenen strukturellen Auffassungen zur Verbrechensverabredung: So müßten die Vertreter der Verabredung als antizipierte Mittäterschaft die Täterschaft bezüglich der Hehlerei ablehnen müssen, wenn zum Beispiel ein Diebstahl verabredet war und einer der Komplottanten an diesem zwar nicht teilgenommen hat, dann aber die Beute absetzt. Ein Mittäter kann schließlich nicht sein eigener Hehler sein.

Die Anhänger der Verbrechensverabredung als selbständig strafbare Vorbereitungshandlung könnten laut Maurach keineswegs zu einheitlichen Ergebnissen kommen, da die Natur echter Vorbereitungshandlungen und gerade ihr Verhältnis zur anschließenden Haupttat viel zu differenziert sei.

Nur die Vertreter der Verbrechensverabredung als vorweggenommene Teilnahme kämen Maurach zufolge zu annehmbaren Ergebnissen, da Gehilfen und Anstifter taugliche Täter des § 259 StGB seien[140].

Nun ist bereits dargestellt worden, daß die dogmatische Vorstellung der Verbrechensverabredung als (vorweggenommene) Teilnahme nicht vertretbar ist, wohingegen sich Vorbereitungstheorie und die Vorstellung der Verbrechensverabredung als antizipierte Mittäterschaft überhaupt nicht widersprechen[141] – die Verabredung ist antizipierte Mittäterschaft, also ihre Vorstufe, mit anderen Worten: Eine Vorbereitungshandlung. Nun mag das Verhältnis zwischen Vorbereitungshandlungen und der jeweiligen Haupttat generell recht differenziert sein; im Verhältnis zwischen Verabredung und Anschlußdelikten können aber auf der Basis der bereits gewonnenen Grundsätze korrekte Ergebnisse gewonnen werden.

Wenn sich zum Beispiel A, B und C gemeinsam zu einem Raub verabreden, C dann verabredungswidrig an diesem Raub nicht teilnimmt, wohl aber die Beute weiterveräußert, dann ist er auch als Täter des § 259 StGB zu bestrafen. Die selbständige Bestrafung aufgrund der Verabredung bleibt schließlich nur bestehen, weil C die verabredete Tat nicht begangen hatte. Die Hehlerei hingegen war von der Verbrechensverabredung nicht umfaßt (eine Verabredung zur Hehlerei wäre mangels Verbrechensqualität des § 259 StGB ohnehin nicht strafbar). Von der –

---

139 Vgl. dazu auch die Ausführungen bei Maurach, JZ 1961, S. 145.

140 Maurach, JZ 1961, S. 145.

141 Vgl. S. 59, 59.

abgesehen von wenigen Ausnahmen – richtigen Regel, daß der Täter nicht sein eigener Hehler sein kann, ist hier nicht Gebrauch zu machen, da C nicht Täter des Raubes war. Antizipierte Mittäterschaft ist nicht vollendete Täterschaft.

II. Subsidiarität der Verbrechensverabredung gegenüber dem Versuch

Auch gegenüber dem Versuch der geplanten Tat ist ihre Verabredung subsidiär.

Problematisch kann es allerdings sein, wenn der Täter vom Versuch mit strafbefreiender Wirkung zurückgetreten ist.

Grundsätzlich kann nicht bezweifelt werden, daß die Verabredung auch hier gegenüber dem Versuch subsidiär sein muß[142] – anderenfalls wäre das Rücktrittsprivileg sinnlos. Außerdem entspricht es allgemeiner Rechtsansicht, daß der freiwillige und damit strafbefreiende Rücktritt vom Versuch alle bisher zur Tatbestandsverwirklichung unternommenen Handlungen, also auch die Vorbereitung erfaßt[143].

Aber auch hier taucht ein Problem auf, wenn die versuchte Tat, von der der Täter zurücktritt, einer weniger schweren Erscheinungsform entspricht[144], zum Beispiel wenn die Täter statt eines verabredeten Raubes nun dazu ansetzen, die Beute mittels einer einfachen Wegnahme im Sinne des § 242 StGB zu entwenden, dann aber unter den Bedingungen des § 24 Abs. 2 StGB zurücktreten.

Auch hier könnte die herrschende Ansicht – wie schon bei der Beurteilung des Verhältnisses zwischen einer verabredeten schweren und der Vollendung eines leichteren Tatbestandes – die Verabredung für nicht – subsidiär halten[145].

Diesem Ergebnis wurde an entsprechender Stelle bereits widersprochen[146].

Hier läßt sich aber noch ein weiteres Argument gegen eine solche Lösung anführen: Wenn die Täter, um bei dem obigen Beispiel zu bleiben, die Beute auch ohne Raubmittel erlangen können und trotzdem freiwillig zurücktreten, liegt darin ein Rücktritt vom gesamten Plan. Aufgrund des Wegfalls des Grunddelikts ist auch eine Bestrafung der Verabredung bezüglich der schweren Tat nicht mehr möglich, weil diese schwerere Tat mit dem Wegfall der Grunddeliktsvereinbarung keine Basis mehr hat[147].

---

142 BGHSt 14, 378 (380); Roxin, in: LK, § 30 Rdnr. 81.

143 Roxin, a.a.O.

144 Vgl. den Fall bei BGHSt 14, 378 (380).

145 So auch Busch, in: LK9, § 49 a Rdnr. 11; Tröndle/Fischer, § 30 Rdnr. 16; Maurach, JZ 1961, S. 146; Vogler, in: Bockelmann-FS, S. 728 f.

146 Vgl. S. 89 f.

147 So zu Recht: Bottke, Methodik, S. 564 f.; Jescheck/Weigend, AT § 65 IV, 1. S. 706; Roxin, in: LK, § 30 Rdnr. 82; ders., JA 1979, S. 175; Schmidhäuser, AT, § 15/Rdnr. 144; S. 648; Schönke/Schröder-Cramer, § 30 Rdnr. 40.

K. Der Rücktritt von der Verbrechensverabredung

In § 31 Abs. 1, Nr. 3 StGB ist der Rücktritt von der Verbrechensverabredung normiert. Der Komplottant muß, um strafbefreiend zurückzutreten, die verabredete Tat verhindern. § 31 Abs. 1, Nr. 3 StGB begründet demnach eine Erfolgsabwendungspflicht.

Unterbleibt die Tat ohne Zutun des Zurücktretenden oder wird sie unabhängig von seinem früheren Verhalten begangen, so genügt gemäß § 31 Abs. 2 StGB sein ernsthaftes und freiwilliges Verhinderungsbemühen.

Im folgenden sollen zunächst die allgemeinen Anforderungen an einen Rücktritt von der Verbrechensverabredung erörtert werden, bevor schließlich spezielle Rücktrittsprobleme, die sich insbesondere bei zeitlichen Verschiebungen der geplanten Tat und bezüglich des Verhinderungszeitpunktes ergeben können, behandelt werden.

I. Allgemeine Darstellung der Rücktrittsvoraussetzungen

1. Die Verhinderung der geplanten Tat gemäß § 31 Abs. 1, Nr. 3 StGB

§ 31 Abs. 1, Nr. 3 StGB begründet für den Rücktritt eines Komplottanten eine Erfolgsabwendungspflicht – er muß die Ausführung der geplanten Tat verhindern. Wie auch der Rücktritt vom Versuch bei mehreren Tatbeteiligten gemäß § 24 Abs. 2 StGB kommt hier die Intention des Gesetzgebers zum Ausdruck, bei der Beteiligung mehrerer jeden einzelnen auch für das Verhalten der übrigen Komplottanten verantwortlich zu machen – sein „Rücktritt" darf nicht nur die Realisierung des eigenen Tatbeitrag verhindern, sondern auch die der Beiträge der übrigen Komplottanten[148]. Ansonsten bliebe nur die Möglichkeit eines Rücktritts unter den Voraussetzungen des § 31 Abs. 2 StGB.

a) Verhinderung durch Unterlassen

Grundsätzlich wird man aufgrund des Wortlautes des § 31 Abs. 1, Nr. 3 StGB („verhindern") ein positives Tun des Zurücktretenden zur Erfolgsabwendung verlangen müssen. Gerade aber bei der Verabredung ist das bloße Unterlassen des eigenen Beitrages oftmals ausreichend, unter Umständen sogar effizienter, als ein positives Verhinderungsverhalten.

Dies gilt zum Beispiel dann, wenn der Tatbeitrag des Zurücktretenden essentiell für die gesamte Tatbegehung ist und auch nicht durch einen anderen Komplottanten ersetzt werden kann[149].

---

148 J.-D. Busch, S. 194; Roxin, in: LK, § 31 Rdnr. 19.

149 BGH, GA 1974, S. 243 zu § 49 a Abs. 4 StGB a.F.

Gleiches muß gelten, wenn der Zurücktretende zutreffenderweise davon ausgeht, daß die verbleibenden Komplottanten die Tat ohne ihn nicht ausführen werden, auch wenn sie es könnten[150].

Jedenfalls ist eine Tatverhinderung durch Unterlassen durchaus möglich.

b) Trotz Ausscheidens eines Komplottanten wird die Tat dennoch begangen

Problematisch ist die Frage ob und wenn ja, unter welchen Voraussetzungen eine „Verhinderung" auch vorliegt, obwohl die übrigen Komplottanten die Tat nach Ausscheiden des Zurücktretenden dennoch begangen haben.

In der Regel hat der Zurücktretende die Tat dann nicht verhindert, so daß er keine Straffreiheit erlangen kann. Denn wenn die Verbrechensverabredung in Form der (wechselseitigen) Anstiftung erfolgt ist, liegt weiterhin Anstiftung zur vollendeten Tat vor; war der verbleibende Komplottant omnimodo facturus und wußte dies der Ausscheidende, dann liegt kein Rücktritt von der Verbrechensverabredung vor, da der Ausscheidende die Tat nicht verhindert hat und sein Verhalten als bloßes Unterlassen in der Regel auch nicht als „ernsthaftes Bemühen" im Sinne des § 31 Abs. 2 StGB gewertet werden kann[151].

Ein Rücktritt gemäß § 31 Abs. 2 StGB käme lediglich in Betracht, wenn der Ausscheidende nicht wußte, daß der andere Komplottant omnimodo facturus war und daher meinte, daß sein Ausscheiden als solches die ganze Tat verhindern würde[152].

Weitaus schwieriger ist die Frage nach der Tatverhinderung, wenn der Ausscheidende durch seinen „Rücktritt" zwar die Tatbegehung in ihrer ursprünglich geplanten Form unmöglich macht, jedoch nicht verhindern kann, daß der/die verbleibende(n) Komplottant(en) die Tat mit einem anderen – neuen – Komplottanten ausführt (ausführen).

Richtigerweise wird man darauf abstellen müssen, ob diese ausgeführte Tat normativ betrachtet noch mit der verabredeten identisch ist[153]. Der BGH stellt in diesen Fällen auf einen Exzeß des verbleibenden Komplottanten ab, wenn er die Tat in wesentlich abgewandelter Form begeht; und ein Mittäterexzeß kann den anderen Mittätern ebensowenig angerechnet werden[154], wie einem zurückgetretenen präsumtiven Mittäter eine derart verändert in die Tat umgesetzte Verbrechensverabredung.

Anhaltspunkte für eine in diesem Sinne „wesentliche" Abwandlung sind Veränderungen im Hinblick auf Objekt, Mittel oder sonstigen räumlich-zeitlichen Mo-

150 Roxin, in: LK, § 31 Rdnr. 20.

151 Roxin, in: LK, § 31 Rdnr. 21.

152 Roxin, a.a.O.; zu den Voraussetzungen des § 31 Abs. 2 StGB siehe nächsten Abschnitt.

153 So zu Recht BGH, NStZ 1992, S. 537 f.; zustimmend Roxin, in: LK, § 31 Rdnr. 22.

154 Einhellige Ansicht, vgl. Tröndle/Fischer, § 25 Rdnr. 8 a; Roxin, in: LK, § 25 Rdnr.121.

dalitäten[155]. Auch hierbei wird man wieder auf den Inhalt der Verbrechensverabredung abstellen müssen, um die für die Feststellung der normativen Identität zwischen verabredeter und begangener Tat entscheidenden Kriterien erkennen zu können.

2. Die Voraussetzungen des § 31 Abs. 2 StGB – das freiwillige und ernsthafte Bemühen

Eine Ausnahme von dem Grundsatz, daß der ausscheidende Komplottant die Tatbegehung kausal verhindern muß, um strafbefreiend zurückgetreten zu sein, bietet § 31 Abs. 2 StGB: Der Komplottant muß sich ernsthaft und freiwillig um die Tatverhinderung bemüht haben. Das allein genügt allerdings nicht. Ferner muß die Tat, obwohl die Aufgabe des Tatplans durch den Ausscheidenden nicht kausal dafür gewesen ist, dennoch unterbleiben oder aber verwirklicht werden, ohne daß der frühere Beitrag des mittlerweile Ausgeschiedenen weiterwirkt („unabhängig von seinem früheren Verhalten").

Sowohl der Begriff der „Freiwilligkeit", als auch der der „Ernsthaftigkeit" ist kein spezielles Problem des § 31 Abs. 2 StGB, sondern betrifft den Beteiligtenrücktritt generell. Dementsprechend kann und muß hier auf die Diskussion zum § 24 Abs. 2, S. 2 StGB zurückgegriffen werden, die in weit umfangreicheren Maße geführt wird, als dies bezüglich § 31 Abs. 2 StGB der Fall ist.

Bei der Frage der „Ernsthaftigkeit" des Verhinderungsbemühens ist vor allem strittig, ob es dabei auf die objektive Geeignetheit der Bemühungen oder auf die subjektive Sicht des Zurücktretenden ankommen soll.

a) „Ernsthaftigkeit" – objektive Geeignetheit oder subjektiver Rücktrittshorizont?

In einigen speziell zum wörtlich gleichlautenden § 49 a Abs. 4 StGB a.F. ergangenen Urteilen wurde das Merkmal der Ernsthaftigkeit genauso definiert, wie zum § 24 Abs. 2, S. 2 StGB: Die schlichte Nichteinhaltung der Verabredung im Sinne eines bloßen Untätigseins soll in der Regel nicht ausreichen; stattdessen wird „tätiges Verhalten" vorausgesetzt[156]. Eine Ausnahme wird lediglich dann zugelassen, wenn der schlicht untätig bleibende Komplottant weiß, daß ohne ihn die Vollendung der Tat nicht möglich ist, seine Tataufgabe aber nicht kausal für die Nichtvollendung geworden ist[157].

---

155 Roxin, in: LK, § 31 Rdnr. 22.

156 So BGH, GA 1965, S. 283; vgl. zu § 24 II S. 2 StGB: Vogler, in: LK, § 24 Rdnr. 180; BGH, NJW 1973, S. 632 f. zu § 46 Nr. 2 StGB a.F.

157 BGH, GA 1974, S. 243 f.

Problematisch bei dem Merkmal der „Ernsthaftigkeit" in § 31 Abs. 2 StGB ist, ob dieser Begriff in erster Linie aus einer subjektiven oder aber aus einer objektiven Sinnkomponente besteht.

Das subjektive Element des Begriffes wird nicht angezweifelt[158]. Es beinhaltet, daß der Zurücktretende alles aus seiner Sicht Erforderliche getan haben muß, um die Tatgefahr abzuwenden. Gegebenenfalls muß er, falls er seine bisherigen Unternehmungen für ungenügend hält, zu anderen aus seiner Sicht geeigneten Mitteln greifen, bzw. seine bisherigen Rettungsmaßnahmen wiederholen oder intensivieren.

Umstritten ist hingegen der Gehalt des objektiven Elements im Begriff der „Ernsthaftigkeit". Man könnte hier an eine Prüfungspflicht des Rücktrittswilligen denken, der dementsprechend vor seinem Rücktritt zu der Prüfung verpflichtet wäre, wie er die Tat verhindern könne[159]. Eine derart weitgehende Prüfungspflicht ist aber nicht einzusehen, da § 31 Abs. 1 StGB es genügen läßt, wenn der Zurücktretende die Tatrealisierungsgefahr abwendet, sei es auch durch ein ohne vorherige Prüfung ausgewähltes Mittel. § 31 Abs. 2 StGB, bei dessen Ausgangssituation die Tatrealisierungsgefahr ohnehin gebannt ist, kann daher nicht zusätzlich fordern, daß der Zurücktretende gewissenhaft die Geeignetheit möglicher Abwehrmaßnahmen überprüft[160].

Dennoch läßt sich nicht leugnen, daß dem Begriff der „Ernsthaftigkeit" neben einer subjektiven Komponente auch ein objektiver Gehalt zukommt. Denkbar ist dabei lediglich die objektive Ernsthaftigkeit des Bemühens zur Tatabwendung in der Form, daß es hypothetisch abwehrtauglich ist, d.h. zur Abwehr geeignet wäre, wenn der Taterfolg nicht ohnehin unterbleiben würde[161]. Genauso, wie es widersprüchlich wäre, mit der „Prüfungspflicht" ein über § 31 Abs. 1 StGB hinausgehendes Erfordernis aufzustellen, wäre es falsch, die Voraussetzungen an das Rücktrittsverhalten in § 31 Abs. 2 StGB „zurückzuschrauben". Die Rücktrittshandlung des § 31 Abs. 2 StGB muß im Prinzip den gleichen Anforderungen genügen, wie sie auch § 31 Abs. 1 StGB aufstellt. Der Unterschied ergibt sich nur aus der Wirkung der Handlung. Während sie in § 31 Abs. 1, Nr. 3 StGB zur Erfolgsabwendung führen muß, kann sie im Falle des § 31 Abs. 2 StGB aufgrund anderer Rettungsfaktoren gar nicht zur Verhinderung führen. Dieser, vom Zurücktretenden nicht verursachte und unkontrollierbare Umstand kann sich aber weder zu seinen Lasten auswirken, wie es bei einer geforderten „Prüfungspflicht" der Fall wäre, noch darf er ihn privilegieren, was

---

158 Vgl. BGH, GA 1965, S. 283; BayObLG, JR 1971, S. 270; Bottke, Rücktritt, S. 60; Schönke/Schröder-Cramer, § 31 Rdnr. 11.

159 Vgl. dazu Lenckner, in: Gallas-FS, 1973, S. 297 ff.

160 So zu Recht Bottke, Rücktritt, S. 61.

161 Bottke, Rücktritt, S. 61.

erreicht wäre, würde man eine im Falle der noch bestehenden Möglichkeit der Tatrealisierung ungenügende Rücktrittshandlung ausreichen lassen.

b) Die Anforderungen an die Freiwilligkeit des Rücktritts

Zu den Anforderungen an die Freiwilligkeit des Rücktritts soll sich diese Arbeit kurz fassen, da hierzu bereits „Bibliotheken" zum Rücktritt vom Versuch (§ 24 StGB) geschrieben worden sind und sich hinsichtlich des Rücktritts von der Verbrechensverabredung insoweit keine Besonderheiten ergeben. Es würde daher den Rahmen dieser Arbeit sprengen und auch von den spezifischen strafrechtlichen Problemen der Verbrechensverabredung ablenken, zu diesem Thema weitreichende eigene Ausführungen anzubringen. Zur Vollständigkeit dieser Arbeit sei nur so viel gesagt: Ganz allgemein läßt sich festhalten, daß der freiwillig Zurücktretende durch autonome Motive zum Rücktritt bewegt wird, unabhängig davon, ob bei seinem Entschluß äußere Umstände mitwirken oder nicht[162]. Eine strikte Trennung zwischen äußeren Umständen und innerer Motivation ist in den meisten Fällen ohnehin nicht möglich, da die Grenzen fließend sind und oftmals der Handelnde selbst nicht die Ursache seines Handeln kennt. Menschliche Motive, die das Handeln bestimmen, werden ihrerseits grundsätzlich durch äußere Umstände provoziert.

Als halbwegs verläßlicher Maßstab zur Abgrenzung, ob äußere Umstände *entscheidend* die innere Motivation geprägt haben (womit Freiwilligkeit zu verneinen wäre) oder ob die innere Motivation autonom zustandegekommen ist, dient daher der Ausgangspunkt, daß Freiwilligkeit vorliegt, wenn dem Täter nach seinem eigenen Vorstellungsbild die Tat ohne wesentlich erhöhtes Risiko noch ausführbar und ihr Zweck noch erreichbar scheint (sog. „Verbrechervernunft")[163].

II. Sonderprobleme beim Rücktritt

1. Rücktritt bei zeitlichen Verschiebungen?

a) Das „zeitliche Fixgeschäft"

Küper hat in Anlehnung an das Urteil des BGH vom 7.10.1983[164] die Frage aufgeworfen, ob sich die Verschiebung der geplanten Tat auf einen anderen als

162 Ganz herrschende Meinung, vgl. Lackner/Kühl, § 24 Rdnr. 16 ff.; Schönke/Schröder-Eser, § 24 Rdnr. 43; Vogler, in: LK, § 24 Rdnr. 82 ff.

163 BGHSt 7, 296; NJW 1984, S. 2169; Lackner/Kühl, a.a.O.; strittig ist – abgesehen von dem Maßstab als solchen – vor allem die Frage des „wesentlich erhöhten Risikos". Der genannte Maßstab enthält selbst noch derartig viele „offene" Fragen, die insbesondere aus seinem generalklauselartigen Wesen entspringen, daß verständlich wird, wieso sich Wissenschaft und Lehre schon seit langer Zeit so streitbar und unterschiedlich mit diesem Thema befassen.

164 Abgedruckt in JR 1984, S. 291.

den verabredeten Zeitpunkt als Rücktritt auswirkt, wenn diese geplante Zeit ein derartig essentieller Bestandteil der Verabredung war, daß man quasi von einem „zeitlichen Fixgeschäft" sprechen könnte[165].

In dem Fall, den der BGH zu entscheiden hatte, ging es um einen von zwei Komplottaten geplanten Banküberfall, den diese an einem bestimmten Tag ausführen wollten, den Tatplan aber vor Eintritt in das Versuchsstadium aufgaben, da unerwartet Passanten anwesend waren. Stattdessen verschoben sie die Tat auf einen anderen Tag. In diesem konkreten Fall stellte sich der geplante Zeitpunkt nicht als derart essentiell für die Komplottanten dar, so daß die Verschiebung lediglich eine unwesentliche Änderung des Tatplans war. Küper seinerseits wirft die Frage auf, ob diese zeitliche Verschiebung aber dann als Rücktritt zu werten wäre, wenn die Komplottanten ein „zeitliches Fixgeschäft" verabredet hätten.

Diese Fixierung des Tatplanes auf einen bestimmten Zeitpunkt kann grundsätzlich nicht anders behandelt werden, als die Fixierung auf ein bestimmtes Tatmittel[166]. Würde man die Verschiebung eigenständig als Rücktritt untersuchen, so könnten sich praktisch durchaus relevante Unterschiede ergeben, als wenn man den gesamten Handlungskomplex, also auch unter Einbeziehung des späteren „Ausweichtermins" unter dem Aspekt eines möglichen Rücktritts untersuchen würde. Im Falle einer Trennung zwischen der Verschiebung und einer eventuellen späteren Aufgabe des Tatplanes zum „Ausweichtermin" wäre Straflosigkeit nur zu bejahen, wenn in beiden Fällen der Tatplanaufgabe die Voraussetzungen des § 31 Abs. 1, Nr. 3 bzw. Abs. 2 StGB erfüllt wären.

In der Rechtsprechung wurde eine lange Zeit die sogenannte „Tatplantheorie" zu der Frage des Rücktritts bei mehrteiligen Versuchshandlungen vertreten[167]. Hatte sich der Täter nach seinem Tatplan auf eine mögliche Tatbegehungsmethode festgelegt, so lag nach dieser Ansicht hinsichtlich der ersten Phase ein fehlgeschlagener bzw. ein beendeter Versuch vor, während eine spätere Distanzierung nach einer entsprechenden Änderung des Tatplanes ein Rücktritt vom unbeendeten Versuch sein sollte, der sich allerdings infolge der Selbständigkeit beider Handlungsabschnitte nicht auf das ursprüngliche Versuchsverhalten erstrecken konnte[168]. Aufgrund der Fixierung des Tatplanes lag in dem zweiten Handlungskomplex ein neuer Versuch, der durch die Einbeziehung neuer Modalitäten, zum Beispiel einem neuen Tatzeitpunkt, nicht durch dieselbe Rücktrittshandlung „rückgängig" zu machen war, wie der erste.

---

165 Küper, JR 1984, S. 265 ff.

166 Küper, JR 1984, S. 266.

167 BGHSt 10, 129.

168 BGHSt 10, 129; vgl. die Ausführungen dazu von Küper, JR 1984, S. 266.

Die Rechtsprechung ist mittlerweile von dieser Theorie abgewichen[169]. Gegen die Tatplantheorie wurde vor allem das kriminalpolitische Argument gebraucht, daß durch das Abstellen auf den Tatplan der umsichtiger planende und damit gefährlichere Täter gegenüber demjenigen, der sich nur eine Tatbegehungsmöglichkeit vorgestellt hat, privilegiert wäre: Er hätte von einem Versuch mehr Rücktrittsmöglichkeiten.

Es gibt aber meines Erachtens ein noch treffenderes, systematisches Argument gegen die Tatplantheorie beim Rücktritt vom Versuch: Ein Täter, der bis in das Versuchsstadium vorgedrungen ist, hat den Planungszusammenhang, die Vorbereitungsphase, bereits überschritten. Es kann daher nicht die Tatplanung über die zeitliche Dauer eines Versuchs entscheiden. Auch kann der Tatplan nicht bestimmen, wie viele Möglichkeiten der Täter nutzen darf, um sich noch innerhalb ein und des selben Versuchs zu bewegen. Da der Täter aus dem Bereich der Vorbereitung ausgetreten ist, kann über die Eigenständigkeit eines Versuchs nur die Vorstellung des Täters im Moment des Versuchs selbst entscheiden, wann der Versuch endet bzw. wie viele Verwirklichungsmöglichkeiten er hat.

Diesem Ansatz entspricht die heute herrschende Lehre vom Rücktrittshorizont[170].

Trotzdem stellt Küper die Frage, ob sich diese Tatplantheorie nicht auf die Verbrechensverabredung übertragen ließe und ob sich dadurch unterschiedliche Ergebnisse ergeben könnten[171]. Im konkreten Fall (unter Zugrundelegung eines „zeitlichen Fixgeschäfts") würde die Verschiebung dann als Erstrücktritt nicht strafbefreiend wirken, da die Komplottanten zwar die Tatausführung durch die Verschiebung verhindert haben, dies aber wegen der Passanten nicht freiwillig, sondern aufgrund heteronomer Motive taten[172]. Auch wenn die Voraussetzungen des Rücktritts bei einem späteren Distanzieren von dem neu gefaßten Plan vorlegen würden, würde sich dies nicht strafbefreiend auf die erste „Verabredung" bis zu der Zeitverschiebung auswirken. Mit anderen Worten: Bei einem verabredeten „zeitlichen Fixgeschäft" würde eine spätere Verschiebung der Tat eine neue Verbrechensverabredung bedeuten. Es gäbe demnach zwei Verabredungen, von denen man jeweils selbständig zurücktreten müßte.

Es bleibt die Frage, ob diese Tatplantheorie bei der Verbrechensverabredung vielleicht doch im Gegensatz zum Versuch Anwendung finden kann.

Das systematische Argument gegen die Tatplantheorie beim Rücktritt vom Versuch kommt bei dem Rücktritt von der Verbrechensverabredung nicht zum Tragen: Die Verabredung ist ja gerade der (gemeinsame) Tatplan, so daß ein Rück-

---

169 In der Rechtsprechung wird nunmehr auf den „Rücktrittshorizont" abgehoben, vgl. BGHSt 31, 170; 39, 227.

170 Vgl. dazu BGHSt 31, 170; 39, 227; Schönke/Schröder-Eser, § 24 Rdnr. 16 ff.

171 Küper, JR 1984, S. 266.

172 So auch Küper, a.a.O.

tritt vom Tatplan abhängig gemacht werden muß. Auch das Argument der Privilegierung umsichtig planender Täter kann daran nichts ändern. Bei der Verbrechensverabredung entspricht die Tatplantheorie gewissermaßen der Lehre vom Rücktrittshorizont beim Rücktritt vom Versuch, da die zeitliche Differenz zwischen Tatplan und Versuch bei der Verbrechensverabredung eben nicht entsteht. Es gibt keine Differenz zwischen Tatplan und Verabredung. Es kann also bei dem Rücktritt von der „mehraktigen" Verbrechensverabredung – die nicht an sich mehraktig ist, sondern bei der der Tatplan mehrere Tatverwirklichungsmöglichkeiten umfaßt – nur darauf ankommen, was die Täter bei der Verabredung geplant hatten, wie viele Planungselemente sie „ins Auge gefaßt" hatten.

Hatten sich die Komplottanten daher auf einen bestimmten Zeitpunkt zur Tatbegehung festgelegt und stellte sich dieser Zeitpunkt für sie als essentieller Bestandteil der Verabredung bzw. der Tat dar, so muß eine zeitliche Verschiebung unter Rücktrittsaspekten betrachtet werden: War die Verschiebung bedingt durch heteronome Motive, also unfreiwilig, so sind die Komplottanten nicht strafbefreiend zurückgetreten.

Selbstverständlich sind die hier gewonnen Ergebnisse nicht auf das „zeitliche Fixgeschäft" beschränkt; auch bei der Änderung des Tatplanes bezüglich anderer essentieller Modalitäten kommen sie zum Tragen.

b) *Tatzeit als nicht-essentieller Verabredungsbestandteil*

Im Regelfall werden sich zeitliche Verschiebungen allerdings als unwesentliche Modifikationen der Verbrechensverabredung für die Komplottanten darstellen. Unwesentliche Modifikationen verändern aber keinesfalls den Charakter der Verabredung, so daß nur eine Verbrechensverabredung im Raum steht. Die Verschiebung selbst wäre also nicht unter dem Rücktrittsaspekt zu untersuchen.

Problematisch ist allerdings der maßgebliche Rücktrittszeitpunkt, wenn durch die Verschiebung ein Zeitraum entsteht, in dem die Komplottanten den Tatplan gänzlich aufgeben. Hier stellt sich die Frage, ob erst das Aufgeben des Tatplanes oder aber die Verschiebung maßgeblich ist. Auch Küper wirft diese Frage anhand des bereits erwähnten Bundesgerichtshof-Urteils auf[173]. Denn wenn die Verschiebung kausal ist für das Entstehen eines Zweitraums, in dessen Verlauf die Komplottanten insgesamt Abstand vom Tatplan nehmen, dann ist das Verschieben insoweit auch für diesen Rücktritt (mit-)kausal gewesen[174]. So gesehen könnte man die Verhinderung der Tat schon in der zeitlichen Verschiebung sehen.

173 Küper, JR 1984, S. 267.
174 Küper, JR 1984, S. 267.

Küper zeigt eine Parallele zu der Diskussion bei der Versuchsstrafbarkeit auf, in der es darum geht, ob der Täter von dem gesamten Tatplan Abstand nehmen muß, damit ein strafbefreiender Rücktritt vorliegt oder nicht[175].

Zu diesem Problem gibt es zwei verschiedene Ansichten; zum einen jene, die verlangt, daß der Täter von dem gesamten Tatplan Abstand nehmen muß[176], zum anderen jene, die einen auf die individuelle (konkrete) Tat bezogenen Rücktrittswillen ausreichen läßt[177].

Man könnte nun weiter daran denken, beide Ansichten auf den Rücktritt von der Verbrechensverabredung zu übertragen[178].

Das geht jedoch meines Erachtens nicht. Man wird wieder auf den strukturellen Unterschied zwischen Verabredung und Versuch hinweisen müssen. Während sich die Verbrechensverabredung in dem Tatplan erschöpft, ist der Versuch zweigliedrig: Neben einem Tatplan muß der Täter auch unmittelbar zur Tatvollendung ansetzen. Verschiebt man die Tat, nachdem man bereits ihre Verwirklichung versucht hat, so erfordert dies ein erneutes unmittelbares Ansetzen zur Tatvollendung und damit einen neuen Versuch, § 22 StGB.

Anders hingegen bei der Verbrechensverabredung: Hier soll der Tatplan selbst in Form der Verbrechensverabredung das strafbare Unrecht sein, ohne daß es eines unmittelbaren Ansetzens bedürfte. Bei der Verabredung muß demnach der Tatplan als solches aufgegeben werden, damit ein Rücktritt vorliegt. Das ist bei einer unwesentlichen Änderung des Tatplanes, wie zum Beispiel einer Verschiebung des nach dem Tatplan nicht-essentiellen Tatzeitpunktes nicht der Fall.

Dabei korrespondieren die Maßstäbe der Konkretisierung der geplanten Tat als Voraussetzung der Verbrechensverabredung mit den Maßstäben der Wesentlichkeit einer Änderung als Voraussetzung des Rücktritts.

Küper kommt freilich zum gleichen Ergebnis: Auch bei ihm stellt die Änderung einer unwesentlichen Modalität keinen Rücktritt von der Verbrechensverabredung dar[179]. Richtigerweise weist er darauf hin, daß in einem solchen Fall der Verwirklichungswille nicht auf eine „neue" Tat zielt, da dies nur bei wesentlichen Änderungen in Betracht kommt. Allerdings stellt er dieses Ergebnis auf die Grundlage der zum Versuchsrücktritt vertretenen Ansicht, daß ein auf die konkrete Tat bezogener Rücktrittswille für den strafbefreienden Rücktritt ausreicht[180]. Dies geht aber, wie bereits aufgezeigt worden ist, nicht. Denn beim

---

175 Küper, a.a.O.

176 RGSt. 72, 351; BGHSt 7, 297; 39, 247.

177 Küper, JZ 1979, S. 738 ff.; Lenckner, in: Gallas-FS, 1973, S. 303; Rudolphi, in: SK, § 24 Rdnr. 18; Vogler, in: LK, § 24 Rdnr. 78 f.; vermittelnd Schönke/Schröder-Eser, § 24 Rdnr. 39.

178 Was Küper wohl vorschwebt, JR 1984, S. 267.

179 Küper, JR 1984, S. 267.

180 Küper, a.a.O.

Versuch ist ein freiwilliges zeitliches Verschieben im Ergebnis immer ein Rücktritt, da der Verwirklichungswille auf ein erneutes unmittelbares Ansetzen gerichtet ist und damit auf einen neuen Versuch.

2. Probleme bezüglich des Verhinderungszeitpunktes

Probleme hinsichtlich der Bestimmung des Verhinderungszeitpunktes ergeben sich dann, wenn alle Komplottanten unabhängig voneinander durch bloßes Unterlassen „zurücktreten". Hier ergeben sich zwei Möglichkeiten: Man könnte den Rücktrittserfolg erst in dem Moment bejahen, in dem alle Komplottanten zurückgetreten sind; daß in diesem Fall eine Verhinderung der Tatverwirklichung vorliegt, dürfte nicht bezweifelt werden[181]. Endgültig verhindert hätte dann aber nur der zuletzt Zurückgetretene die Tat. Das Unterlassen der Tatausführung durch die anderen wäre zwar jeweils (mit-)kausal dafür gewesen, die Verhinderung in diesem Sinne wäre aber erst mit dem Unterlassen des bis zuletzt Verbliebenen eingetreten. Sollte deshalb nur sein Rücktritt strafbefreiend wirken und das auch nur für seine Person?

Etwas anderes würde jedenfalls gelten, wenn die Tataufgabe des ersten Komplottanten dem zweiten bekannt war und ihn bei seiner Entscheidung, den Tatplan aufzugeben, beeinflußt hat[182]. Wußte der zweite Komplottant hingegen nichts von der Aufgabe des ersten[183], dann erscheint es sehr problematisch, den Rücktrittserfolg bereits in der Tataufgabe des ersten Zurücktretenden zu sehen und damit auch Straflosigkeit für diesen anzunehmen.

Allgemein läßt sich sagen, daß eine Strafbefreiung für jeden Einzelnen nur in Betracht kommt, wenn sein Unterlassen selbst (also die Aufgabe seines eigenen Tatentschlusses) einen Einfluß auf die Ausführbarkeit des geplanten Delikts hat, den man als Verhinderung qualifizieren müßte[184]. Daß ein „Verhindern" durch Unterlassen möglich ist, wurde bereits festgestellt.

Im folgenden soll der Einfachheit halber von einer Zwei-Personen-Verabredung ausgegangen werden. Bei der Beurteilung der Passivität des zuerst „Zurücktretenden" sind drei Fälle zu unterscheiden:

a) Die Tat wird durch die bloße Passivität objektiv unmöglich

In diesem Fall liegt ein strafbefreiender Rücktritt vor. Der Bundesgerichtshof stellt darauf ab, ob die Durchführung des Planes durch den verbleibenden Kom-

---

181 So auch Küper, JR 1984, S. 269.

182 Bei einer entsprechenden „Hinhaltetaktik" käme es darauf an, ob der Hinhaltende einen Verhinderungswillen hatte; so auch Küper, JR 1984, S. 270.

183 So in dem von Küper, JR 1984, S. 265 ff. diskutierten und vom BGH am 07.10.1983 entschiedenen Fall, vgl. JR 1984, S. 291.

184 Küper, JR 1984, S. 270.

plottanten mit der ursprünglich geplanten Tat noch identisch ist – ist dies nicht der Fall, so liegt ein Rücktritt vor. Ist die Tatbegehung in der geplanten Art durch die Passivität des zuerst Zurücktretenden unmöglich geworden, dann müßte eine völlig neue Tatplanung vorgenommen werden. Das gleiche muß gelten, wenn die Tatausführung nur unter erheblichen objektiven Änderungen möglich ist.

b) Die Tat wird durch die Passivität subjektiv unmöglich

Fälle subjektiver Unmöglichkeit sind solche, bei denen die Begehung der Tat durch das Ausscheiden des zuerst Zurücktretenden zwar nicht objektiv unmöglich wird, es jedoch den Komplottanten bewußt war, daß sie sich die Tatbegehung nur gemeinsam zutrauen.

Küper zufolge soll eine theoretisch im Rücktrittszeitpunkt nicht gänzlich ausschließbare „Willensänderung" der verbleibenden Komplottanten unberücksichtigt bleiben, da sie hypothetisch ist: Würde man verlangen, daß die durch § 31 Abs. 1, Nr. 3 StGB geforderte „Verhinderung" auch die Verhinderung solcher Willensänderungen impliziere, ginge man weit über die gesetzlichen Erfordernisse hinaus. § 31 Abs. 1, Nr. 3 StGB verlange nur die Verhinderung der Tat, was bereits eingetreten sei, wenn die verbleibenden Komplottanten die Tat nicht mehr verwirklichen. Eine ex ante nie ausschließbare Willensänderung sei in diesen Fällen rein hypothetisch; der Zurücktretende habe die Tat objektiv verhindert, dies auch gewollt und sein Verhalten als ausreichend angesehen[185].

Problematisch wird es allerdings, wenn es nach der Passivität des zuerst Zurückgetretenden tatsächlich zu einer Willensänderung kommt mit der Folge, daß die verbleibenden Komplottanten weiterhin gewillt sind, die geplante Tat zu begehen.

Hier wird in der Literatur in der Regel diskutiert, ob die Voraussetzungen des § 31 Abs. 2 StGB erfüllt sein könnten, da der „Zurücktretende" die Tatbegehung objektiv nicht verhindert habe[186].

Meines Erachtens stellt sich aber bereits vorher die Frage, ob in der Willensänderung nicht eine neue Verabredung liegt, bzw. bei nur noch einem verbleibenden Komplottanten ein neuer Einzelentschluß, so daß der Unterlassende die Verwirklichung der alten Verabredung doch verhindert hätte. Denn anders als bei den bereits diskutierten unwesentlichen Änderungen innerhalb der Tatplanung tritt hier ein neuer Konsens an die Stelle des alten. Wenn sich die Komplottanten dazu entschlossen hatten, die Tat nur gemeinsam zu begehen, dann ist dies durch die Passivität des einen eben letztlich doch objektiv unmöglich geworden[187]. Die geplante Tat kann zwar noch begangen werden, jedoch nicht mehr auf der Grundlage der

---

185 Küper, JR 1984, S. 270.

186 So jedenfalls Küper, a.a.O.

187 Zumindest für die Gleichbehandlung von objektiver und subjektiver Unmöglichkeit ist auch Küper, JR 1984, S. 270.

bisherigen Verbrechensverabredung. Wenn die Komplottanten vereinbart haben, die Tat *nur* gemeinsam zu begehen, dann schließt dieser gemeinsame Entschluß die Möglichkeit einer einzeltäterschaftlichen Begehung (bzw. bei mehreren noch verbleibenden Komplottanten eine Mittäterschaft in anderer Formation) gerade aus. Daß die geplante Tat nach dem Ausscheiden des ersten Komplottanten und dem erneuten Entschluß der/des verbleibenden die gleiche ist, muß dabei unberücksichtigt bleiben; die Verabredung ist deshalb eine neue, weil ein neuer Entschluß gefaßt werden muß, der durch den alten gerade ausgeschlossen war.

Wollten also die Komplottanten die Tat nur gemeinsam begehen, so erfordert das Ausscheiden eines von ihnen einen neuen Willenskonsens und damit eine neue Verbrechensverabredung. Bleibt nur ein Komplottant zurück, ist die Begründung eines Entschlusses zur Alleintäterschaft erforderlich.

Problematisch an dieser Lösung ist zugegebenermaßen, daß § 31 Abs. 1, Nr. 3 StGB die Verhinderung „der Tat" verlangt, die Tat allerdings begangen wird. Meines Erachtens kann § 31 Abs. 1, Nr. 3 StGB aber nur so aufgefaßt werden, daß die *Verwirklichung der Verabredung* verhindert werden muß, denn schließlich beinhaltet die Norm den Rücktritt von der Verbrechensverabredung. Das ist in aller Regel deckungsgleich mit der Tat, allerdings in diesem Sonderfall nicht. Da die Verabredung im Gegensatz zur Tatbegehung im Vorbereitungsstadium stattfindet, entsteht die Möglichkeit, daß sich sowohl die Verabredung als auch die geplante Tat ändern kann. Man kann nun – wie ich es für lebensnäher halte – in dem Entschluß, die Tat nun allein bzw. ohne den ausgeschiedenen Komplottanten zu begehen, einen neuen Einzelentschluß bzw. eine neue Verabredung sehen, der/die sich als „Verhinderung der Tat" im Sinne der Verhinderung der ursprünglichen Verbrechensverabredung darstellt.

Man könnte in der Änderung der Modalitäten (Begehung ohne den ausgeschiedenen Komplottanten) auch eine wesentliche Änderung der Modalitäten der geplanten Tat sehen, welche vergleichbar wäre mit dem „zeitlichen Fixgeschäft", da es den Komplottanten ursprünglich gerade auf die gemeinsame Tatausführung ankam. Beides ist wohl vertretbar. Jedenfalls aber muß sich das Ausscheiden des Komplottanten auch in diesen Fällen strafbefreiend auswirken.

c) Die Passivität hat keinen Einfluß

Hatte die Passivität des zuerst Zurückgetretenden keinen Einfluß auf den Willen der übrigen Komplottanten bezüglich der Tatbegehung, so liegt auch keine Verhinderung gemäß § 31 Abs. 1, Nr. 3 StGB vor. War dies für den Passiven auch vorhersehbar, scheidet auch eine Strafbarkeit gemäß § 31 Abs. 2 StGB aus.

L. Resümee und Überleitung

Die Hauptprobleme der Verbrechensverabredung in der praktischen Rechtsanwendung liegen vor allem darin, daß Mängel in der Willenseinigung oder auch in der Planung des konkreten Verbrechens zu immensen praktischen Problemen insbesondere im Hinblick auf die Feststellung der Ernsthaftigkeit des gemeinsamen Tatentschlusses führen. Es fehlt schlicht an der sich aus der Umsetzung eines Willens bei einem Versuch oder der Vollendung einer Tat ergebenden Eindeutigkeit eines Willens. Unabhängig von Frage, inwieweit die bloße gemeinsame Tatplanung bereits strafbares Unrecht sei kann, ist schon die für § 30 Abs. 2, 3. Alt. StGB bereits tatbestandlich notwendige Ernsthaftigkeit des gemeinsamen Tatplans kaum feststellbar, da sich der Wille der Komplottanten nicht praktisch „bewähren" mußte, ihm keine Bestandsprüfung auferlegt worden ist. Erst in der praktischen Umsetzung zeigt sich die Ernsthaftigkeit eines Willens wirklich. Dies ist auch der eigentlich bestehende Unterschied zwischen einem Tatplan und einem Tatentschluß; letzterer weist eine Festigkeit aus, die sich gerade in der Willensumsetzung beweist.

Somit hat schon dieses 2. Kapitel an entsprechender Stelle[188] die Frage nach der Existenzberechtigung der Norm aufgegriffen. Im folgenden Kapitel soll diese Frage im Mittelpunkt stehen.

188 Insbesondere auch S. 68 f., 74 f.

3. Kapitel
Die Unrechtsbegründung bei der Verbrechensverabredung

A. Einleitung – Das Ausgangsproblem

Die Unrechtsbegründung der Verbrechensverabredung bildet den Kernpunkt dieser Untersuchung. In dieser Hinsicht fehlt es bislang an überzeugenden Konzepten. Im Folgenden sollen die angebotenen – wenigen – Ansätze einer Unrechtsbegründung erläutert und in den Gesamtzusammenhang allgemeiner Unrechtsbegründungsansätze gestellt werden.

Bei der Strafbarkeit der Verbrechensverabredung steht das Problem im Vordergrund, ob ein interpersonales Einwirkungshandeln als solches Strafunrecht sein kann, ohne daß ein Tatentschluß final auf die Verletzung eines Rechtsguts gerichtet betätigt worden ist. Dabei ist davon auszugehen, daß Strafunrecht erst beginnen kann, wo die äußere Freiheit anderer erheblich beeinträchtigt ist[1]. Damit kann die bloße cogitatio – im Fall der Verabredung grundsätzlich eine rein geistige – allein nicht ausreichen[2].

Den Anfang der weiteren Untersuchung sollen dabei wissenschaftliche Lehransätze bilden, die aus den klassischen Unrechtsbegründungen herausfallen und letztlich – ausdrücklich oder der Sache nach – dem Strafrecht eine andere Funktion als der gerechten Ahndung individuell begangenen Unrechts zuordnen wollen. Dabei geht es zum einen um die Verabsolutierung des Präventionsgedanken, zum anderen um die Einordnung des Strafrechts in ein gesamtgesellschaftliches System, dessen „Störung" als solche strafrechtliche Ahndung bereits auslösen soll. Im Resümee des 2. Kapitels wurde bereits ausgeführt, daß ein Tatplan sich im Gegensatz zum Tatentschluß nicht in einer umsetzenden Tätigkeit (Versuch oder Vollendung) beweisen muß[3]. Im Mittelpunkt der den Präventionsgedanken verabsolutierenden Ansätze steht eigentlich gerade die Frage, warum sich ein Wille überhaupt zu einem solchen Entschluß verfestigen muß, um strafbares Unrecht darzustellen.

Anschließend wendet sich diese Arbeit den klassischen Unrechtsbegründungen zu. Hierbei werden zunächst generell die Voraussetzungen von Kriminalunrecht herausgearbeitet. Die Verbrechensverabredung wird sodann mit dem Versuchs-

---

1 Köhler, AT, S. 545
2 Köhler, a.a.O.
3 S. 68 f.

unrecht verglichen, bevor es gilt, die üblicherweise als Strafgrund von Vorbereitungshandlungen allgemein und der Verbrechensverabredung speziell angeführte Gefährdung von Rechtsgütern auf ihre Tauglichkeit hin zu überprüfen. Darin liegt der Schwerpunkt dieses Kapitels.

B. Prävention und Kriminalpolitik – Bestimmung des Unrechts nach den Strafzwecken

I. Funktion des Strafrechts

Zur Strafbegründung der Verbrechensverabredung wird oftmals bloß angegeben, daß es ein kriminalpolitisches Bedürfnis gebe, den gemeinschaftlichen und konkretisierten Vorsatz zur Begehung eines Verbrechens nicht nur bezüglich seiner Umsetzung zu verhindern, sondern auch zu bestrafen. So schreibt Letzgus, daß sich in der Bestrafung der Verbrechensverabredung der Vorrang des Präventionsgedankens des Strafrechts gegenüber dem Schuldgrundsatz verwirkliche[4].

1. Die zweckgerichteten Strafmotive

In der klassischen Formulierung der Funktion des Strafrechts hat dieses einen repressiven und einen präventiven Charakter. Das Strafrecht dient dem Schutz der Gesellschaft zum einen durch die Ahndung bereits stattgefundener Rechtsgutsverletzungen, zum anderen durch die Verhütung noch zu befürchtender Rechtsgutsverletzungen[5].

Diese beiden Elemente sind allerdings nicht voneinander unabhängig, also auch nicht verselbständigbar: Die präventive Wirkung muß sich aus der Repression ergeben. Das Strafrecht dient mit der Repression der Bestrafung unter anderem dem Zweck, Rechtsverletzungen in der Zukunft vorzubeugen[6]. Man könnte sagen: Das Strafrecht ist repressiv und wirkt zugleich präventiv.

Bei der Präventionswirkung unterscheidet man üblicherweise zwei verschiedene Formen:

Strafrecht soll zunächst spezialpräventive Wirkung haben derart, daß zum einen für die Gesellschaft durch den Entzug der Freiheit eines Täters ein Schutz vor diesem selbst erreicht wird[7]. Zum anderen ist zu hoffen, daß der Täter durch die

---

4 Letzgus, S. 205.

5 Jescheck/Weigend, § 1 II, S. 4

6 Jescheck/Weigend, a.a.O. und § 8 II 4, S. 69; Kaufmann, Strafrechtsdogmatik, S. 264 f.; Lenckner, Strafe, S. 9 ff.; Roxin, Grundlagenprobleme, S. 12 ff.; Rudolphi, Zweck staatlichen Strafrechts, S. 70 ff., insbes. S. 71; Schmidhäuser, Vom Sinn der Strafe, S. 74 ff.

7 Vgl. § 2 S. 2 StVollzG: „Der Vollzug der Freiheitsstrafe dient auch dem Schutz der Allgemeinheit vor weiteren Straftaten".

Bestrafung des sozialschädlichen Charakters seiner Tat einsichtig wird oder auch nur aus Angst vor weiteren Repressalien den Weg zur Rechtsordnung zurück sucht[8].

Der Schwerpunkt der Präventionswirkung liegt nach heute herrschender Ansicht auf der Generalprävention[9]. In ihrer modernen Fassung, die man als positive Generalprävention bezeichnet, soll Strafe dazu dienen, die „Rechtstreue der Bevölkerung zu stabilisieren“[10]. Das Strafurteil impliziert auch ein sozialethisches Werturteil, das den Geltungsanspruch rechtlicher Normen im Bewußtsein der Allgemeinheit stärkt[11].

Das Gegenstück dazu bildet die negative Generalprävention oder auch „Abschreckungsprävention“ im Sinne Feuerbachs, also die Abschreckung lediglich potentieller Täter[12].

Ein weiteres Strafmotiv ist der Schuldausgleich, der die repressive Funktion des Strafrechts auszeichnet[13].

Für diese Arbeit stellt sich nun die Frage, ob man den Strafgrund der Verbrechensverabredung nicht schlicht in dem Bedürfnis sehen kann und muß, eine geplante Straftat zu verhindern. Denn daß ein Bedürfnis besteht, bei Kenntnis der Planung eines Verbrechens dessen Verwirklichung zu verhindern, kann kaum bestritten werden. Ein solcher Ansatz würde eine Verabsolutierung des präventiven Aspekts des Strafrechts bedeuten.

2. Begründung des Unrechts allein durch den Präventionsgedanken

Die Strafe allein als Mittel zur Befriedigung spezialpräventiver Bedürfnisse zu sehen, stößt auf kaum überwindbare Probleme: Wenn Voraussetzung für Strafe allein die spezialpräventive Notwendigkeit wäre, das heißt die Verhütung eines Rückfalls des konkreten Täters, so wäre Strafe nicht mehr schuldbezogen, weil es auf die Schuld des Täters nicht ankommen könnte[14]. Selbst schwere Delikte müßten straflos bleiben, wenn die Gefahr, daß der Täter weitere Taten begeht, bereits faktisch ausgeschlossen ist, zum Beispiel aufgrund einer bei der Tat bestehenden besonderen Motivationslage, die durch die Tat verschwunden ist. Andererseits müßten schuldunfähige Täter dennoch bestraft werden, wenn wei-

---

8 Jescheck/Weigend, § 8 II 3 b, S. 69; Stratenwerth, Rdnr. 18 ff.

9 Vgl. Baumann/Weber/Mitsch, AT, § 3 III 1 Rdnr. 30, S. 17; Jescheck/Weigend, § 8 II 3 a, S. 68, Fn. 27; Schmidhäuser, AT, 3/16, S. 52 f.; Stratenwerth, Rdnr. 23 ff.

10 So Roxin, ZStW 93, S. 74.

11 Jescheck/Weigend, § 8 II 3 a, S. 68 f.; Stratenwerth, Rdnr. 25; BVerfGE 45, S. 254 ff.; BGHSt 24, 44.

12 Feuerbach, Revision I 43.

13 Vgl. Jescheck/Weigend, § 1 II 1; Stratenwerth, Rdnr. 7 ff.

14 Stratenwerth, Rdnr. 20.

ter Gefahr von ihnen ausgeht[15]. Ständige Wiederholungstäter müßten gar – auch wenn es sich um Kleinkriminalität handelt – bei Zugrundelegung eines rein spezialpräventiv motivierten Strafrechts lebenslänglich eingesperrt werden[16].

Dem reinen Präventionscharakter liegt ein instrumentaler Ansatz zugrunde, der den Täter als Individuum ausschließt. Die instrumentale Spezialprävention begründet Strafe im Hinblick auf künftiges Täterverhalten und knüpft damit nicht an den Tatentschluß der aktuell begangenen Tat an. Der Täter wird dabei als ein für sein weiteres Handeln nicht-verantwortliches Wesen degradiert: Wer einmal stiehlt, stiehlt immer. Diese archaisch anmutende Naturgesetzlichkeit kann kein Ansatz sein, schließt es doch die verantwortliche Subjektivität des Einzelnen aus[17]. Der Mensch bzw. sein künftiges Verhalten wird als „gegenständlicher Prozeß" behandelt[18].

Auch die Verabsolutierung der Generalprävention unterliegt dieser Kritik. Sicher muß in der Strafe die gesellschaftliche Bedeutung der Tat berücksichtigt werden, doch setzt die Stärkung und Wiederbelebung der durch die Straftat gestörten Normgeltung im Sinne der positiven Generalprävention die im Einzelfall gerechte Strafe voraus[19]. Demgegenüber führt eine isoliert generalpräventive Sicht des Strafens dazu, alle Mitglieder der Rechtsgemeinschaft eben als nur potentiell gefährlich zu reduzieren. Der Täter als Subjekt spielt bei einem solchen Ansatz dann keine Rolle mehr, die subjektive Zurechnung wäre keine Voraussetzung für Strafe[20].

Nach den obigen Ausführungen ist klar, daß eine strafrechtliche Maßnahme nicht einfach nur präventiv motiviert sein kann, sondern daß sie auch repressiv sein muß, also auf Begangenes reagiert. Kann die Ahndung von Begangenem allein präventiv motiviert sei? Dies kann schon aus einem Gesichtspunkt nicht richtig sein: Dieser Aussage lassen sich keine Kriterien entnehmen, worauf sich die Prävention beziehen soll, das heißt, was verhütet werden soll bzw. warum auf das eine Verhalten mit Strafe reagiert wird, auf das andere nicht.

3. Die Vereinigungstheorie

Es ist festzuhalten, daß sich die Funktion öffentlicher Strafe auf der Basis keiner der traditionellen Theorien allein begründen läßt[21]. In Rechtsprechung und

---

15 Stratenwerth, a.a.O.

16 So radikal sah dies durchaus v. Liszt, Zweckgedanke, S. 169; nach heutiger Rechtsprechung des BVerfG ist die lebenslange Freiheitsstrafe ohne jede Aussicht auf Wiedererlangung der Freiheit verfassungswidrig, vgl. BVerfGE 45, 187 ff.

17 In diesem Sinne Köhler, AT, S. 45, 46.

18 Köhler, a.a.O.

19 Köhler, AT, S. 47.

20 Köhler, AT, S. 46.

21 Stratenwerth, Rdnr. 28.

Lehre dominiert daher die Vereinigungstheorie, die davon ausgeht, daß letztlich jeder der genannten Strafzweckaspekte seine Berechtigung hat, aber auch ergänzungsbedürftig ist[22].

Strafrecht ist zunächst Reaktion auf begangenes Unrecht. Ein Täter muß eine unrechtsbegründende Handlung vornehmen, welche mit Strafe bedroht ist. Die Präventionswirkung soll daraufhin aus der Bestrafung resultieren. Das Bedürfnis nach Verhinderung kann eben nur die Verhinderung einer Tat begründen, nicht aber auch die Bestrafung eines individuellen Täters. Zu letzterem muß der Täter selbst Anlaß geben. Das tut er, indem er – zunächst im allerweitesten Sinne formuliert – Unrecht begeht.

Die Begehung von Unrecht ist also essentielle Voraussetzung für Strafe, eine strafrechtliche Maßnahme kann nicht lediglich damit begründet werden, daß man die konkrete Tat des Täters, die man durch sie bestraft, verhindern wollte.

4. Kritik an der Vereinigungstheorie

Worin aber liegt das Unrecht des Täters und welche Funktion übernimmt das Strafrecht mit der Verhängung von Strafen? Die bereits genannte Vereinigungstheorie nennt gleich eine ganze Reihe verschiedener Strafmotive, ohne sie jedoch zu bündeln. Dies wiederum ist unumgänglich, da sich die verschiedenen „vereinigten“ Strafzwecke überhaupt nicht auf einen Nenner zurückführen lassen. General-, Spezialprävention und Schuldausgleich können zwar für sich allein Strafe begründen; durch die Vereinigung dieser unterschiedlichen Strafprinzipien als Begründung von Strafe – aufgrund der teilweise materiell nicht zu billigenden Ergebnisse verständlich – erlangt man aber statt eines homogenen Systems eine Antinomie[23]. Alle genannten Motive für Strafe haben ihre Berechtigung; doch ihre Addition ergibt keine Versöhnung der Elemente, hebt ihre Widersprüche nicht auf.

Vielmehr ist die Person des Täters in die Begründung von Strafe mit einzubeziehen. Dabei ist der Zweck, Verbrechen zu verhüten, als solcher nicht zu kritisieren; auch ist Strafe unter Präventionsgesichtspunkten zweckmäßig.

Wichtigste Funktion des Strafrechts ist aber die Aufhebung des Normwiderspruchs, wobei Maßstab eine Rechtsvernunft sein muß, an der der Täter teilhat. Dafür ist es unerläßlich, auf das Schuldprinzip, die individuelle Zurechnung der Tat als Voraussetzung für Strafe zu bestehen. Der Täter muß unrechtsbewußt handeln. Im Rahmen eines gesellschaftlichen Rechtsverhältnisses ist der Täter Mitkonstituent, widerspricht jedoch der allgemeinen Geltung, indem er als

---

22 Jescheck/Weigend, § 8 II 4, S. 69; Kaufmann, Schuldprinzip, S. 276; Roxin, JuS 1966, S. 377 ff.; Schmidhäuser, AT, 3/13 ff., S. 51 ff.; Stratenwerth, Rdnr. 28 ff.; BVerfGE 45, S . 253 f.; BGHSt 24, 42.

23 Köhler, AT, S. 44.

Rechtsperson das Rechtsgut eines anderen negiert. Dieser Geltungswiderspruch muß aufgehoben werden durch die Strafe, was nur geschehen kann, wenn sich die Strafe auch aus der Vernunft des Täters heraus ergibt: „Der Täter wird unter sein Recht subsumiert"[24].

Die allein auf den Präventionsgedanken abstellenden, im übrigen sehr modernen Theorien, die ihre Faszination aus ihrer vordergründigen

Zweckrationalität beziehen, übersehen die Rolle des Täters als Mitkonstituent[25]. Der präventive Sinn einer Strafe kann gegenüber ihrem repressiven Charakter also nicht „überwiegen"[26]. Durch Prävention kann ein Geltungswiderspruch nicht aufgehoben werden. Die eigenständige und isolierte Präventionssicht kann nur das Polizeirecht legitimieren. Denn im Unterschied zum Polizeirecht reagiert das Strafrecht auf eine geschehene Tat, die gerade nicht mehr verhindert werden kann. Würde Prävention allein Strafe legitimieren, so setzte dies voraus, daß der Mensch nur als Gefahrenherd betracht werden würde und eben nicht als freies Individuum mit einem freien, nicht verläßlich antizipierbaren Willen. Dies widerspricht aber dem menschlichen Wesen einerseits und rechtlich gesehen der auf selbstbestimmter Freiheit aller beruhenden Verfassungsordnung (Art. 1, 2, 20 GG) andererseits.

Denn solange es nicht um die Ahndung eines begangenen, sondern nur um die Verhinderung eines zukünftigen Unrechts geht, sprich: um Gefahrenabwehr zum bloßen Zwecke der Prävention, ist das Polizeirecht das geeignete rechtliche Instrument. So setzen zwar die meisten polizeirechtlichen Maßnahmen ein Verschulden des „Störers" voraus, aber eben nicht jede[27]. Ohnehin ist weder die Störung im polizeirechtlichen Sinne als solche hinsichtlich des sozialschädlichen Charakters mit Straftatbeständen vergleichbar, noch ist dies der polizeirechtliche Begriff von Schuld mit dem aus dem Strafrecht.

Strafrecht muß also aus einer allgemeinen Rechtsvernunft als notwendig begriffen werden. Die Unrechtsreaktion behebt die Verletzung des Rechtsverhältnisses für die Zukunft[28]. Dabei sind präventive Funktionen des Strafrechts bereits enthalten und nicht verselbständigbar. Strafe bzw. ihre Androhung wirkt natürlich auch präventiv, die gerechte Unrechtsreaktion wirkt – wenn auch empirisch nicht meßbar – motivierend, beeinflußt also menschliches Handeln, um es in den Bahnen des allgemein anerkannten Rechtssystems zu halten. Doch auch die

---

24 Zur Kritik des instrumentalen Ansatzes der Vereinigungstheorie vgl. schon Kant, MdS, Rechtslehre, Bd. IV, S. 453 (der Täter wird „unter die Gegenstände des Sachenrechts gemengt") und Hegel, Rph, §§ 99 ff.

25 Köhler, a.a.O.

26 Wie das offensichtlich Letzgus, S. 205, vorschwebt.

27 Selbst die Frage der Verantwortlichkeit ist im Polizeirecht eher im Hinblick auf die Effizienz der Gefahrenabwehr wesentlich.

28 Köhler, AT, S. 44.

Präventionswirkung von Strafrecht muß auf einem legitimen Strafgrund beruhen. Prävention ist wünschenswerter Begleiter der Strafe, aber nicht ihr Grund. Als isolierter Strafgrund würde ein auf politische Zweckmäßigkeit ausgerichteter Präventionsgedanke das Strafen selbst zum Unrecht machen[29].

Damit ist letztlich bereits ausgeschlossen, daß allein generalpräventive (oder spezialpräventive) Aspekte die Strafbarkeit der Verbrechensverabredung rechtfertigen könnten. Trotzdem sollen im Folgenden auch entsprechend anders formulierte Ansätze noch detailliert diskutiert werden.

II. Bestimmung des Unrechts nach den Strafzwecken – Ausweitung des generalpräventiven Moments

Wie schon ausgeführt, wird die Strafbarkeit der Verbrechensverabredung oft mit einem kriminalpolitischen Bedürfnis erklärt.

Ein entsprechender, freilich „technischerer" Ansatz ist es, Unrecht allgemein und das der Verbrechensverabredung im Speziellen nach den Strafzwecken zu beurteilen.

Es fragt sich daher, welchen Einfluß kriminalpolitische Erwägungen auf die Frage der Strafbarkeit bestimmter Verhaltensweisen überhaupt haben können.

Insbesondere Roxin hat sich dafür ausgesprochen, der Kriminalpolitik stärkeren Einfluß auf das Strafrechtssystem zuzugestehen[30]. Die einzelnen Deliktskategorien – Tatbestand, Rechtswidrigkeit und Schuld – sollten sogar „von vornherein unter dem Blickwinkel ihrer kriminalpolitischen Funktion"[31] gesehen werden: Dem Tatbestand soll dabei das Leitmotiv des Gesetzgebers zugrunde liegen, in der Rechtswidrigkeit gehe es um die Lösung sozialer Konflikte und in der Schuld wirkten sich spezial- und generalpräventive Erwägungen, also die Strafzwecke aus[32].

Es entspricht somit seiner Vorstellung, daß es möglich ist, in der Schuld unter dem Aspekt der Generalprävention bestimmte Verhaltensweisen zuzulassen, andere nicht[33]. Vor diesem Hintergrund läßt sich auch die auch von Roxin vertretene Eindruckstheorie zum Versuchsunrecht[34] sehen: Die Rechtstreue der Bürger muß nur dann stabilisiert werden, wenn dies zum Strafzwecke der Gene-

---

29 Zum Ganzen, insbesondere zur Integration präventiver Funktion, statt ihrer Verselbständigung vgl. Köhler, AT, S. 50, 51.

30 Roxin, Kriminalpolitik und Strafrechtssystem, 1970.

31 Roxin, a.a.O., S. 15.

32 Roxin, a.a.O.; auch Jakobs, Schuld und Prävention, S. 14: „Nur der Zweck gibt dem Schuldbegriff Inhalt".

33 So interpretiert dies auch Zaczyk, S. 30.

34 Vgl. S. 131 ff.

ralprävention auch erforderlich ist, das heißt, wenn durch den Versuch einer Rechtsgutsverletzung die Rechtstreue der Bürger Schaden erlitten hat. Letzteres ist sicher richtig, doch sagt es nur aus, daß Bestrafung möglicherweise nicht erforderlich ist, wenn sie im wahrsten Sinne des Wortes zwecklos ist. Damit ist nicht gesagt, daß die Erschütterung der Rechtstreue der Bürger an sich schon strafrechtliche Sanktionen erzwingt.

Roxins Forderungen sind im Hinblick auf die Strafbarkeit der Verbrechensverabredung wenig fruchtbar, denn es entspricht – wie schon gesagt – nicht dem Strafzwecke der Generalprävention, nicht begangenes, sondern erst zukünftiges Unrecht zu bestrafen. Schon deshalb bleibt die Strafbegründung der Verbrechensverabredung verwiesen auf die Unrechtsbegründung.

Unabhängig von dieser Frage gibt es wichtige Argumente gegen die Ansicht Roxins, die vor allem von Wolff, Köhler und Zaczyk vorgebracht wurden[35] und die hier kurz skizziert werden sollen.

Roxin spricht zunächst vergleichsweise „harmlos" von einer wünschenswerten stärkeren Einflußnahme der Kriminalpolitik auf das Strafrechtssystem. Er geht dabei von einem Widerspruch zwischen Dogmatik und Wirklichkeit aus und möchte die Wirklichkeit durch Berücksichtigung der kriminalpolitischen Bedürfnisse in die Dogmatik einbeziehen, gewissermaßen „von außen".

Daran ist zunächst einmal der von Roxin aufgezeigte angebliche Widerspruch nicht nachvollziehbar: Die Dogmatik ist ein System begriffener Wirklichkeit. Schuld, Handlung etc. als Kategorien befassen sich mit der Realität, mit den Strukturen sozialen Lebens, setzen sie rechtssystematisch um und lösen sich nicht davon ab[36].

Durch die Verselbständigung des generalpräventiven Moments dreht Roxin das Verhältnis zwischen System und Strafzweck um: Das System wird dem Strafzweck unterworfen, was freilich mit „Einflußnahme" nur verharmlosend umschrieben ist[37]. Vollkommen zu Recht sieht ein Teil der Lehre in Roxins Vorschlag den Verlust der inneren Rationalität der Systemkategorien, da sie durch ein außenbestimmtes Merkmal ersetzt wird[38].

Das öffentliche Interesse an Verbrechensverhütung, d.h. eine „selbständig generalpräventive Zweckbestimmung des Strafrechts" rechtfertigt allein noch nicht die Bestrafung des Täters[39]. Strafe kann nicht schon durch die bloße Gesetzesverletzung gerechtfertigt sein. Nur die Wahrung des Schuldprinzips verhindert,

---

35 Köhler, Strafrechtsbegründung, S. 29 ff.; E.A. Wolff, ZStW 97, S. 786 ff. (799 ff.); Zaczyk, S. 29 ff.

36 So auch Zaczyk, S. 29.

37 Zaczyk, S. 30.

38 Vor allem Stratenwerth, Rdnr. 27; auch Burkhardt, GA 1976, S. 321 ff.; Zaczyk, S. 30.

39 Köhler, Strafrechtsbegründung, S. 40.

daß der Täter ohne Berücksichtigung seiner persönlichen Verantwortung und Verantwortlichkeit mit Strafe betroffen wird, die ein erhebliches soziales Unwerturteil enthält. Wer allein mit der positiven Generalprävention Strafe rechtfertigt, der fügt dem Täter Strafe zu, damit es den „Anderen" besser geht . Eine solche Strafrechtsauffassung gliedert den Täter aus der Gemeinschaft aus und berücksichtigt nicht seine Subjektivität[40]. Um mit Kant zu sprechen: Nur die Wahrung des Schuldprinzips kann verhindern, daß der Täter „bloß als Mittel" benutzt und „unter die Gegenstände des Sachenrechts gemengt" wird[41].

Man würde diese falsche Sicht von Strafrecht noch zusätzlich perpetuieren, wenn man nun noch die als Voraussetzung der Strafe begriffenen Deliktskategorien nach dem Strafzweck bestimmen würde[42].

Für den Strafgrund der Verbrechensverabredung heißt das im wesentlichen, daß eine spezifische Unrechtsbegründung, die den Täter mit einbezieht, unerläßlich ist. Kriminalpolitische Erwägungen können Einfluß haben insoweit, als daß es in der Regel nicht sinnvoll ist, Taten zu bestrafen, ohne daß ein kriminalpolitisches Bedürfnis besteht.

III. Das Modell Jakobs': Die Verbrechensverabredung als flankierende Norm

In diesem Zusammenhang – der Begründung von Strafbarkeit ohne Verweisung auf eine Unrechtsbegründung – soll auch das von der gesetzlichen Lage abweichende Modell einer strafbaren Verbrechensverabredung Jakobs' dargestellt werden. Denn letztlich basiert die Strafbarkeitsbegründung bei Jakobs grundsätzlich auf ähnlichen Erwägungen und enthält vergleichbare Argumentationslinien wie die Ansicht Roxins zur Bestimmung des Unrechts nach den Strafzwekken. Daher soll das Modell Jakobs' schon hier erörtert werden, obwohl es ansonsten näher läge, zunächst die gesetzliche Fassung der Verbrechensverabredung auf ihre Strafwürdigkeit hin zu untersuchen. Dieser Untersuchungsgang resultiert auch aus der Tatsache, daß die Abweichung Jakobs' von der gesetzlichen Lage basierend auf seinen generellen Vorstellungen von Strafbarkeitsbegründung eigentlich unnötig ist und sich innerhalb seines generellen Begriffssystems die Strafbarkeit *jeder* Verbrechensverabredung eigentlich von selbst ergeben müßte.

Er hält jedoch nur eine öffentlich bekannte bzw. eine der Öffentlichkeit zugängliche Verbrechensverabredung für strafwürdig.

---

40 E.A. Wolff, a.a.O., S. 786 ff. (799 ff.); Zaczyk, S. 30 f.

41 Kant, MdS, Bd. IV, S. 453.

42 So ganz richtig Zaczyk, S. 31.

1. Darstellung

In einem Vortrag vor der Strafrechtslehrertagung in Frankfurt[43] hat Jakobs einen radikalen Angriff gegen die selbständige Bestrafung von Vorbereitungshandlungen allgemein und auch gegen die der Verbrechensverabredung geführt. Er weicht diesbezüglich von seinen Ausführungen zur Verbrechensverabredung in seinem Lehrbuch ab[44].

Die bisherige Fassung des § 30 StGB sei mit seinen Vorstellungen eines liberalen Strafrechts („Bürgerstrafrecht") nicht zu vereinbaren; der freiheitliche Staat habe vielmehr eine interne Sphäre des Bürgers zu respektieren[45], zu der die Aufnahme sozialer Kontakte genauso gehöre, wie die Inanspruchnahme anderer bürgerliche Rechte[46]. Eine Verbrechensverabredung könne nur „stören", wenn man ihren Inhalt kennt. Dieser Inhalt gehe den Staat aber genauso wenig an, wie die Gedanken des Täters. Wer dennoch den Inhalt der Verabredung strafrechtlich bewertet, der stütze sich nur auf die Interna der Täter und dürfte auch nicht davor zurückschrecken, bloße Gedanken zu bestrafen. Das Wahrnehmen bürgerlicher Rechte, wozu auch die Verabredung gehöre, müsse strafrechtlich unangetastet bleiben. Alles andere kumuliere im Gesinnungsstrafrecht, worin die Subjektsstellung des Bürgers ende[47]. Strafbarkeit könne daher erst dort beginnen, wo der Täter durch äußeres Handeln stört und dadurch sein Verhalten für die anderen Bürger interpretationsbedürftig macht[48]: Sein Verhalten muß also Anlaß für eine Art „Rechtfertigungsnot" sein.

Die „Interpretationsbedürftigkeit" als Kernvoraussetzung strafrechtlich relevanten Verhaltens ist der Ansatzpunkt, mit dem Jakobs zu einem gegenüber der gegenwärtigen tatbestandlichen Fassung der Verbrechensverabredung veränderten Modell kommt: Die Komplottanten müssen die Verbrechensverabredung gewissermaßen „nach außen" tragen. Dies könne z.B. dadurch geschehen, daß die Verabredung durch die Komplottanten selbst publik gemacht wird, wenn eine Person mit in diese Vorbereitungshandlung einbezogen wird, die selbst Repräsentant der Öffentlichkeit ist oder auch, wenn mit einer Person komplottiert wird, die ihrerseits gegenüber dem hiesigen Staat kein Recht auf Privatheit hat

43 Jakobs, ZStW 97, S. 751 ff.

44 Vgl. Jakobs, AT, 27/2.

45 Jakobs, ZStW 97, S. 755.

46 Jakobs, a.a.O., S. 756 f., 766, insbes. S: 757 unten: „Die deliktsvorbereitende soziale Beziehung ist ebenso genuin privat wie jede andere Beziehung und wie sonstiges Verhalten im Internbereich".

47 Jakobs, a.a.O., S. 756 ff.: Jakobs nennt ein solches Gesinnungsstrafrecht „Feindstrafrecht", welches den Rechtsgüterschutz optimiert, wohingegen Strafrecht – so ist Jakobs zu verstehen – Freiheitssphären optimieren soll, was das „bürgerliche Strafrecht" auszeichne.

48 Jakobs, a.a.O., S. 762, 763.

(vgl. die §§ 98, 99 StGB)[49]. Diesem Modell liegt das Verständnis der Verbrechensverabredung als flankierende Norm zugrunde: Jakobs zufolge sei es nicht möglich, deliktisches Verhalten „beliebig weit vor die Rechtsgutsverletzung" zu schieben, womit er das Problem aller Vorbereitungshandlungen anspricht[50]. Er hält es vielmehr für möglich, die Rechtsgutsverletzung selbst vorzuverlegen[51]. Er will dabei das Verletzungsunrecht selbst in Partialunrecht zerlegen, wobei z.B. durch eine publik gemachte Verbrechensverabredung eben nicht das Verhältnis zwischen Opfer und Rechtsgut durch den Täter verletzt werde, sondern das zwischen Opfer und „Hauptnorm", also der Norm, die die im Rahmen der Verabredung angestrebte Rechtsgutsverletzung selbst unter Strafe stellt. Die Funktion der Bestrafung der Verbrechensverabredung bestünde also darin, die Hauptnorm, d.h. den Verbrechenstatbestand, in ihrer Geltungskraft gegenüber dem Bürger zu stärken. Auch dafür sei ein externes, auf den Bruch der Hauptnorm deutendes Verhalten der oben beschriebenen Art erforderlich, da nur so die Möglichkeit bestehe, das Verhältnis zwischen Bürger und der Geltungskraft der Hauptnorm zu stören – diese Störung rechtfertige die Bestrafung des Täters, da ein solches Verhalten wertungsmäßig nicht mehr privat sein könne.

Zusammenfassend läßt sich Jakobs' Modell wie folgt beschreiben:

Die Geltungskraft von Normen kann auch durch die nach außen dringende Androhung eines kommenden Normbruchs beeinträchtigt werden. Diese Androhung kann z.B. durch eine nach außen dringende Verbrechensverabredung erfolgen. Daher ist nur eine Verabredung strafbar, die tatbestandlich ihre Ausstrahlung nach außen ohne staatliches Eindringen in die Privatsphäre der Komplottanten voraussetzt. Diese Androhung eines künftigen Normbruchs in Form der Verbrechensverabredung erfüllt diesen Tatbestand der Verabredung als flankierende Norm, deren Schutzgut die Geltungskraft der Hauptnorm ist.

2. Die systemtheoretischen Grundlagen der „Desavouierungslehre" Jakobs'

Die Bestrafung der Verbrechensverabredung als eine Hauptnormen flankierende Norm stellt sich zunächst dar als konsequente Fortführung der Lehre Jakobs', die hier im Folgenden „Desavouierungslehre" genannt werden soll. Sie kommt zu ähnlichen Ergebnissen wie die Eindruckstheorie beim Versuch[52] und auch wie der oben erörterte Versuch, Unrecht nach den Strafzwecken zu bestimmen.

---

49 Jakobs, a.a.O., S. 776.

50 Jakobs, a.a.O., S. 773 f.

51 Wobei sich hier die Frage stellt, ob auch hier eine „beliebige" Vorverlagerung gemeint ist.

52 Auch wenn diese von Jakobs abgelehnt wird, vgl. AT, 25/20 ff.; daß er ihr im Ergebnis doch nahe steht, sehen auch Schönke/Schröder-Eser, Rdnr. 22 vor § 22 und Zaczyk, S. 32 (Fn. 61). Vgl. S. 113 ff.

Der dort angebrachten Kritik an diesem Ansatz setzt der systemtheoretische Ansatz ein grundlegend anderes Modell entgegen: Er will die Subjektivität des Einzelnen nicht den Zwecken der Gesellschaft entgegensetzen, sondern bestimmt das Dasein des Einzelnen aus einem übergreifenden Zweckzusammenhang heraus. Das Recht wird dabei (lediglich) zu einem Subsystem des umfassenden Sozialsystems mit dem Zweck, durch Normen Verhaltenserwartungen zu stabilisieren.

Die Systemtheorie wird im deutschen Sprachraum vor allem von Luhmann vertreten[53] und Jakobs versucht, diesen Ansatz auch für das Strafrecht zu nutzen[54]. Jakobs zufolge sind Versuch und Vollendung Angriffe auf die Normgeltung[55], der Täter desavouiert die Norm. Die Bestrafung der Verbrechensverabredung soll nun in diesem Sinne die Geltungskraft der Hauptnorm stärken. Schutzgut ist dabei also das Normvertrauen der Bürger.

Die Verbindlichkeit der Normgeltung ergibt sich bei Jakobs in enger Anlehnung an die rechtssoziologischen Theorien Luhmanns wie folgt: Das Strafrecht garantiert den Bestand bestimmter Normen. Diese Garantie hat zum Inhalt, daß bestimmte gesetzlich gefaßte und für das Funktionieren des sozialen Lebens unabdingbare Erwartungen im Falle ihrer Enttäuschung durch den Täter nicht preisgegeben werden dürfen[56]. Unrecht bedeutet also die Enttäuschung von Erwartungen, die sich auf die Einhaltung der gegebenen Normen beziehen[57]. Wird die Erwartung enttäuscht, so muß laut Jakobs das Strafrecht einschreiten, den Normbruch des Enttäuschenden, sprich: des Täters als maßgeblichen Fehler auszumachen und die Tat zu sanktionieren.

3. Kritik

Der Rahmen dieser Arbeit läßt es nicht zu, sich mit der Systemtheorie Luhmanns insgesamt kritisch auseinanderzusetzen. Die Kritik soll sich daher auf die Adaption des luhmann'schen Rechtsbegriffs auf das Strafrecht durch Jakobs begrenzen.

Hierbei fällt zunächst die „technische" Funktion des Strafrechts auf, die den Sinn einer strafrechtlichen Maßnahme oder besser: das Unrecht offensichtlich nicht an materiellen, sondern an rein formellen Kriterien mißt.

So soll nach Jakobs' Vorstellungen Strafrecht eingreifen, wenn bestimmte Erwartungen enttäuscht wurden, deren Einhaltung für das gesellschaftliche Leben unabdingbar sind. Der Begriff der Erwartung ist dabei aber wie gesagt rein for-

---

53 Siehe insbesondere Luhmann, Rechtssoziologie, 2. Aufl., passim; Ausdifferenzierung des Rechts (Sammelband).

54 Jakobs, AT, besonders Abschnitte 1 und 2; auch schon in Schuld und Prävention, S. 9 ff.

55 Jakobs, AT, 25/21.

56 Jakobs, AT, 2/2.

57 Jakobs, AT, 1/6.

mal: Man kann schließlich nicht nur die Respektierung der Integrität eines Rechtsguts erwarten, sondern auch seine Verletzung[58]. Luhmann selbst führt ein Beispiel an, das dies belegt:

Die Ehefrau geht davon aus, daß ihr Mann abends von ihr kaltes, nicht aber warmes Essen erwartet, was dem Mann auch bekannt ist. Wenn nun aber der Mann unerwartet warmes Essen verlangt, so bringt er die Erwartungen seiner Frau in bezug auf seine eigene Erwartungen durcheinander, was, wenn wiederholt betrieben, zu erheblichen Unsicherheiten führen kann[59].

Der Rechtsgutsinhaber hat also zwei Möglichkeiten, die aufgrund der Formalität des Erwartungsbegriffs auch formal gleichwertig sind: Er kann sich damit abfinden, daß die desavouierte Norm nicht mehr gilt oder er kann seine Erwartung grundsätzlich aufrechterhalten und davon ausgehen, daß die Integrität seiner Erwartung (=Rechtsgut) in Zukunft respektiert wird.

Jakobs stellt den Bruch der Erwartung (=Normbruch) als maßgeblichen Fehler heraus, ohne allerdings ein inhaltliches Kriterium für diese Entscheidung zwischen zwei formal gleichwertigen Möglichkeiten anzubieten.

Genau darin liegt die große Schwäche dieses Rechtsbegriffs: Es wird kein inhaltliches Kriterium gefunden, *warum* die Desavouierung einer Norm Unrecht sein soll[60] und warum nicht die Aufstellung der enttäuschten Erwartung an sich falsch war.

Daß das Leben bei Beachtung der Normen bzw. Erfüllung von Erwartungen problemloser verläuft, könnte durchaus auch als Werbung für ein totalitäres Staats- und Rechtssystem verstanden werden; „die Subjektivität" des Einzelnen ist als Richtpunkt der Norm aufgegeben, der Täter wird der Gesellschaft untergeordnet und für ihm gegenüber heteronome Zwecke verwendet"[61]. Die Pflicht zur Normbeachtung ist mit dem „reibungslosen Ablauf" des gesellschaftlichen Lebens nicht begründet.

Auch der Versuch, diesen Rechtsbegriff inhaltlich aus dem „Wert der Ordnung", den es durch das Strafrecht zu verteidigen gilt, zu rechtfertigen[62], bleibt inhaltlich leer. Jakobs umgeht damit nur die weitere Frage, nach welchen inhaltlichen Kriterien sich eine schlechte von einer guten, verteidigungswerten Rechtsordnung unterscheidet. Mit dem „Wert der Ordnung" jedenfalls wird nicht das Recht als Begriff inhaltlich ausgerichtet, sondern lediglich die Ordnung, der das Recht dient[63].

---

58 Vgl. auch Zaczyk, S. 33.

59 Beispiel in: Luhmann, Normen, S. 33; Rechtssoziologie, S. 35.

60 So auch Zaczyk, a.a.O.

61 Zaczyk, a.a.O.; auch Jakobs räumt dies ein, AT, 1/20.

62 Vgl. Jakobs, AT, 1/20; auch 1/18.

63 Zaczyk, S. 34.

Die Kritik, die sich auf den allgemeinen Strafrechtsbegriff Jakobs' bezieht, läßt sich nahtlos auch auf sein Modell „flankierender" Normen ausdehnen. Das Unrecht einer Tat wie z.B. der Verbrechensverabredung kann nicht lediglich in der Desavouierung der Geltung anderer, sogenannter „Hauptnormen" gesehen werden. Auch hier mangelt es an einer inhaltlichen Auseinandersetzung mit dem Begriff von Unrecht.

Wenn es die Desavouierung der Normgeltung an sich ist, die Jakobs zufolge strafbares Unrecht ausmachen soll, so stellt sich die Frage, warum nicht jedes Tun, das in irgendeiner Art und Weise gegen die Geltung von Normen gerichtet ist, bestraft wird. So selbstverständlich die Bestrafung der Verbrechensverabredung nach dem Rechtsbegriff Jakobs' doch sein müßte, so sehr muß die Kritik Jakobs' an der geltenden Fassung des § 30 StGB (s.o.) überraschen. Doch gerade die Tatsache, daß diese Kritik auf der Grundlage der Desavouierunglehre widersprüchlich anmutet, zeigt allzu klar, daß Jakobs die Frage nach dem Unrechtsgehalt einer Straftat bei den einzelnen Normen mit materiellen Kriterien bewertet, die dem eigenen Rechtsbegriff nicht immanent sind. Diese Kriterien spiegeln sich in der oben beschriebenen Vorstellung Jakobs' wider, daß die Bestrafung eines Verhaltens, das sich noch als Ausübung eines privaten Rechts in der eigenen Internsphäre darstellt und keine Interpretationsbedürftigkeit „nach außen" trägt, unbillig sei.

Roxin hält dem entgegen, daß ein so weitreichender Schutz der Privatsphäre in unserer Rechtsordnung unbekannt sei[64]. Dies muß man etwas konkretisieren. Man wird aber wohl kaum – insoweit ist Roxin recht zu geben – bei den Zugriffsmöglichkeiten des Staates im Ermittlungsverfahren, durch die durchaus in die Interna von Bürgern eingegriffen wird (etwa durch Hausdurchsuchungen, Entnahme von Blutproben etc.) von der Vernichtung des Subjekts sprechen können[65]. Auch ist Jakobs' Lösung zu schematisch in seiner Trennung von Interna und Externa. Man kann den Bedeutungsgehalt der Externa oft nur über den Zugriff der Interna adäquat erfassen und umgekehrt. Als Beispiel mag der Griff in die Tasche eines erkennbar Mittellosen dienen[66]: Die Frage, ob ein versuchter Diebstahl vorliegt, läßt sich nur durch Rückgriff auf die Interna beantworten.

Überhaupt führt die faktische Loslösung von der Unrechtsbestimmung und die bloße Betrachtung der Frage, ob ein Verhalten extern und interpretationsbedürftig ist oder lediglich intern, gerade in Jakobs' Modell einer strafbaren Verbrechensverabredung zu einem kuriosen Ergebnis: Die publik gemachte Verabredung etwa soll strafbar sein, die „klassische" konspirative und daher interne Verabredung hingegen nicht. Diese Lösung wirkt an den kriminalpolitischen Bedürfnissen völlig vorbei. Wenn man einmal vom Jakob'schen Konstrukt einer Verbre-

---

64 Roxin, in: LK, Rdnr. 9 zu § 30.

65 So auch Zaczyk, S. 35

66 Beispiel bei Zaczyk, S. 36.

chensverabredung als Verletzungstatbestand (im Sinne der Verletzung der Geltungskraft einer Hauptnorm) absieht, dann gehört die Verbrechensverabredung in die Gruppe der Vorbereitungshandlungen, die nur ausnahmsweise bestraft werden können, wenn von ihnen eine besondere Gefahr ausgeht (s.o.). Der Gefahrgehalt einer publik gemachten Verbrechensverabredung dürfte marginal sein. Und das für das Begriffssystem Jakobs' besonders, aber auch ansonsten sozial wichtige Normvertrauen der Bürger dürfte durch eine publik gemachte Verabredung wohl kaum ernstlich erschüttert werden, zumal es der Allgemeinheit klar sein dürfte, daß in solchen Fällen den betroffenen Rechtsgutsinhabern die Möglichkeit gegeben wird, einem Rechtsgutsangriff in der Regel recht unproblematisch vorzubeugen.

Jakobs selbst betont, daß man die von ihm propagierte Gleichbehandlung von bloßen Gedanken und der Inanspruchnahme sonstiger bürgerlicher Rechte nicht sinnfällig verstehen dürfe, daß also sein Begriff der Interna normativ aufzufassen sei. Er führt dazu ein Beispiel an: „Ein Steinwurf aus dem eigenen Garten auf einen Passanten ist schon eine externe Störung, bevor der Stein die Grundstücksgrenze überfliegt oder den Körper des Opfers berührt“[67]. Er stellt dabei zur Abgrenzung von intern und extern darauf ab, ob die Folgen seines Verhaltens aus dem Organisationsvermögen des Täters entgleiten oder nicht. Hiermit umschreibt er aber, um wieder auf die Verbrechensverabredung zurückzukommen, nicht ein „Nach-außen-Treten“ im Sinne einer Publikation der Verabredung, sondern einen Kontrollverlust des bzw. der Täter und damit letztlich eine von ihm/ihnen ausgehende Gefährdung. So interpretiert beinhaltet der Ansatz Jakobs' viel Fruchtbares, worauf im Abschnitt des Gefahrgehalts der Verabredung noch eingegangen wird[68].

Übertragen auf die Verbrechensverabredung bedeutet dies, daß es nicht darauf ankommen kann, ob Bürger dieses Staates in ihren eigenen vier Wänden einen Verbrechensplan schmieden oder ob sie dies öffentlich tun: Wesentlich ist, ob sie dabei Freiheitsbereiche anderer tangieren. Würde also die Verbrechensverabredung eine über den bloßen Entschluß hinausgehende Gefahr für ein Rechtsgut bedeuten, so würde man die Verbrechensverabredung, wenn man sie als Inanspruchnahme eines bloßen bürgerlichen Rechtes ansieht, doch nur sinnfällig (bezogen auf die „vier Wände“) und nicht normativ erfassen. Verhaltensweisen, die andere Rechtsgüter gefährden, können nicht per se durch den Hinweis auf die Privatsphäre des Täters dem Strafrecht entzogen sein. Wo Rechtsgüter anderer gefährdet werden, hat der Täter seine Privatsphäre überschritten.

Darin ist letztlich der Unrechtsgehalt der Verbrechensverabredung zu suchen[69].

---

67 Jakobs, ZStW 97, S. 766.

68 Vgl. S. 164 f.

69 Vgl. S. 133 ff.

C. Voraussetzungen des Kriminalunrechts

Nach Ablehnung der oben dargestellten Versuche, Unrecht durch die Strafzwecke, insbesondere einseitig durch den Aspekt der Generalprävention oder der Normdesavouierung zu bestimmen, sind die Voraussetzungen des Kriminalunrechts allgemein – als Ausgangslage für die Bestimmung des Unrechtsgehalts der Verbrechensverabredung – nach anderen Maßstäben herauszuarbeiten. Es ist dabei nicht beabsichtigt, Kriminalunrecht als solches umfassend zu beschreiben – hierzu existiert bereits ein wissenschaftliches Fundament, auf dessen Darstellung sich diese Arbeit daher beschränken will[70].

Einige „Eckpfeiler" der Bestimmung strafrechtliche Unrechts mögen bereits bei der Kritisierung der oben aufgeführten Standpunkte deutlich geworden sein. Es soll dennoch zunächst versucht werden, die abstrakt-generellen Merkmale strafbaren Unrechts ohne näheren Bezug zur Verbrechensverabredung herauszuarbeiten, bevor dann anhand der Rechtsinstitute des Versuchs und der Gefährdungsdelikte konkret unternommen wird, das Unrecht der Verbrechensverabredung – sofern vorhanden – zu charakterisieren[71].

I. Die grundlegenden Prämissen möglicher Unrechtsbestimmung

1. Die allgemeine Legitimation von Recht

Die Voraussetzungen einer legitimen Rechtsbegründung bilden naturgemäß die Grundlage für die Unrechtskonstitution. Eine Rechtsordnung legitimiert sich, soweit sie die Schaffung eines realen Raumes der Verhaltens- und Entfaltungsfreiheit für und durch die Subjekte ermöglicht. Recht hat die Aufgabe, die äußeren Verhältnisse zwischen Personen zu regulieren. Dabei hat die rechtliche Konstitution der Gesellschaft sowohl den immer möglichen Willenswidersprüchen der Subjekte, als auch der jeder institutionellen Vermittlung (d.h. die rechtliche Konstitution der Gesellschaft) innewohnende Tendenz einer einseitig an technischer Rationalität und Machterhaltung orientierten Ausrichtung von Gewaltverhältnissen gegenüber Mensch und Natur Rechnung zu tragen.

Für die Bestimmung von Unrecht auf freiheitlicher gesetzlicher Grundlage ist somit Bedingung, daß nur die in subjektiver wie intersubjektiver Hinsicht fundamental störenden, äußeren Verhaltensweisen pönalisiert werden dürfen[72].

70 Zur näheren Begründung kann insbesondere auf Beck, S. 53 ff., und Wolff, Abgrenzung, S. 137 ff. verwiesen werden.

71 S. 130 ff., 133 ff.

72 Vgl. dazu Beck, S. 53 ff., 80, 81.

2. Kant und Hegel – Wirklichkeitsbezogene Charakterisierung des Verbrechens

Im Unterschied zum zivilen Unrecht sehen Kant und Hegel übereinstimmend die Besonderheit des strafrechtlichen Unrechts in der Verletzung der Geltungsallgemeinheit des Rechts als Recht. Die dargestellten systemtheoretischen bzw. an den Strafzwecken orientierten Ansätze stehen somit gewissermaßen in der Tradition dieser Sichtweise.

Kant beispielsweise beschreibt den Unterschied zwischen zivilem und öffentlichem Verbrechen wie folgt: „Veruntreuung, d.i. Unterschlagung der zum Verkehr anvertrauten Gelder oder Waren, Betrug im Kauf und Verkauf, bei sehenden Augen des anderen, sind Privatverbrechen. Dagegen sind falsch Geld oder falsche Wechsel zu machen, Diebstahl und Raub und dergleichen öffentliche Verbrechen, weil das gemeine Wesen und nicht bloß eine einzelne Person dadurch gefährdet wird"[73].

Abstrahiert von einer bloß individuellen Betroffenheit sieht Kant also ein Begriffsmerkmal des öffentlichen Verbrechens in seinem Bezug zur verfaßten Rechtsgemeinschaft in Form deren spezifischen Betroffenheit durch die verbrecherische Handlung.

Auch Hegel äußert diesen Gedanken: „Indem Eigentum und Persönlichkeit in der bürgerlichen Gesellschaft gesetzliche Anerkennung und Gültigkeit haben, so ist das Verbrechen nicht mehr nur Verletzung eines subjektiven Unendlichen, sondern der allgemeinen Sache, die eine in sich feste und starke Existenz hat. Es tritt damit der Gesichtspunkt der Gefährlichkeit der Handlung für die Gesellschaft ein, wodurch einerseits die Größe des Verbrechens verstärkt wird, andererseits aber die ihrer selbst sicher gewordene Macht der Gesellschaft die äußerliche Wichtigkeit der Verletzung heruntersetzt und daher eine größere Milde in der Ahndung derselben herbeiführt"[74]. Das Verbrechen beeinträchtigt somit „Vorstellung und Bewußtsein von dem Gelten der Gesetze"[75]. Qualität und Umfang des Verbrechens bestimmt sich nach dessen „Gefährlichkeit für die bürgerliche Gesellschaft"[76].

Im Mittelpunkt der Unterscheidung zwischen zivilem und öffentlichem Unrecht steht bei Hegel das Anerkennungsverhältnis in seiner unrechtskonstituierenden Form[77]. Während bei dem zivilen Unrecht ein bestimmter Anspruch zwar verweigert, die allgemeine Verbindlichkeit des Rechts hingegen anerkannt wird, betrifft das Verbrechen den Bestand des Rechts in seinen Grundlagen, indem es

---

73 Kant, MdS, Rechtslehre, S. 452.
74 Hegel, Rph, § 218.
75 Hegel, a.a.O.
76 Hegel, a.a.O.
77 Beck, S. 64.

das konkret intersubjektive Anerkennungsverhältnis freiheitsverletzend negiert[78], die Rechtsgemeinschaft verunsichert, womit ein Gefährlichkeitskriterium bzw. -urteil Einzug hält: Die aus der Verletzung des „Allgemeinen“ resultierende Gefährdung des ganzen Rechtssystems erscheint bei Hegel unter der Perspektive eines die Tat zum Anlaß nehmenden, aber zukunftsorientierten Urteils über die Normgeltung[79].

In der von Kant und Hegel gesehenen Besonderheit des strafrechtlichen Unrechts, der Verletzung der Geltungsallgemeinheit des Rechts als Recht liegt die bereits oben beschriebene Gefahr[80], daß der Täter „zum Objekt der Normgeltungsdemonstration und zum Rechtsfeind schlechthin“[81] wird.

Dieser Begriff der „Allgemeinheit“ beschreibt einerseits die tätige Beeinträchtigung des konkreten Rechtsgleichheitsverhältnisses gegenüber einem durch die Strafnorm geschützten Subjekt, andererseits die Beeinträchtigung des Vertrauens der Bürger in die Geltungsverbindlichkeit des Rechts allgemein. Die Verabsolutierung dieses Geltungsaspekts beinhaltet die oben genannten Gefahren, da dem Täter Gegebenheiten zugerechnet werden, die sich seinem Willen und Einfluß entziehen[82]: Während seine Verantwortlichkeit für die aktuelle Anerkennungsbeeinträchtigung des Opfers durch die Verletzung der Rechtsgüter des anderen unbestreitbar ist, steht die aus der Tat resultierende Geltungsbeeinträchtigung außerhalb seiner Einflußsphäre, jedenfalls weitgehend. Dies gilt insbesondere für die Bewertung der Tatschwere, die Häufigkeit der Begehung vergleichbarer Taten durch andere Täter und die öffentliche Verarbeitung der Tat (als Grundlage der Beeinträchtigung des Normvertrauens), mithin Faktoren, die im Strafprozeß strafschärfend bzw. im Strafvollzug als Steigerung eines Sicherungsbedürfnisses der Allgemeinheit berücksichtigt werden können[83]. Es zeigt sich also, daß die durch die Tat ausgelöste, vom einzelnen Täter aber nicht beherrschbare Normdestabilisierung im geltenden Recht gesetzliche Konsequenzen zeigt[84].

3. Der Begriff des Rechtsguts als Maßstab der strafrechtlichen Unrechtsbestimmung

Der Rechtsgutsbegriff steht für die Forderung der strafrechtlichen Reformbewegung, die legitime Aufgabe des Strafgesetzgebers auf den Schutz von

78 Beck, S. 65.

79 Beck, a.a.O. Hegel, Vorlesungsnachricht, S. 177, 1 ff. formuliert dies wie folgt: „Man sagt: Wenn dieses gilt, so gibt es überhaupt keine Sicherheit mehr ...“.

80 Vgl. 125 ff.

81 Beck, S. 69.

82 Vgl. Beck, S. 65, 66, 69.

83 Beck, S. 66, 67.

84 Vgl. §§ 46 ff. StGB; hierzu kritisch Köhler, Strafrechtsbegründung, passim. Zu besonderen Vollzugsarten vgl. §§ 89, 91 StVollzG.

Rechtsgütern zu beschränken. Sein Vorteil besteht vor allem darin, einen allen rechtswidrigen Verhaltensweisen gemeinsamen Unrechtskern zu erfassen, was Grundvoraussetzung für einen allgemeinen Maßstab der Erfassung strafrechtlichen Unrechts ist[85].

a) Historische Entwicklung des Rechtsgutsbegriffs

Vorläufer des liberalen Rechtsgutsbegriffs ist die Lehre vom Verbrechensobjekt[86].

Nach der naturrechtlichen Lehre delegieren die in der Gemeinschaft lebenden Menschen im Rahmen eines Gesellschaftsvertrages[87] ihre umfassend gedachte Freiheit auf den Staat, um gegen wechselseitige Übergriffe geschützt zu sein. Damit wird die Verletzung subjektiver Rechte zur Grundvoraussetzung jedes Verbrechens[88]: Die staatliche Aufgabe beschränkt sich allein auf den Schutz der Rechte der Bürger, auf die Sicherung des gesellschaftlichen Friedens. Konsequenterweise hat der Staat in diesem Modell keine Berechtigung, sich in moralische oder religiöse Belange der Bürger einzumischen[89] bzw. sie zu pönalisieren.

Insbesondere v. Liszt sorgte für die Überleitung zu dem Begriff des Rechtsguts. Seines Erachtens sind Rechtsgüter als Gegebenheiten sozialen Lebens gerade nicht abhängig von einem (ohnehin nur fiktiven) Gesellschaftsvertrag. Auch hier ist die staatliche Legitimation beschränkt auf die Sicherung inhaltlich bereits vorstaatlich bestehender Güter[90].

Bei Betrachtung dieser historischen Entwicklung ist zunächst festzuhalten, daß dem Rechtsgutsbegriff insoweit die begründete, d.h. rechtlich fundierte Verknüpfung mit der Subjektivität der über das Rechtsgut Verfügenden fehlt[91]: Der Strafgesetzgeber wird lediglich auf den Schutz bestimmter Rechtsgüter festgelegt. Dennoch liegt in dem naturrechtlich abgeleiteten Gesellschaftsvertrag das Bemühen der Subjekte um gegenseitige Anerkennung ihrer selbst und ihrer durch die Rechtsgüter gegenständlich vermittelten Freiheit als rechtskonstitutive Leistung[92].

Allerdings liegt in ihm auch die Anerkennung des Staates und der Gesellschaft als eigener Interessenvertreter, wodurch die Möglichkeit für einen am staatlichen Eigeninteresse orientierten Güterschutz eröffnet wird[93]. Dies gilt umso mehr ange-

---

85 Beck, S. 69.
86 Vgl. Rudolphi, in: Honig-FS, S. 154 f.
87 Vgl. Hobbes, Leviathan, 17. und 21. Kapitel; Rousseau, Gesellschaftsvertrag, Erstes Buch, 6. Kapitel.
88 Beck, S. 70.
89 Hobbes, a.a.O., 27. Kapitel, S. 224.
90 Vgl. Rudolphi, in: Honig-Festschrift, S. 155.
91 Worauf Beck, S. 71, zu Recht hinweist.
92 Beck, a.a.O.
93 Beck, a.a.O.

sichts der komplexer werdenden gesellschaftlichen Beziehungen und dem damit einhergehenden Mißtrauen gegen die rechtskonstituierende Selbständigkeit der Subjekte. Konsequente Folge ist die These der „Selbstzweckhaftigkeit“[94] des Staates und seine gesetzliche Verankerung im Reichsstrafgesetzbuch von 1871[95].

Dies wiederum bedingte eine Formalisierung des Rechtsgutsbegriffs[96], dessen Ausfüllung beliebig wurde. Damit verlor der Rechtsgutsbegriff seine Bedeutung, als Maßstab für die Legitimität von Verhaltenspönalisierung zu dienen[97].

b) Die Lehre von dem personalen Unrecht und ihre Kritik

Dennoch wurde der Gedanke, durch den Rechtsgutsbegriff einen einheitlichen Maßstab für die Bestimmung des strafrechtlichen Unrechts zu begründen, nicht aufgegeben. Im Rahmen der Lehre von dem personalen Unrecht wird der Handlungsunwert als Unrechtsvoraussetzung neben die Rechtsgutsverletzung selbst, d.h. den reinen Erfolgsunwert, gestellt. Nicht die kausale Verursachung der Rechtsgutsverletzung allein, sondern gerade die in ihr liegende mißbilligende Willensbetätigung mache strafrechtliches Unrecht aus. Das Recht schütze zwar bestimmte Rechtsgüter; aber erst die in der Mißachtung der Norm liegende Pflichtverletzung mache aus dem Unrecht, das sich hinsichtlich der Rechtsgutsverletzung noch nicht vom zivilen Unrecht unterscheide, ein Verbrechen[98].

Hierbei wiederholt sich ein bereits oben angesprochenes Problem[99]: Der Gegenstand der Pflichtverletzung stellt sich zunächst einmal als nichts anderes dar, als ein Ungehorsam gegenüber einer Norm. Ein solcher Unrechtsbegriff ist auch formal nicht auf eine Rechtsgutsverletzung angewiesen[100]. Insoweit führten die Anfänge der personalen Unrechtslehre zu einer Formalisierung, wenn nicht gar zu einer Auflösung des Rechtsgutsbegriffs[101].

---

94 Beck, a.a.O.

95 Die politische – und damit den Staat als solchen in den Mittelpunkt schiebende – Intention der Strafgesetzgebung nach Niedergang des Liberalismus ist im Kapitel über die historische Entwicklung der Strafbarkeit der Verbrechensverabredung bereits angedeutet worden, S. 47 ff.

96 Von Honig, S. 94, mit der Begründung, der Gegenstand der Rechtsgutslehren sei jeder materiellen Bestimmbarkeit unzugänglich, besonders pointiert ausgedrückt. Das geschützte Rechtsgut „verkommt“ so zu dem von dem Gesetzgeber in den Strafrechtsnormen anerkannten Zweck.

97 Amelung, S. 136 f.

98 Vgl. Beck, S. 111.

99 Vgl. S. 125 ff.

100 Oder aber man beschreibt das Unrecht der Handlung formal als Desavouierung der Norm, vgl. S. 113 ff.

101 Vgl. Wolf, S. 26, wo er ausführt, daß eine Rechtsgutsverletzung wesentlich „reiner Rechtserfolg“, „Rechtslageänderung“ ist; Vgl. auch Gallas, in: v. Gleispach-FS, S. 63, 67, der das Wesen des Verbrechens in seiner Gemeinschaftswidrigkeit sieht.

Die moderne Form der personalen Unrechtslehre wurde von Welzel geprägt[102]. Er kritisiert die Reduktion des Rechtsgutsbegriffes auf die bloße Erfolgsverursachung und benennt den personalen Handlungsunwert als den generellen Unwert aller strafrechtlichen Delikte[103]. Der Erfolgsunwert sei demgegenüber bei vielen Delikten lediglich ein unselbständiges Element des Unrechts.

Grundlage dieses Standpunktes ist Welzels „finale Handlungslehre", nach der alles Handeln notwendig sinnhaftes, finales Handeln sei, mithin Handeln eines bestimmten Täters. Sein strafbares Verhalten zeige einen tätigen „Abfall von rechtlichen Gesinnungswerten"[104]. Somit sei diese personale Handlungsseite das, was ein Verbrechen charakterisiere[105].

Diese Form personaler Unrechtslehre hat berechtigte Kritik erfahren.

So hat Sax schon darauf hingewiesen, daß diese Lehre „das Wesen strafrechtlichen Unrechts, wie es vom strafgesetzgebenden Staat her gesehen werden muß, verfälscht"[106]. Dem ist zuzustimmen, denn nicht die Gesinnung des Täters ist Ausgangspunkt der Unrechtserfassung, sondern die Tat, d.h. der erkennbare Sachverhalt selbst[107]. Der Staat wird schon aus schlicht pragmatischen Gründen die Bildung von Straftatbeständen an den menschlichen Handlungsvollzügen orientieren; die Einbeziehung subjektiver Elemente verfolgt dann nur noch den Zweck, die Rechtsgutsverletzung „greifbar zu machen[108]. „Handlungsunwert" ist vor dieser Erkenntnis nichts anderes, als der – durch die Handlungstypisierung mittelbar vertypte – „Erfolgsunwert"[109].

c) *Die aktuelle Rechtsgutsdiskussion*

Die aktuelle Rechtsgutsdiskussion hat weitere Ergebnisse gebracht: So ist bei der Gutsbestimmung davon auszugehen, daß das Rechtsgut vom Gegenstand des verletzenden Eingriffs (dem Rechtsgutsobjekt) zu unterscheiden ist[110]. So bestimmt Schmidhäuser das Rechtsgut auf der Grundlage des der allgemeinen Wertlehre zugehörigen Begriffs des „Guts" als „Achtungsanspruch". Das Rechtsgut als Achtungsanspruch ist phänomenologisch von dem konkreten Tat- oder Rechts-

---

102 Welzel, S. 56 ff.

103 Welzel, S. 57.

104 Zum Beispiel durch vorsätzliche Tatbestandsverwirklichung oder auch – bei den Fahrlässigkeitsdelikten – durch die Mißachtung allgemeingültigen Mindestmaßes finaler Verhaltensbestimmung.

105 Welzel, S. 57.

106 Sax, S. 916.

107 So auch Beck, S. 73.

108 So Beck, a.a.O.

109 Sax, S. 917 f.; zu der Kritik reiner, auf den bloßen Handlungsunwert abstellender, Unrechtslehren, sei auf S. 154 ff. auch bzgl. der Verbrechensverabredung verwiesen.

110 Vgl. auch S. 128 f.

gutsobjekt zu trennen, an dem sich die Rechtsgutsverletzung „niederschlägt"[111]. Damit wird für die Gutszuordnung die Beziehung zu einem personalen Subjekt erforderlich.

Sax zufolge hat sich die somit notwendige Bestimmung der Gutsbeeinträchtigung an den typischen menschlichen Handlungsvollzügen zu orientieren[112]. Ihm zufolge seien die Rechtsgüter nicht letzte „sittliche Grundwerte", deren Schutz durch alle Mittel zu rechtfertigen wäre, sondern „Mittelwerte"[113]. Der strafrechtliche Rechtsgüterschutz konkretisiere insofern die grundgesetzliche Wertordnung, indem er – eben ausgerichtet an den typischen Verletzungshandlungen – nur den Kernbereich vorgegebener sozialethischer Werte vor Beeinträchtigungen schütze[114]. Kriminalunrecht erfasse daher nur „Rechtsgutsverletzungen, die angesichts ihres Gehalts an mittelbarer oder unmittelbarer Wertverletzung strafwürdig sind, d.h. Strafe verdienen und ihrer bedürfen"[115]. Mit dem Begriff der „Strafwürdigkeit" und ihren Komponenten[116] als Maßstab für die Bestimmung strafbaren Unrechts verdrängt Sax somit den Rechtsgutsbegriff aus seiner zentralen Stellung[117]. Gleichwohl folgt aus der Komponente „Strafe verdienen", daß die „Wertverletzung, ... als solche allgemein erkennbar und anerkannt sein muß"[118]. Daraus wiederum folgt, daß sich die wesentliche Unrechtsbestimmung bereits aus dem Rechtsgutsbegriff selbst ergeben muß[119].

Aus dem bereits erwähnten Begriff des Rechtsguts als „Achtungsanspruch" (Schmidhäuser) ergibt sich darüber hinaus, daß in intersubjektiver Hinsicht auch die wechselseitige Anerkennung der Zuordnung des Guts zu einem personalen Subjekt gutsbestimmend ist. Jeden mit dem Rechtsgut in Beziehung stehenden Menschen treffe demnach die Unterlassungs- oder Handlungspflicht zur Gutsbeachtung[120].

---

111 Schmidhäuser, in: Engisch-FS, S. 444; ders., Strafrecht AT, 2/31.
112 Vgl. Sax, S. 916, 919.
113 Sax, S. 913.
114 Vgl. auch Beck, S. 75.
115 Sax, S. 919.
116 Das sind: „Strafe bedürfen" und „Strafe verdienen", vgl. Sax, S. 928.
117 Vgl. Beck, a.a.O.
118 Sax, a.a.O.
119 Beck, S. 76.
120 Vgl. Schmidhäuser, Strafrecht AT, 2/30. Diese Achtungspflicht bleibt aber in Umfang und Grenzen undeutlich, Beck, S. 76.

II. Grundsätzliche Bestimmung des Kriminalunrechts

1. Das Prinzip der strikten Begrenzung von Kriminalunrecht

Eine der Grundlagen jeder (gesetzgeberischen) Unrechtskonstitution ist das Prinzip der strikten Begrenzung des pönalisierten Bereichs.

Entsprechend der „ultima-ratio"-Funktion des Strafrechts muß sich der strafende Eingriff auf das Notwendigste beschränken, da Strafe nicht nur eine ethische Tadelswirkung, sondern auch diskriminierende Folgen hat, die über den Kreis der unmittelbar von ihr Betroffenen (z.B. nicht nur der Täter, sondern auch seine Angehörigen) und über die Zeit der Strafverbüßung (Stigmatisierungswirkung) weit hinaus gehen[121].

Die friedensbewahrende Funktion des Strafrechts beinhaltet eben nicht nur die Ahndung von Verstößen gegen grundlegende Verhaltensstandards, sondern auch die Beschränkung auf diese Verstöße – eine darüber hinaus gehende Ausweitung von Strafe würde gerade diejenigen Freiheitsbereiche reproduzieren, die das Strafrecht unterbinden soll[122].

2. Ansatzpunkte der Unrechtsbestimmung

Zur Bestimmung des Unrechts allgemein (ohne nähere Abgrenzung zwischen Kriminalunrecht und anderen Unrechtsformen) lassen sich verschiedene Ansätze finden.

Hier ist zunächst der *Verhaltensbezug* zu nennen. Die unrechtsbegründende Handlung muß „die rechtsgesetzliche Freiheit anderer, i.w.S. intersubjektiv-äußere Verhaltensfreiheit" beeinträchtigen[123]. Die Handlung als willensgetragenes menschliches Verhalten umfaßt auch Entäußerungen des Subjekts, die, soweit sie in verletzender oder die Freiheit der Willensbildung bzw. -entschließung anderer beeinträchtigender Weise intersubjektive Relevanz erhalten, auch zum Gegenstand der Unrechtsbestimmung werden können[124]. Somit besteht eine Erheblichkeitsschwelle, die menschliche Äußerungen überschreiten müßten, um als Unrecht deklariert zur werden. Die damit verbundene Einschränkung (für menschliches Verhalten als Unrecht) ergibt sich aus zwei Gesichtspunkten: Zum einen besteht ein wechselseitiges Anerkennungsverhältnis zwischen den Subjekten, dessen Existenz sich wesentlich über sprachlich vermittelte Intersubjektivität herstellt und reproduziert; zum anderen ergibt sie sich aus der grundsätzlichen, willensgeleiteten Selbstbestimmung des anderen Subjekts[125]. Schließlich können intersubjektive Planungs-,

---

121 Beck, S. 78, 79; vgl. hierzu auch Sax, S. 924.

122 Vgl. Beck, S. 79.

123 So Köhler, NJW 1985, 2389.

124 Beck, a.a.O., S. 81.

125 So Beck, a.a.O.

Organisations- und Willensbildungszusammenhänge wie die Verbrechensverabredung nur insoweit unrechtsrelevant sein, als sie bereits nachhaltig beeinträchtigend nach Außen in Erscheinung treten und – wie es Jakobs ausdrückt, „stören“[126].

Im engen Zusammenhang mit dem Bezug auf das äußere Verhalten des Subjekts steht die *Folgenzurechnung*. Dabei ist die Orientierung einer Definition von Unrecht an dem Erfolg der menschlichen Handlung sehr nachvollziehbar. Allerdings darf nicht übersehen werden, daß nicht jede Folge eines Verhaltens unrechtsrelevant sein kann; vielmehr ist zu unterscheiden zwischen notwendiger und zufälliger Folgenverwirklichung[127]. So sind die durch heteronome Bearbeitung der Tat bewirkten weiteren Folgen nicht in die Unrechtsbestimmung einzubeziehen[128]. Das gilt auch für die Unrechtsvertypung in einer Strafnorm. Bloß denkbare, aber weit entfernt liegende Folgen einer Tat können nicht zur Begründung einer Strafnorm ausreichen. Vor diesem Hintergrund muß sich jede Strafnorm, auch die des § 30 Abs. 2 StGB, dem auch verfassungsrechtlich verankertem Bestimmtheitsgebot aus Art. 103 Abs. 2 GG stellen[129].

Schließlich ist eine Unrechtsbestimmung abhängig von der Bestimmung des beeinträchtigten *Rechtsguts*[130].

Hierbei ist zwischen dem Rechtsgut als Allgemeinbegriff und dem Rechtsgutsobjekt zu unterscheiden. Ein Rechtsgut als solches kann keine Geltung beanspruchen[131]. Dem Rechtsgutsobjekt hingegen entspricht die Zuordnung eines Rechtsguts zu einem (personalen) Subjekt[132]. Durch diese tätige, praktische Zuordnung zu einer bestimmten Person wird ein Rechtsgut erst verletzbar. Anders gesagt: Durch eine konkrete Verletzungshandlung kann nur das Rechtsgutsobjekt verletzt, ggf. sogar aufgehoben werden, während das abstrakte Rechtsgut fortbesteht.

---

126 ZStW 97, 761, 773; insoweit ist Jakobs durchaus Recht zu geben.

127 Hegel hat schon darauf hingewiesen, daß die Unrechtshandlung vielerlei Folgen aufweist, die ebenso notwendig wie zufällig sein können, in Rph, § 118: „Die Folgen, als die Gestalt, die den Zweck der Handlung zur Seele hat, sind das Ihrige, zugleich aber ist sie, als der in der Äußerlichkeit gesetzte Zweck, den äußerlichen Mächten preisgegeben, welche ganz anderes daran knüpfen, als sie für sich ist und sie in entfernte fremde Folgen fortwälzen. Es ist ebenso das Recht des Willens, sich nur das erste zuzurechnen, weil nur sie in seinem Vorsatze liegen“.

128 So zu Recht Beck, S. 82.

129 Vgl. S. 183 ff.

130 Insoweit schließen sich die folgenden Ausführungen an die auf S. 122 ff. an.

131 Vgl. hierzu Hoyer, S. 36 f.; Köhler, Begriff der Strafe, S. 55, (Anm. 81): „Das Verbrechen kann nicht den ansich-seienden Willen (‚das Rechtsgut') beeinträchtigen.“ Als Beispiel kann das Rechtsgut des „Hausfriedens“ dienen: Dieser existiert als ein der Verletzung zugängliches Rechtsgutsobjekt nicht in zum Abriß bestimmten und daher unbewohnten Häusern.

132 Beck, a.a.O., S. 83.

3. Vorläufige Bestimmung des Unrechts als Verletzung eines Rechtsgutsobjekts

Bei einer Bestimmung des Unrechts als Verletzung eines Rechtsgutsobjekts lassen sich grundsätzliche verschiedene Verletzungsmodalitäten unterscheiden. Dabei sind in der Regel solche Verhaltensweisen verletzend, die aufgrund der verfolgten Nahziele mit den aktuellen oder auch bloß potentiellen Betätigungschancen des gutsberechtigten Subjekts unvereinbar sind oder die gleichberechtigte Teilhabe aller Subjekte nachhaltig beeinträchtigen[133]. Im Hinblick auf das Rechtsgut ist dabei die Qualität der verletzenden Verhaltensweise entscheidend. Die oben genannten Betätigungschancen können gänzlich beseitigt werden, wie das z.B. bei einer Tötung oder einer Freiheitsberaubung der Fall ist. Aber auch die bloße Gefährdung des Rechtsgutsobjekts kann unrechtskonstitutiv sein. Darin vor allem wird der Unrechtsgehalt der Verbrechensverabredung zu suchen sein[134].

Abschließend läßt sich folgendes festhalten: Ein intersubjektives-äußeres Verhalten darf nur kriminalisiert werden, sofern es einen verletzenden oder konkret gefährdenden Rechtsgutsbezug hat. Daraus folgt auch, daß Handlungen im *reinen* Vorbereitungsstadium (d.h. ohne jeden Verletzungs- oder Gefährdungserfolg), die unrechtsunspezifisch sind, auch nicht im Hinblick auf einen auf eine Straftat gerichteten Vorsatz hin bestraft werden dürfen[135]. Für die Verbrechensverabredung heißt dies, daß allein der vorhandene gemeinsame Tatplan der Komplottanten noch kein Unrecht darstellen kann.

D. Das Verhältnis von Vorbereitungs- zum Versuchsunrecht

I. Die prinzipielle Straflosigkeit von Vorbereitungshandlungen

Im zweiten Teil dieser Arbeit wurde die Verbrechensverabredung als Vorbereitungshandlung eingestuft[136].

Unter der Vorbereitung einer Tat versteht man gemeinhin ein „Mehr" als das Bei-sich-Planen, aber ein „Weniger" als das bereits versuchsbegründende unmittelbare Ansetzen zur Tatverwirklichung.

Derartige Vorbereitungshandlungen sind in der Regel straflos. Dies hat – abgesehen davon, daß schon die oben herausgearbeiteten Grundvoraussetzungen kriminellen Unrechts bei *reinen* Vorbereitungshandlungen nicht erfüllt sind – verschiedene Gründe. Zum einen sind bloße Vorbereitungshandlungen oft indif-

133 So Beck, S. 85.

134 Zum Unrecht der Gefährdung generell vgl. S. 133 ff.

135 Beck, S. 89; vgl. dazu auch die folgenden Ausführungen zu C. I.

136 Vgl. S. 58 ff.

ferent und lassen nicht zwingend auf einen Planungszusammenhang mit einem Delikt schließen[137]. Oftmals zeichnen sie sich isoliert betrachtet durch absolut legale Verhaltensweisen aus. Folglich ergibt sich in diesen Fällen das beweistechnische Problem, nachzuweisen, daß gerade eine Straftat vorbereitet wird. Außerdem ist die Bestrafung eines Verhaltens, das seinem äußeren Erscheinungsbild nach mit der Rechtsordnung im Einklang steht, letztlich nur die Bestrafung einer Gesinnung[138].

Ein ganz entscheidender weiterer Grund für die Straflosigkeit von Vorbereitungshandlungen ist aber auch, daß die im Vorbereitungsstadium gefaßten kriminellen Vorsätze durchaus auch wieder aufgegeben werden können[139]. Das Recht verläßt sich auf die Möglichkeit der Besinnung und Umkehr. Von der bloßen, wenn auch ernstlich betriebenen Planung eines Delikts bis zu seiner Begehung ist es oft ein schwieriger und langer Weg. Auch ist die Bestätigung des im Vorbereitungsstadium gefaßten Vorsatzes bei der Ausführung selbst noch einmal eine hohe Anforderung an die kriminelle Energie des Täters, die er oftmals dann doch nicht aufzubringen in der Lage ist[140].

II. Das Wesen der Verbrechensverabredung im Vergleich zum Versuch

1. Vorbemerkungen

Dem Versuch einer Tat und der Verabredung ist gemeinsam, daß es sich um Verhaltensweisen handelt, die sich im Vorfeld einer Rechtsgutsverletzung abspielen. Darüber hinaus ist bei beiden der Tatentschluß des Täters bzw. der Komplottanten vorhanden. Der wesentliche Unterschied ist das beim Versuch auftretende Erfordernis eines unmittelbaren Ansetzens zur Tatvollendung gemäß § 23 StGB, an dem es bei einer bloßen Verbrechensverabredung mangelt.

Es liegt somit nahe, daß die Erkenntnisse über den Inhalt des Versuchsunrechts nicht auf die Verbrechensverabredung übertragen werden können, ohne § 30 Abs. 2 StGB zu verändern.

Eine rein subjektive Unrechtsbegründung des Versuchs muß bei der Verbrechensverabredung einen „schweren Stand“ haben. Es lag ja gerade in der Intention des Gesetzgebers, durch die Formel des unmittelbaren Ansetzens das subjektive Merkmal der Tätervorstellung einzuschränken, subjektive Merkmale mit objektiven zu verbinden. In Ermangelung solcher objektiven Merkmale bei der Verabredung würde eine rein subjektive Unrechtsbegründung hier isoliert stehen.

---

137 Jescheck/Weigend, § 49 VI 1, S. 523.

138 Stratenwerth, Rdnr. 640.

139 Stratenwerth, a.a.O.

140 Vgl. dazu auch Köhler, AT, S. 545 speziell zu § 30 StGB, der es positiv ausdrückt: „Die Normhaltung kann sich noch bewähren“.

Bei der Verbrechensverabredung liegt somit das Bestreben grundsätzlich nahe, das Unrecht neben dem vorhandenen Tatentschluß der Komplottanten in objektiven, am Begriff des Erfolgsunwerts orientierten Kriterien zu suchen, um so ein Surrogat für das unmittelbare Ansetzen zu finden.

Dementsprechend sieht die herrschende Meinung die Strafwürdigkeit der Verbrechensverabredung vor allem in dem Erfolgsunwert „Gefahr", die gegenüber dem Einzelentschluß durch eine gegenseitige Festlegung der Komplottanten auf den gemeinsamen Verbrechensplan gesteigert sein soll[141]. Damit wird das Kriterium aufgegriffen, das nach der objektiven Versuchslehre ausschlaggebend für das Versuchsunrecht sein soll[142].

Im Folgenden soll zu der von der herrschenden Meinung zum Versuchsunrecht vertretenen „Eindruckstheorie" und der subjektiven Theorie, dem Bestrafen des reinen Handlungsunwerts, Stellung bezogen werden insofern, ob und inwieweit sie Rückschlüsse auf das Unrecht der Verbrechensverabredung zulassen.

2. Die sogenannte „Eindruckstheorie"

a) Darstellung

Nach heute herrschender Lehre wird das Versuchsunrecht mit der sogenannten „Eindruckstheorie" begründet, die von ihren Vertretern als eine zwischen den rein subjektiven und den rein objektiven Versuchslehren vermittelnde Theorie angesehen wird. Eine vermittelnde Theorie scheint durch die geltende Rechtslage – der Kombination des Tatentschlusses mit dem objektiven Element des unmittelbaren Ansetzens als Voraussetzungen des strafbaren Versuchs – zwingend zu sein, so daß es nicht überrascht, daß diese Lehre erst in der Folgezeit seit der Änderung des StGB 1975 zur herrschenden wurde[143]. Ausgangspunkt des Versuchsunrechts sei demnach der rechtsfeindliche Wille, der durch das unmittelbare Ansetzen zur Tatvollendung bestätigt wird[144]. Strafwürdig sei ein solches Verhalten aber nur, wenn es geeignet sei, einen „rechtserschütternden Eindruck" in der Allgemeinheit zu hinterlassen[145].

---

141 Vgl. S. 164 f.

142 Die objektive Versuchslehre wurde von Feuerbach, LB, § 42, S. 71 ff. begründet. Sie hatte seinerzeit eine große Anhängerschaft, vgl. dazu die Nachweise bei Zaczyk, S. 41, Fn. 1.

143 U.a. Blei, AT, S. 232; Tröndle/Fischer, § 22 Rdnr. 8; Jescheck/Weigend, § 49 II 3, S. 514; Roxin, JuS 1979, S. 1 ff.; Rudolphi, in: SK, Vorbem. 13, 14 vor § 22; Schönke/Schröder-Eser, Rdnr. 22 vor § 22.

144 Jescheck/Weigend, a.a.O.

145 Jescheck/Weigend, a.a.O.; Maurach/Gössel/Zipf, AT II, § 40 I C 3 a, Rdnr. 40; Schönke/Schröder-Eser, a.a.O.

b) *Kritik*

Das grundsätzlich neue an dieser Ansicht gegenüber rein subjektiven Versuchstheorien ist also das Kriterium des „Eindrucks", bei dem sich zunächst die Kritik an seiner Nachweisbarkeit aufdrängt: Die Empirie des „Eindrucks" ist von Tat zu Tat und von Personenkreis zu Personenkreis unterschiedlich. Die „Allgemeinheit" ist in seinen moralischen bzw. sittlichen, weltanschaulichen, politischen und religiösen Ansichten und Einstellungen derart differenziert und diffus, daß auch das Kriterium des „Eindrucks" einer Tat auf die Allgemeinheit gleichsam diffus bleibt.

Das wesentliche inhaltliche Gegenargument gegen diese Theorie ist insbesondere von Zaczyk[146] aufgezeigt worden: Durch das Kriterium des Eindrucks der Tathandlung auf die Allgemeinheit als unrechtbegründendes Element ist das Verhältnis von Unrecht und Eindruck chronologisch verkehrt; es kann nicht bestritten werden, daß eine Handlung strafrechtlich generell geahndet wird, d.h. tatbestandlich in einer Strafnorm gefaßt wird, wenn die Rechtsgemeinschaft diese ethisch als Unrecht deklariert. Eine Handlung, die dann gegen die einen Unrechtswert darstellende Strafrechtsnorm verstößt, bewirkt – idealtypisch – einen rechtserschütternden Eindruck in der Allgemeinheit. Beim Versuch soll nun – der Eindruckstheorie zufolge – der Eindruck das Unrecht konstituieren, auch wenn die Handlung nach den Maßstäben, die man sonst auf die vollendete Tat anwendet, nicht strafwürdig ist, z.B. weil sie weder zu einer Verletzung, noch zu einer Gefährdung eines Rechtsguts führt. Damit wird aber die Frage, warum die Versuchshandlung Unrecht ist, d.h. warum sie überhaupt einen rechtserschütternden Eindruck bei der Allgemeinheit herbeiführen kann, gar nicht gestellt.

Der „Eindruck" allein kann kein Strafunrecht darstellen. Das Erkennen einer Handlung als Unrecht muß anderen Kriterien folgen, die es erst erklärlich machen, warum bestimmte Verhaltensweisen bestraft werden, andere wieder nicht. Es kann nicht bestritten werden, daß nur wenige Tathandlungen des StGB die Allgemeinheit in ihrer Gesamtheit „erschüttern". Andere wiederum werden „lediglich" von einem großen Teil der Gesellschaft als strafwürdig angesehen. Das gilt aber auch für Handlungen, die nicht strafrechtlich erfaßt sind. Homosexualität zum Beispiel war lange Zeit unter bestimmten Voraussetzungen strafbar[147] und ganz offensichtlich gibt es auch heute noch nicht unerhebliche Bevölkerungsteile, die Homosexualität für etwas Unsittliches und gerade deswegen für etwas Strafwürdiges halten. Trotzdem ist der Gesetzgeber zu der Überzeugung gekommen, Homosexualität heute nicht mehr zu bestrafen. Gleiches gilt für die Diskussion um die Strafbarkeit des Schwangerschaftsabbruchs. Nun ist bereits

146 In seiner Habilitationsschrift „Das Unrecht der versuchten Tat", S. 21 ff.

147 Im mittlerweile durch das 29. StrÄndG. vom 31.05.1994 (BGBl I. S. 1168) aufgehobenen § 175 StGB.

festgestellt worden, daß man die Belange des Moralischen nicht mit den Belangen des Rechtlichen verwechseln darf[148]. Strafrechtliche Maßstäbe zur Unrechtsbestimmung müssen eine andere Qualität haben. Stellt man aber nur auf irgendeine Form von „Eindruck“ ab, verläßt man den Bereich wissenschaftlicher Bemühungen, um einzutauchen in die unüberschaubare, teilweise indifferente und selten logische, dogmatisch nachvollziehbare und damit verläßliche Unzahl von moralischen Ausrichtungen.

Den Mangel der Eindruckstheorie an argumentativer Überzeugungskraft erkennt auch Stratenwerth[149], wenn er feststellt, daß für sie höchstens Plausibilitätsgründe sprechen. Es wäre allerdings etwas vorschnell, ja sogar ein Armutszeugnis, wenn man eine Theorie als Grundlage für eine ganze Deliktskategorie heranzieht, die nicht in der Lage ist, diese als Unrecht zu bestimmen.

Diese offene Frage könnte man damit beantworten, daß die Erschütterung der Normgeltungskraft in der Allgemeinheit selbst ein strafrechtlich schützenswertes Rechtsgut ist, eine Handlung, gleich ob sie vollendend, versuchend oder nur vorbereitend wirkt, die gegen das Rechtsgut eines Straftatbestandes gerichtet ist, somit jedenfalls (also auch beim Scheitern der Tat) zu einem Verletzungserfolg (der Desavouierung der Normgeltung) führt.

Dieser Weg – das Geltungswidrige eines Verhaltens als unrechtsbegründendes Kriterium heranzuziehen – hat sich allerdings bereits als untauglich erwiesen[150].

3. Subjektive Unrechtslehren – Die Bestrafung des reinen Handlungsunwerts

a) *Subjektive Unrechtslehren und ihre Anwendbarkeit auf die Verbrechensverabredung*

Gemeinsam ist den subjektiven Unrechtslehren, daß sie das (Versuchs-)Unrecht allein in der Ausübung des verbrecherischen Willen sehen, gleich, ob der Ausübung eine reale Verwirklichungsmöglichkeit einzuräumen ist oder nicht[151]. Ei-

148 Vgl. S. 42.

149 Stratenwerth, Rdnr. 657.

150 Vgl. „Modell Jakobs'“, S. 113 ff.

151 Vgl. speziell zur subjektiven Versuchstheorie: v. Buri, GA 25, S. 265 ff.; ihm folgend u.a.: Bockelmann, S. 135 ff., insbes. S. 142 f., jedoch einschränkend; Fabian, Abgrenzung, S. 21 f., 40 f.; Hälschner, Gemeines deutsches Strafrecht, Bd. I, S. 341, 350, 352, v. Lilienthal, ZStW 15 (1895), S. 260 ff (290 f.) u.a.; v. Buris Versuchslehre war eine konsequente Durchführung seines Kausalitätsbegriffs: Ein strafrechtlich relevanter Erfolg ergebe sich aus der Summe gleichwertiger kausaler Faktoren, von denen der menschliche Wille ein gleichwertiger unter den anderen ist. Scheidet ein Faktor aus, so würde v. Buri zufolge der Erfolg auch wegfallen. Führt ein angestoßener Kausalerfolg nicht zum Erfolg, so zeige sich, daß er im konkreten Fall untauglich war – es gebe überhaupt nur untaugliche Versuche (GA 25, S. 265 ff., 272 ff.). Der auf der objektiven Seite vorliegende Mangel kann in v. Buris Be-

ner der Hauptkritikpunkte an diesem Ansatz war immer, daß sich damit kein Abgrenzungskriterium zwischen Vorbereitung und Versuch finden läßt – in beiden Fällen ist es der verbrecherische Wille, der die Handlung trägt. Die Verabredung wäre damit streng genommen bereits Versuch[152]. Gerade diese Tatsache macht es aber auch theoretisch möglich, die subjektive Versuchslehre hinsichtlich der Unrechtsbegründung auf die Verbrechensverabredung zu übertragen, vorausgesetzt, daß ihre Prämissen zutreffen. § 30 Abs. 2, 3. Alt. StGB verlangt eben keine dem „unmittelbaren Ansetzen" entsprechende objektive Voraussetzung.

Wesentlich ist hier, daß subjektive (Versuchs-)Unrechtslehren allein auf den Handlungsunwert der Tathandlung als unrechtsbegründenden Faktor abstellen. Das Vorliegen eines Erfolgsunwertes sei rein zufällig und könne daher nicht strafbarkeitsbegründend sein[153]. Hier stellt sich zunächst die Frage, worin der Handlungsunwert einer Verbrechensverabredung überhaupt besteht.

b) Der Handlungsunwert der Verbrechensverabredung

Maiwald bezieht sich auf die Strafbarkeit der untauglichen Verabredung, wenn er meint, daß man für die Frage der Strafbarkeitsbegründung doch einfach auf den bloßen Handlungsunwert der Verbrechensverabredung abstellen solle[154]. Handlungsunwert bezeichnet grundsätzlich den Unwert, der nur die Handlung auszeichnet ohne Rücksicht auf die Wirkung der Handlung im Sinne eines Erfolges.

Im Bereich der Vorsatzstrafbarkeit ist nach heutigem Verständnis der Vorsatz Kernpunkt des Handlungsunwerts, sowie weitere subjektive Merkmale, die die Tathandlung tragen, wie z.B. eine rechtswidrige Zueignungsabsicht. Bei Vorsatztaten ist es also – grob gesagt – die Betätigung des rechtsfeindlichen Willens, die den Handlungsunwert ausmacht.

Für die Verbrechensverabredung ist wesentlich, ob die Ausübung des rechtsfeindlichen Willens durch die Verabredung derart vorliegt, daß sie final auf die Verletzung oder Gefährdung eines Rechtsguts gerichtet ist. Dies ist sicher zu verneinen. Es würde bedeuten, daß die Komplottanten mit der bloßen Verabredung eine Rechtsgutsverletzung oder -gefährdung intendieren. Das ist gerade nicht der Fall: Sie verabreden sich nur, eine entsprechende Handlung vorzunehmen. Während ein Versuch, gleich ob er tauglich ist oder nicht, immer eine Rechtsgutsverletzung intendiert, bereitet eine Verabredung einen solchen Angriff nur vor. Würde man einer nichts, d.h. auch keine Gefahr bewirkenden Verabredung ei-

---

griffsschema auch nicht durch den Begriff der Gefahr abgeholfen werden: Da die Wirklichkeit ihm zufolge kausalgesetzlich festliege, der Mißerfolg einer Handlung mithin feststehe, habe auch die Gefahr keinen Wirklichkeitswert (GS 32, S. 348).

152 Wie es schon in der gemeinrechtlichen Komplottlehre vertreten wurde, S. 41 f.

153 Krauß, ZStW 76, S. 62; Zielinski, S. 142, 153.

154 Maiwald, ZStW 88, S. 720.

nen Handlungsunwert im Sinne einer Vorsatztat zusprechen – denn auch eine Verabredung ist eine Handlung – dann müßte man jeden Handlungsentschluß bestrafen. Ein Handlungsentschluß, gleich ob es ein alleiniger oder ein gemeinsamer ist, der nur besteht, aber nichts bewirkt, ist aber straflos[155].

Anders ist es im Fahrlässigkeitsbereich. Hier zeigt sich besonders deutlich, daß der Handlungsunwert vom Erfolgsunwert nicht gänzlich unabhängig ist. Schon im Vorsatzbereich ist ein Handlungsunwert nur zu bejahen, wenn mit der Handlung ein Erfolgsunwert beabsichtigt wird.

Bei der Fahrlässigkeitstat besteht der Handlungsunwert in der objektiven Sorgfaltsplichtverletzung[156]; diese ist aber als solche straflos, wenn sie keinen Erfolgsunwert in Gestalt einer Rechtsgutsverletzung oder -gefährdung bedingt[157]. Da eine Rechtsgutsverletzung bei der Verbrechensverabredung genauso ausgeschlossen werden kann, wie die Absicht einer Rechtsgutsverletzung oder -gefährdung durch die Verabredung, muß das Unrecht der Verbrechensverabredung letztlich in dem Handlungsunwert einer objektiven Sorgfaltspflichtverletzung und in dem Erfolgsunwert einer Rechtsgutsgefährdung gesucht werden.

Das Abstellen auf den reinen Handlungsunwert hingegen muß scheitern[158].

E. Gefahr als unrechtsbestimmendes Merkmal der Verbrechensverabredung

I. Vorbemerkungen

Nach dem bisher Gesagten steht zum einen fest, daß sich der Unrechtsgehalt der Verbrechensverabredung wenn überhaupt, dann nur aus dem Gesichtspunkt der Gefährdung des jeweiligen als Angriffsobjekt gewählten Rechtsgutes ergeben kann.

Dabei ist zunächst die grundsätzliche Frage zu beantworten, ob Gefährdungen überhaupt strafbar sind und wenn ja, wie eine strafwürdige, d.h. jedenfalls aus dem Bereich der „cogitatio“ des Täters heraustretende Gefährdung beschaffen sein muß.

Nach diesen allgemeinen Erwägungen, bei denen auf bisher geleistete umfangreiche wissenschaftliche Arbeit zurückgegriffen werden kann, ist die Frage aufzuwerfen, ob die Verbrechensverabredung sich unter die allgemeinen Voraussetzungen einer strafwürdigen Gefährdung subsumieren läßt.

155 Stratenwerth, Rdnr. 635.

156 Z.B. Jescheck/Weigend, § 55 I 1, S. 577 f.

157 Zumindest muß dies grundsätzlich gelten, vgl. Stratenwerth, Rdnr. 1141 ff., 1146. Inwieweit ein Erfolgsunwert beim Fahrlässigkeitsvorwurf überhaupt fehlen kann, vgl. S. 182 ff. („folgenlose Fahrlässigkeit“).

158 Zu der prinzipiellen Untrennbarkeit von Handlungs- und Erfolgsunwert vgl. auch S. 132 f.

Daß die Verabredung, ein Verbrechen zu begehen, gefährlicher für das Rechtsgut der Verbrechensnorm ist, als ihr Unterbleiben, liegt auf der Hand. Das gleiche gilt aber auch für den Tatentschluß eines Einzelnen, der insoweit aber straflos ist.

Es fragt sich also, worin der Unterschied zwischen der Verabredung und dem Einzelentschluß besteht. Dieser im Hinblick auf die Strafwürdigkeit entscheidende Unterschied kann freilich nicht allein in der Tatsache liegen, daß bei der Verabredung mehrere präsumtive Täter zur Tat entschlossen sind – denn insoweit gibt es keinen Unterschied zu dem Fall mehrerer potentieller Nebentäter, die für ihren unabhängig voneinander gefaßten Tatentschluß allein nicht strafbar sind.

Der wesentliche Unterschied zwischen der Verabredung und dem Einzelentschluß unter dem Aspekt der Gefährdung muß folglich in dem *Zusammenschluß* der Komplottanten liegen. Denn der augenfälligste Unterschied zwischen der Verabredung mehrerer und dem Tatentschluß einer Einzelperson liegt in der erforderlichen Entäußerung der jeweiligen Einzelentschlüsse bei der Verabredung; die Verabredung hat im Gegensatz zu dem Einzelvorsatz eine notwendig intersubjektive Relevanz. Dieser Umstand intersubjektiver Relevanz des Komplotts kann nach dem bisher Gesagten nur erheblich sein, wenn sich nachweisen ließe, daß ein entäußerter Verbrechensentschluß – untechnisch gesprochen – „gefährlicher" ist, als der in aller Regel nicht entäußerte Einzelentschluß[159].

II. Der Gefahrbegriff

Die grundsätzliche Frage, was Gefahr eigentlich ist, wie man sie rechtlich, insbesondere strafrechtlich zu erfassen hat, ist heute bei weitem nicht mehr derart in der Diskussion, wie die Frage der Voraussetzungen, unter denen ein Gefahrzustand strafrechtlich zu beurteilen ist. Trotzdem sollen die verschiedenen in der Wissenschaft erörterten Gefahrbegriffe dargestellt werden, um die Prämissen für diese Untersuchung insoweit klarzustellen.

Die Definition von Gefahr ist deswegen so schwierig, weil es um einen Abschnitt aus einem eigentlich noch fortlaufenden Geschehen geht, welches nach unserem Alltagsverständnis seinen logischen Abschluß entweder in einer Rechtsgutsverletzung oder aber in einer Situation findet, in der überhaupt keine Anhaltspunkte für eine Verletzung zu sprechen scheinen.

1. Der subjektive Gefahrbegriff

Gerade an unserem Alltagsdenken, dem Glaube daran, daß „etwas passiert" oder „nichts passieren kann", ist die subjektive Gefahrtheorie orientiert.

159 So auch Beck, S. 205.

Sie hatte ihren Ursprung in dem naturwissenschaftlichen Weltbild des 19. Jahrhunderts[160]. Ausgangspunkt war der feste Glaube an eine absolut geltende Determiniertheit aller Kausalverläufe: Die Ereignisse passierten notwendigerweise oder waren, sofern sie eben nicht eingetreten waren, unmöglich[161].

Gefahr als ein Zustand, der zu einer Verletzung hin tendierte, die man aber doch noch verhindern konnte, mußte aufgrund dieser Weltsicht irreal sein. Dementsprechend war die im Schrifttum des späten 19. und frühen 20. Jahrhunderts herrschende Lehre die eines „subjektiven" Gefahrbegriffs[162], der auch in neuerer Zeit noch teilweise vertreten worden ist[163].

Wenn also die bloße Möglichkeit einer Verletzung, die sich nicht verwirklicht hat, objektiv nicht real ist, so ergibt sich nach dieser Prämisse jene Möglichkeit durch die Beschränktheit menschlicher Erkenntnis. Gefahr soll also nach der subjektiven Theorie lediglich eine Prognose von Menschen über einen Kausalverlauf sein, der dann anders als prognostiziert verläuft, womit also die Prognose ex tunc falsch gewesen sei. So sagt Finger, daß „Gefahr ein Kind unserer Unwissenheit" sei[164], die unerfüllte Möglichkeit einer Verletzung also erst und nur durch die Unzulänglichkeit menschlicher Erkenntnis zustande käme. Gefahr existiere nur subjektiv, als subjektives (Fehl-)Urteil eines unvollständig informierten Beurteilers, aber eben nicht objektiv.

In der Form der Gefahrprognose eines gedachten Beobachters mit einer im Vergleich zu den ex-post-Kenntnissen beschränkten Wissensbasis wird die subjektive Theorie auch heute noch oft vertreten. Demnach sollen lediglich das Tatsachen- und Erfahrungswissen im Zeitpunkt der potentiellen Gefährdung verwertet werden dürfen, wobei nur strittig ist, welcher Maßstab an die Kenntnisse des gedachten Beobachters zu stellen ist[165]. Dem ist sicher zuzugeben, daß der auf die Tatsache des Ausbleibens der Rechtsgutsverletzung gewonnene Erfahrungszuwachs (ex-post) allein nicht zu einer Verneinung der Gefahr führen kann; denn dann wäre der Eintritt einer Gefahr abhängig von dem Eintritt einer Rechtsgutsverletzung, was, wie im Folgenden noch aufgezeigt werden wird, nicht sein kann. Ferner würde es die Funktion der Gefährdungsdelikte, gerade das Zufallsmoment einer Handlung zu reduzieren, aushebeln[166]. Andererseits ist es natürlich richtig, daß der Eintritt einer Verletzung eine vorherige Gefahr bezeugt,

160 Demuth, S. 51; vgl. Dimitratos, S. 32.

161 Bassenge, S. 20, 21; Busch, Gefahr, S. 11.

162 v. Buri, Beiträge, S. 368 ff.; Finger, S. 17 f.

163 Z.B. bei Bassenge, S. 21 u.a.

164 Finger, S. 237.

165 Vgl. Lackner, Gefährdungsdelikt, S. 18 m.w.N.

166 Schünemann, JA 1975, S. 210. Zur Funktion der Gefährdungsdelikte vgl. auch S. 145 ff.

sofern sich die Verletzung als adäquate Folge der in der gefährdenden Handlung steckenden Risiken erweist[167].

Man kann innerhalb der Lehre vom subjektiven Gefahrbegriff eine den oben skizzierten Standpunkt radikal vertretene Strömung, aber auch eine gemäßigtere entdecken. Gerade ihre Hauptvertreter – v. Buri und Finger – gingen einen gemäßigten Weg, indem sie ein Gefahrurteil zwar als nur subjektiv auffaßten, ihm aber doch eine Allgemeingültigkeit zuwiesen, wenn es Situationen betraf, die von jedem vernünftigen Menschen als gefährlich betrachtet werden würden[168]. Gerade in dieser Hauptströmung wird die subjektive Gefahrtheorie brüchig und verstrickt sich in Widersprüche: Gefahr sei zwar einerseits nicht real, soll andererseits aber zukünftige Verhaltensweisen beeinflussen und dies sogar in allgemeingültiger Weise.

Die Tatsache, daß dieser zuletzt genannte Aspekt – die Beeinflussung zukünftiger Verhaltensweisen durch Gefahr in allgemeingültiger Weise – letztlich richtig ist, kann als Grund angesehen werden, warum die subjektive Gefahrtheorie heute als überholt angesehen werden darf.

Die Aussage, nach der alle Kausalverläufe von vornherein determiniert sind, ist falsch. Eine rein objektive Welt, die lediglich vom Kausalverlauf beherrscht wird, kann es nicht geben, da alles, was wir als Tatsachen oder Zustände bezeichnen, nicht durch sich selbst, sondern eben als vom Menschen begriffene Zustände existiert[169]. Es gibt also keine Außenwelt, die von sich aus bestimmt, was existiert und was nicht; über die Existenz von Zuständen, also auch über das Bestehen einer Gefahr, entscheidet nur das Begriffssystem des Beurteilenden[170]. Die subjektive Gefahrtheorie gliedert die Welt ihrerseits unter Notwendigkeits- und Unmöglichkeitsaspekten. Dieses radikale Kausaldogma ist heute wissenschaftlich überholt. Während man im 19. Jahrhundert davon ausging, mit deterministischen Kausalgesetzen als Instrumenten der klassischen Physik die Natur erklären zu können, ist man heute zu der Erkenntnis gelangt, daß im mikro-physikalischen Bereich quantenphysikalische Gesetze irreduzibel-statistischer Natur gelten, also vom Indeterminismus bestimmte Gesetze[171].

So verkennt ein subjektiver Gefahrbegriff, jedenfalls in seiner radikalen Form, daß Menschen in gewissen Grenzen Geschehensabläufe voraussehen können und ihr zukünftiges Verhalten auch durch bloße Schadensprognosen derart be-

167 Horn, S. 51 ff., m.w.N.

168 v. Buri, Beiträge, S. 398 f.; Finger, S. 17 f.

169 Dimitratos, S. 41; Horn, S. 38 f.

170 Horn, S. 36.

171 Dimitratos, S. 43.

einflussen lassen, daß diese Schadensprognose (Gefahr) *Wirklichkeitswert* hat[172] und zwar einen objektiven.

Ein besonders krasses Beispiel für die wirklichkeitsfremden Ergebnisse eines subjektiven Gefahrbegriffs findet sich bei v. Buri[173]: Bei Kriegsteilnehmern wären demnach nur diejenigen in Gefahr geraten, die tatsächlich gefallen sind, wohingegen diejenigen, die glücklicher- und zufälligerweise den Krieg lebend überstanden haben, niemals in eine Gefahrsituation geraten sein sollen.

2. Der objektive Gefahrbegriff

Die sich auf die Lehre von der adäquaten Verursachung[174] stützende Lehre vom objektiven Gefahrbegriff geht demgegenüber von der Gefahr als objektive Möglichkeit einer Rechtsgutsverletzung aus[175]. Gefahr ist demnach etwas objektiv Gültiges, ohne Rücksicht auf die subjektive Fehlbarkeit des Beurteilenden.

Bei der Herbeiführung eines Erfolges kann kein einziger Faktor als Hauptursache angesehen werden, da nicht abgewogen werden kann, wieviel die einzelnen Ursachen zum Erfolg beigetragen haben[176]. Daraus folgt, daß man lediglich bestimmte Bedingungen suchen kann, die generell geeignet sind, einen bestimmten Erfolg herbeizuführen. Gefahr ist demnach eine gewisse Wahrscheinlichkeit, die vorliegt, wenn die betreffenden generell geeigneten Bedingungen vorliegen. Die Bedingungen werden also nicht aufgrund eines tatsächlichen Beitrages zum Erfolgseintritt als Ursache behandelt, sondern aufgrund ihrer Wirkungsfähigkeit. Demnach ist es für das Vorliegen einer Gefahr irrelevant, ob der Verletzungserfolg eintritt[177]. Das Wahrscheinlichkeitsurteil ist also eine eigenständige, d.h. vom Erfolg selbst unabhängige Größe.

Die Erkenntnis, daß Gefahr ein realer Erfolg, (konkrete) Gefährdungsdelikte insoweit also „Erfolgsdelikte" sind, ist heute unbestritten[178]:

Es tritt eine tatsächliche Verschlechterung der Lage des Rechtsguts ein.

Die in Literatur und Rechtsprechung gängige Gefahrdefinition baut dementsprechend auf der objektiven Theorie auf: Gefahr ist demnach ein Zustand, der

---

172 So ganz richtig Gallas, in Heinitz-FS, S. 176.

173 v. Buri, GS 32 (1880), S. 348; vgl. die harsche Kritik dazu von v. Hippel, S. 422.

174 Vgl. dazu allgemein: v. Kries, Wahrscheinlichkeitsrechnung.

175 Busch, Gefahr, S. 15 ff.; Henckel, S. 9.; v. Kries, Begriff der objektiven Möglichkeit, S. 66 ff.; v. Liszt/Schmidt, LB, 1. Bd., § 28 II, III, S. 157 f.; Miricka, S. 146.

176 v. Kries, Begriff der objektiven Möglichkeit, S. 66 ff.

177 Hücking, S. 4.

178 Vgl. Baumann/Weber/Mitsch, AT, § 8 III 5, Rdnr. 42, S. 108; Dimitratos, S. 7; Gallas, in: Heinitz-FS, S. 171 f., 176; Horn, S. 7 f.; Jescheck/Weigend, § 26, II, 2., S. 264; Lackner, Gefährdungsdelikt, S. 7; Schmidhäuser, AT, 8/41, S. 214 f.; Schönke/Schröder-Cramer, Rdnr. 2 vor §§ 306 ff.; Wolter, S. 197 f. u.a.

bei ungehindertem Fortgang des Geschehens die große Wahrscheinlichkeit in sich birgt, in eine Rechtsgutsverletzung umzuschlagen[179]. Konkrete Gefahr wird als ein regelwidriger Zustand beschrieben, bei dem der Eintritt eines Schadens wahrscheinlicher ist, als sein Ausbleiben[180].

Hier wird die Frage nach dem erforderlichen Grad an Wahrscheinlichkeit aufgeworfen; er muß höher sein, als der Grad der Wahrscheinlichkeit des Ausbleibens einer Verletzung.

Dieser Ansatz begründet allerdings mehr neue Probleme, als er löst. Wahrscheinlichkeit ist nur ein statistischer Anschein, der sich bei dem ex-post möglichen Blick auf den tatsächlichen Ausgang des Geschehens bis zur Irrelevanz verflüchtigt[181]. Wenn man den Einzelfall durch das Anlegen einer Statistik derartig abstrahiert, so werden die konkret schadenshindernden Umstände vernachlässigt, was auf einen Verstoß gegen den Grundsatz „in dubio pro reo" hinausliefe[182]. Außerdem ist durch die Verwendung des Wahrscheinlichkeitsbegriffes die Entnormativierung des Gefahrbegriffes nicht gelungen. Man kann die in den komplexen Lebenssituationen geltenden Wahrscheinlichkeitsgesetze nicht quantifizieren; statt dessen muß der Richter bei konkreten Gefährdungsdelikten abwägen, ob der Wahrscheinlichkeitsgrad für die Bejahung einer Gefahr im Einzelfall ausreicht[183]. Dabei können aber auch noch weitere Gesichtspunkte eine Rolle spielen, z.B. besondere Fähigkeiten des potentiellen Opfers, die den Eintritt einer Verletzung im Gegensatz zu vergleichbaren Situationen mit einem nicht entsprechend befähigten Opfer ausschließen[184] oder bestimmte generell beherrschbare Rettungsmittel. Die Bewertung des Rettungsgrundes im Einzelfall muß also entscheidend sein für die Beantwortung der Frage, ob eine Gefahr vorlag oder nicht. Ein bestimmter Wahrscheinlichkeitsgrad läßt sich abstrakt nicht festlegen, da er in seinem Umfang von der Art des Rechtsguts, des betreffenden Gefahrenbereiches und anderer denkbarer Faktoren abhängt, dessen Bandbreite überschritten sein muß[185]. Daher hat der BGH auch zu Recht die Forderung einer „überwiegenden Wahrscheinlichkeit" in einer Entscheidung abgelehnt[186] – konkrete Gefährdungen sind eben weitaus häufiger als Verletzungen.

---

179 RGSt. 30, 178 (179); BGHSt 8, 28 (32 f.); 13, 66 (70); 18, 271 (272 f.); vgl. auch Jescheck/Weigend, § 26 II 2, S. 264.

180 RGSt 10, S. 173 (176); BGHSt 8, 28 (31), m.w.N.

181 Vgl. Schünemann, JA 1975, S. 210.

182 Vgl. Horn, S. 131 f., 182 ff.

183 Schünemann, a.a.O., S. 211.

184 Vgl. das Beispiel bei Schünemann, a.a.O.: Ein Kraftfahrer hält grob rücksichtslos auf ein entgegenkommendes Fahrzeug zu, in dem ein professioneller „Crashfahrer" sitzt, für den das Ausweichen über einen Straßengraben eine „leichte Übung" darstellt.

185 Schünemann, a.a.O., S. 212.

186 BGHSt 18, 271 ff.

3. Die Konzeption Horns

Horn geht von der richtigen These aus, daß konkrete Gefahr nur strafbegründend sein kann, wenn sie ähnlich wie die Rechtsgutsverletzung einen besonderen Eindruck von der Unwertigkeit der Handlung vermittelt[187]. Demnach sei Gefahr ein Sachverhalt, der entsprechend einem abstrakten Kausalgesetz regelmäßige Ursache einer Verletzung ist[188], ohne daß das Ausbleiben des Erfolges durch ein gegenüber dem abstrakten Kausalgesetz spezielleres „Unmöglichkeitsgesetz" erklärt werden kann[189]. Um auf das Beispiel der besonderen, im Einzelfall gefahrausschließenden Fähigkeiten eines potentiellen Opfers zurückzukommen, wären diese besonderen Fähigkeiten das gegenüber dem abstrakten Kausalgesetz speziellere Unmöglichkeitsgesetz, durch das eine Gefahr zu verneinen wäre.

Problematisch an Horns Konzeption ist vor allem, daß sie bezüglich der Koordinaten des abstrakten Kausalgesetzes und des konkreten Unmöglichkeitsgesetzes die überholten kausalmonistischen Prämissen des subjektiven Gefahrbegriffs wiederholt, statt sie durch die oben genannten wahrscheinlichkeitstheoretischen Ansätze der modernen Wissenschaftstheorie zu ersetzen[190]. Diese Auswechslung des in der Praxis nicht realisierbaren Kausalgesetzes durch ein bloß statistisches Gesetz ist aufgrund unserer durch die Komplexität sozialer Lebenssachverhalte bedingten Wissenslücken erforderlich, so daß die Koordinaten Horns – das abstrakte Kausalgesetz einerseits und das speziellere Unmöglichkeitsgesetz andererseits – zu der einen Prüfung zusammengefaßt werden, ob der jeweilige Sachverhalt insgesamt einem eine Schadensprognose ermöglichenden statistischen Gesetz unterfällt[191].

Der schwerwiegendere Einwand gegen Horns Konzept bezieht sich aber auf seine These von der Ermittlung des Unwertigkeitseindrucks der Handlung. Der Unwert einer Handlung kann nur normativ erfaßt werden. Statt dessen verweist Horn pauschal auf die Naturwissenschaften.

Die Fehlerhaftigkeit dieses Ansatzes soll ein Beispiel verdeutlichen:

Ein Kraftfahrer hält grob rücksichtslos und verkehrswidrig auf ein ihm entgegenkommendes Fahrzeug zu. Wenn nun der Zusammenstoß durch ein naturwissenschaftliches Phänomen wie z.B. einer Windbö[192] verhindert wird, so kann dies ex post naturwissenschaftlich erklärt werden und müßte Horn zufolge zum Ausschluß einer Gefahr führen. Doch die naturwissenschaftliche Erklärbarkeit des Ausbleibens einer Verletzung ist quasi immer möglich und kann nicht den

187 Horn, S. 108.
188 Horn, S. 151 f.
189 Horn, S. 159 f., 187 ff.
190 So zu Recht Schünemann, a.a.O., S. 211.
191 Schünemann, a.a.O., S. 212.
192 Vgl. das Beispiel bei Schünemann, a.a.O. S. 212.

Eintritt einer konkreten Gefahr ausschließen[193]. Gerade die Tatsache, daß die Rettung im konkreten Fall von einer atypischen und dem menschlichen Einfluß entzogenen Tatsache abhängt, begründet gerade die Gefahr, wenn man den Gefahrbegriff richtigerweise normativ erfaßt.

4. Der normative Gefahrbegriff

Der dieser Arbeit zugrunde gelegte normative Gefahrbegriff soll hier nicht in allen Schattierungen dargestellt werden[194]. Es sollen hier nur seine wesentlichen inhaltlichen Schwerpunkte dargestellt werden: Der Täter muß eine tatbestandsmäßige Handlung vornehmen. Es muß ferner ein tatbestandsmäßiges, individuelles Rechtsgutsobjekt vorhanden sein, dessen Integrität im Sinne einer Gefährdung in Frage steht. Weiterhin muß aufgrund der verfügbaren Wahrscheinlichkeitsgesetze die Verletzung des besagten Rechtsgutsobjekts naheliegend sein, d.h. als adäquate Folge der Tathandlung erscheinen. Schließlich müssen all jene Rettungsursachen, die nicht bereits bei einem „normalen" Ablauf des Geschehens als ebenso adäquat erwartet hätten werden können, sondern auf einer für die Beteiligten unbeherrschbaren und unvorhersehbaren Verkettung anderer, tathandlungsfremder Ursachen beruhen (also „zufällig" sind) oder auch einer besonderen Geschicklichkeit des Bedrohten zu verdanken sind, bei der Gefahrbeurteilung ex ante außer Acht gelassen werden. Die Feststellung ihrer Existenz ex post kann nicht zu dem Urteil führen, eine Gefahr hätte nicht vorgelegen[195].

III. Inhaltliche Unterscheidung zwischen abstrakter und konkreter Gefahr

In der wissenschaftlichen Diskussion hat sich die Unterscheidung zwischen „konkreten" und „abstrakten" Gefährdungsdelikten durchgesetzt[196]. Bevor eine Einordnung der Verbrechensverabredung als quasi-konkretes oder quasi-abstraktes Gefährdungsdelikt möglich ist, muß die inhaltliche Unterscheidung zwischen diesen Begriffen geklärt sein.

Gesetzestechnisch liegt der Unterschied zwischen den beiden Deliktsarten darin, daß der Richter beim konkreten Gefährdungsdelikt die Gefahrwertung selbständig zu treffen hat, während dieses der Gesetzgeber bei den abstrakten Gefährdungsdelikten im Tatbestand bereits vorweggenommen hat. Der durch diese grobe, eben rein gesetzestechnische Unterscheidung leicht entstehende Eindruck, abstrakte Gefahr sei etwas „Fiktives", während konkrete Gefahr „tatsächlich" vorhanden sein

---

193 So aber Horn, S. 175.
194 Vgl. dazu Wolter, S. 217 ff.
195 Schünemann, a.a.O., S. 213.
196 Vgl. exemplarisch Gallas in: Heinitz-FS, S. 171 ff.; Jescheck/Weigend, § 26 II 2, S. 263 ff.

muß, täuscht freilich. Schon die Begrifflichkeit (konkrete und abstrakte „Gefahr") macht deutlich, daß jeweils ein Gefahrzustand vorausgesetzt wird.

Wie bereits dargestellt, ist ein Gefahrurteil ein Wahrscheinlichkeitsurteil. Ein solches ist nur möglich, wenn man die Beobachtungen eines bestimmten Sachverhalts zu allgemeinen Gesetzen in Beziehung bringt. Eine Gefahr liegt – grob gesagt – dann vor, wenn die Bewertung der Beobachtung anhand der allgemeinen Gesetze zu dem Ergebnis führt, daß eine Verletzung möglich, ja wahrscheinlich ist.

Die allgemeinen Gesetze als Urteilsbasis setzen sich aus mit dem zu beurteilenden Einzelfall vergleichbaren Fällen zusammen, bei denen der Kausalverlauf in bestimmten Häufigkeiten zu bestimmten Ergebnissen führt.

Plastisch läßt sich dies durch das klassische Würfelbeispiel darstellen[197]: So ist die Wahrscheinlichkeit, eine Sechs (oder eine andere Zahl) zu würfeln, nach allgemeinem Erfahrungssatz 1 : 6. Ob tatsächlich eine Sechs gewürfelt wird oder nicht oder bei welchem Wurf, ist damit nicht gesagt. Die generelle Feststellung, daß die Möglichkeit des Würfelns einer Sechs 1 : 6 beträgt, ist nicht prinzipiell unterschieden von dem konkreten Wahrscheinlichkeitsurteil, das aufgrund der generellen Feststellung (dem Erfahrungssatz) getroffen wird. Das abstrakte und das konkrete Gefahrurteil sind also von ihrer logischen Struktur her gleich: Zum einen basiert die abstrakte Möglichkeit (Gefahr) auf Eigenschaften der konkreten Tat, zum anderen bedarf es für das konkrete Gefahrurteil einer Prognose, welche immer ein Element der Generalisierung und damit der Abstraktion enthält[198]. Es ist also auch unrichtig, daß abstrakte Gefahrurteile im Gegensatz zu konkreten nicht auf konkreten Tatsachen beruhen: Auch die in den abstrakten Gefährdungstatbeständen vom Gesetzgeber umschriebenen Gefahrzustände basieren auf konkreten Tatsachen, wie z.B. einer Trunkenheitsfahrt, § 316 StGB[199].

Der Unterschied liegt lediglich darin, daß das konkrete Gefahrurteil das speziellere ist, da der Richter grundsätzlich alle konkreten Tatsachen in seine Wertung einbeziehen kann, während abstrakte Gefährdungstatbestände die zu bewertenden Tatsachen festlegen. Aber auch dieser Unterschied muß nicht unbedingt praktisch relevant sein. Es ist durchaus denkbar, daß ein Richter gar nicht mehr konkrete Tatsachen sinnvoll zu seinem Gefahrurteil hinzuziehen könnte, als bereits im abstrakten Gefährdungstatbestand festgelegt sind. Dies gilt insbesondere bei besonders komplexen abstrakten Gefährdungsdelikten, mithin bei solchen, die einen nahezu immer auch konkret gefährlichen Zustand beschreiben, ohne daß Tatsachen denkbar sind, die im konkreten Fall Ungefährlichkeit nachweisen könnten,

---

197 Vgl. dazu Brehm, S. 18, 19.

198 Gallas, in: Heinitz-FS, S. 175.

199 Brehm, S. 19.

wenn sie in die Wertung einbezogen werden dürften[200]. Es kann wohl kaum bestritten werden, daß die Fahrt eines absolut Fahruntüchtigen auf einer öffentlichen Straße (§ 316 StGB) ex ante betrachtet in jedem Einzelfall gefährlich ist. Die Folgerung, ein Verhalten ist gefährlich, ist immer relativ zu dem als Prämisse vorausgesetzten Wahrscheinlichkeitsgesetz richtig. Wenn man also z.B. im Fall des § 306 a Abs. 1, Nr. 1 StGB (§ 306 Nr. 2 StGB a.F.) von dem allgemeinen Gesetz ausgeht, daß das In-Brand-setzen eines Wohnhauses gefährlich ist, so ist die konkrete, diese Voraussetzungen erfüllende Handlung in jedem Einzelfall gefährlich, ganz gleich, ob sich jemand in dem Wohnhaus aufgehalten hat oder nicht[201]. Daß § 316 StGB kein konkretes Gefährdungsdelikt im Gegensatz zu § 315 c StGB ist, liegt lediglich an der Gesetzestechnik: Während bei § 315 c StGB das Tatbestandsmerkmal „gefährdet" eine Wertung des Richters unabhängig von den weiteren Tatbestandsmerkmalen erfordert, kann er sich bei § 316 StGB mit der Feststellung der dort umschriebenen Tatbestandsvoraussetzungen begnügen, ohne einen solchen Zustand zusätzlich noch als „gefährlich" einstufen zu müssen.

Daraus folgt, daß sich abstrakte und konkrete Gefahr inhaltlich nicht prinzipiell unterscheiden. Der Unterschied ist lediglich in der Gesetzestechnik zu sehen, die dem abstrakten Gefahrurteil ein generalisiertes Wahrscheinlichkeitsgesetz zugrundelegt.

Diese Gesetzestechnik kann bei abstrakten Gefährdungsdelikten zu einer „Verkürzung" der Betrachtung des Sachverhaltes führen (auch wenn dies nicht der Fall sein muß, s.o.). Die Einbeziehung von Rettungsfaktoren, die nach dem normativen Gefahrbegriff im konkreten Fall den Eintritt einer Gefahr verhindern würden, da es sich um Faktoren handelt, auf die man im Einzelfall bauen konnte und die den Nichteintritt einer Verletzung nicht als zufällig erscheinen lassen, werden bei abstrakten Gefahrurteilen tatbestandlich ausgeblendet. Damit ist aber nicht gesagt, daß sich konkrete und abstrakte Gefahr doch begrifflich unterscheiden: Gefahr tritt konkret ein oder gar nicht. Lediglich das Gefahrurteil ist bei abstrakten Gefährdungsdelikten abstrahiert.

IV. Die Verbrechensverabredung: Konkretes oder abstraktes Gefährdungsdelikt?

Da § 30 Abs. 2 StGB kein delictum sui generis ist, stellt sich die Frage in der Überschrift eher in struktureller Hinsicht; man könnte auch von dem Problem sprechen, ob die Verbrechensverabredung als quasi-konkreter oder als quasi-abstrakter allgemeiner Gefährdungstatbestand eingestuft werden kann.

---

200 Brehm, S. 20, der es für möglich hält, diese abstrakten Gefährdungsdelikte dann schon als „konkrete" zu bezeichnen.

201 Vgl. Brehm, S. 41.

Da es § 30 Abs. 2, 3. Alt. StGB in Ermangelung des Tatbestandsmerkmals „Gefahr“ nicht dem Richter überläßt, einen Gefahrzustand festzustellen, sondern ein solcher durch den Gesetzgeber bei Vorliegen der Tatbestandsmerkmale vermutet wird, ist die Verbrechensverabredung nach der oben vorgenommenen Unterscheidung zwischen abstrakter und konkreter Gefahr strukturell als abstraktes Gefährdungsdelikt einzustufen[202]. Die Untersuchung der noch nicht erörterten Frage der genauen dogmatischen Einordnung abstrakter Gefährdungsdelikte und ihrer Strafbarkeitsvoraussetzungen müßte daher gleichzeitig die Voraussetzungen für die Strafbarkeit der Verbrechensverabredung ergeben. Anders gesagt: Die Strafwürdigkeitsvoraussetzungen abstrakter Gefährdungsdelikte müßten gleichzeitig die Voraussetzungen herauskristallisieren, die auch für die Strafbarkeit der Verbrechensverabredung in ihrer gegenwärtigen gesetzlichen Struktur als quasi-abstraktes Gefährdungsdelikt vorliegen müssen.

V. Die Funktion von Gefährdungsdelikten

Die Beantwortung der Frage nach der Funktion von Gefährdungsdelikten allgemein ist deswegen erforderlich für diese Untersuchung, da die legitimen Funktionen der Gefährdungsdelikte zwingender Maßstab für die Voraussetzungen ihrer Strafwürdigkeit sind – der Strafgrund abstrakter Gefährdungsdelikte darf grundsätzlich nicht den Funktionen der Gefährdungsdelikte widersprechen.

Die Bedeutung der Bestrafung einer Gefährdung liegt in erster Linie in der darin enthaltenen Vorverlagerung der Strafbarkeit gegenüber dem Verletzungsstadium[203]. Sehr bildhaft drückte es Binding aus: „Umwallen“ soll das Rechtsgut auch das „Gefährdungsverbot“ als „vorgeschobenes Befestigungswerk“[204].

Die Gründe für die Schaffung von Gefährdungstatbeständen können aber noch stärker ausdifferenziert werden.

1. Ausschaltung des Zufallsaspekts[205]

Der wesentlichste Grund für die Schaffung von Gefährdungstatbeständen ist die Ausschaltung des Zufallsaspekts. Wenn ein Täter vorsätzlich oder fahrlässig eine Kausalkette in Gang setzt, die nur aufgrund eines unvorhersehbaren inadäquaten Zufalls nicht zu einer Rechtsgutsverletzung führt, so ist nicht einzusehen, warum dem Täter dieser bloße Zufall zur Straflosigkeit gereichen sollte.

202 So auch Letzgus, S. 186.

203 Dimitratos, S. 15; Baumann/Weber/Mitsch, AT, § 8 III 5, Rdnr. 42, S. 108; Lackner, Gefährdungsdelikt, S. 14; Henckel, S. 44.

204 Binding, Normen, S. 326.

205 Weber hat eine sinnvolle Unterteilung vorgenommen, die hier im wesentlichen übernommen wird, in: Vorverlegung, ZStW-Beiheft 1987, S. 22 ff.

Diese Funktion von Gefährdungsdelikten stützt auch die Richtigkeit des normativen Gefahrbegriffs.

Bei den Vorsatz-Verletzungsdelikten übernimmt diese Funktion letztlich die Versuchsstrafbarkeit. Gerade aber für den Bereich der Fahrlässigkeit erfüllen Gefährdungstatbestände die Funktion der Ausschaltung des Zufallsaspekts. Hier deutet sich bereits ein wesentlicher Anknüpfungspunkt für die dogmatische Einordnung von abstrakten Gefährdungsdelikten an: Die (folgenlose) Fahrlässigkeit.

2. Mangelnder Nachweis der Kausalität zwischen Tathandlung und Erfolg

Des weiteren werden Gefährdungstatbestände geschaffen, bei denen zwar sowohl ein gefährdendes Verhalten des Täters, als auch eine Rechtsgutsverletzung vorliegen, die Kausalität aber zwischen beiden Elementen nicht feststellbar ist.

Ein klassisches Beispiel dafür ist § 227 StGB: Der Tod eines Menschen bzw. eine schwere Körperverletzung im Sinne des § 227 StGB, der/die sich nach einer Schlägerei einstellt, wird nach herrschender Ansicht aus dem Zurechnungszusammenhang gelöst und als objektive Bedingung der Strafbarkeit ausgestaltet[206]. Das Tatunrecht wird nur noch durch einen Gefährdungstatbestand begründet. Unabhängig von der Frage, ob eine solche Einordnung als objektive Strafbarkeitsbedingung mit dem Schuldprinzip vereinbar ist[207], kann die Bestrafung der Verbrechensverabredung nicht derselben Funktion entsprechen, da bei ihr ein Verletzungserfolg ohnehin fehlt.

3. Ein Verletzungserfolg ist nicht feststellbar

Dementsprechend liegt es näher, die Funktion der Bestrafung der Verbrechensverabredung innerhalb der generell üblichen Funktion vieler Gefährdungsdelikte anzusiedeln, schadensgeneigte Handlungen, bei denen ein Verletzungserfolg nicht nachweisbar ist, eben unter dem Gefährdungsaspekt zu bestrafen.

So ist es z.B. bei Delikten wie dem Landesverrat (§ 94 StGB) und dem sonstigen Offenbaren von Staatsgeheimnissen (§§ 95 ff. StGB) kaum nachweisbar, ob im jeweiligen Einzelfall tatsächlich ein schwerer Nachteil für die Bundesrepublik Deutschland entstanden ist. Auch bei den Falschaussagedelikten können sich erhebliche Schwierigkeiten ergeben, wenn man nachweisen müßte, daß ein gerichtliches Urteil falsch ist, und ob eine einzelne Falschaussage auch wirklich kausal für das unrichtige Urteil war. Bei all diesen Delikten knüpft die Strafbarkeit folgerichtig an das schadensgeneigte Verhalten als solches an, somit also an das Gefährdungspotential der Tathandlung.

---

206 Arzt/Weber, BT, LH 2, Rdnr. 24.

207 Vgl. zu dieser Frage Weber, a.a.O., S. 23.

Bei der Verbrechensverabredung aber geht es keineswegs um das Fingieren eines Verletzungserfolges. Im Unterschied zu den oben genannten Delikten kann bei der Verabredung ein Verletzungserfolg definitiv ausgeschlossen werden.

Somit erfüllt die Strafbarkeit der Verbrechensverabredung auch nicht diese Funktion der Gefährdungsdelikte.

4. Illegitime Begründungen für die Schaffung von Gefährdungstatbeständen

Daneben gibt es noch Funktionen von Gefährdungsdelikten, die insbesondere an der mittlerweile extrem starken Ausuferung der abstrakten Gefährdungstatbestände einen großen Anteil haben, die unter strafrechtlichen Gesichtspunkten als illegitim bezeichnet werden müssen. Hierbei geht es um die Vielzahl abstrakter Gefährdungstatbestände im Ordnungswidrigkeitenrecht, die im Wesentlichen nicht mehr strafrechtlicher, sondern polizeirechtlicher Natur sind[208]. Hier geht es wieder um den Unterschied zwischen strafrechtlich relevanter Gefahrschaffung, die nach strafrechtlichen Begriffen Strafunrecht darstellen muß, und einer lediglich polizeirechtlichen Gefahr, bei der die staatliche Intervention allein aus dem Präventionsgedanken folgt und daher kein Strafverfolgungsrecht auslösen kann und darf. Insoweit kann verwiesen werden auf die Kritik an der Verabsolutierung des Präventionsgedankens im Strafrecht[209].

VI. Die Strafbegründung der Gefährdungsdelikte

1. Der Strafgrund konkreter Gefährdungsdelikte

Konkrete Gefährdungsdelikte sind solche, die als Tatbestandsmerkmal eine Gefahr im oben beschriebenen Sinne aufweisen. Nach der Klärung der Frage, was Gefahr eigentlich ist, stellt sich die weitergehende Frage, wieso und wann die Schaffung von Gefahr strafrechtliches Unrecht darstellen soll bzw. wie es Zaczyk so treffend formuliert: „... ob das Beinahe schon das Ganze sein kann“[210]. Wenn man bei dem oft angebotenen, doch recht formalen Argument verbleibt, daß der Staat über das Strafrecht nicht nur Verletzungen, sondern auch Gefährdungen verhindern müsse[211], würde sich doch die von den Anhängern der finalen Handlungslehre propagierte Konzentration des Staates auf die Strafbarkeit von Gefährdungen[212] anbieten, um es gar nicht zu Verletzungen kommen zu

208 Vgl. dazu Weber, S. 29, 30.

209 Vgl. S. 111 ff., 113 ff.

210 Zaczyk, S. 49.

211 Vgl. z.B. Baumann/Weber, AT, § 33 I 1 c, S. 480.

212 So Zielinski, S. 123 ff., wo er insbesondere den entsprechenden Ansatz Kaufmanns bis zur letzten Konsequenz zu Ende denkt.

lassen. Aber dieser Ansatz ist in seiner Radikalität als untauglich abzulehnen, würde er doch de facto ebenfalls zu einem reinen Präventionsstrafrecht führen. Stattdessen wird man sich um ein materielles Argument für die Strafwürdigkeit von Gefährdungen bemühen müssen, und dies ist Gallas gelungen: „Konkrete Gefährdung bedeutet für das betroffene Rechtsgut eine vom Täter herbeigeführte Verschlechterung seiner Lage; die Existenz oder Integrität des Gutes ist tatsächlich in Frage gestellt, und die Krise, in die es damit geraten ist, besitzt, wie etwaige Reaktionen der Umwelt oder Abwehrmaßnahmen des Rechtsgutsträgers zeigen, „soziale Realität", unabhängig davon, ob tatsächlich etwas passiert oder sich die Krise nur als vorübergehend erweist".[213] Damit ist im Prinzip nichts anderes gesagt, was schon zur Definition des Begriffs „Gefahr" gesagt wurde, versehen allerdings mit der Wertung, daß dieser Zustand Unrecht darstellen kann. Gefahr hat Realitätswert, ist nicht bloß fiktiv, sondern bestimmt menschliche Verhaltensweisen. Da der Realitätswert der Gefahr ein für das betreffende Rechtsgut negativen Einfluß ausübt, Abwehrmaßnahmen und andere Umweltreaktionen provoziert werden, kann Gefährdung grundsätzlich einen Unrechtstatbestand darstellen.

2. Der Strafgrund abstrakter Gefährdungsdelikte

Die für die Strafbegründung der Verbrechensverabredung entscheidende Frage nach den Strafbarkeitsvoraussetzungen abstrakter Gefährdungsdelikte, ist immer eine sehr umstrittene wissenschaftliche Problematik gerade im Hinblick auf den Schuldgrundsatz gewesen.

a) Der herrschende Ansatz: Gefahrpräsumtion

aa) Die Begründung der Strafbarkeit durch Gefahrpräsumtion

Nach vorherrschender Ansicht sei, wie es die Gesetzestechnik auch nahelege, daß bei konkreten Gefährdungsdelikten erforderliche Tatbestandsmerkmal „Gefahr" bei abstrakten Gefährdungsdelikten ausgespart und stattdessen lediglich gesetzgeberisches Motiv[214]. Nun ist damit zunächst einmal nur die bereits beschriebene Gesetzestechnik wiedergegeben. Ein typisches Beispiel hierfür ist § 316 StGB: Wer absolut fahruntüchtig im Straßenverkehr fährt, wird bestraft; der Richter muß nicht weiter überprüfen, ob im konkreten Fall jemand oder etwas in den Einflußbereich des Fahrers gekommen ist.

Die herrschende Ansicht begnügt sich aber nicht nur mit der Darstellung dieser Gesetzestechnik, sie begründet auch die Strafbarkeit abstrakter Gefährdungsde-

213 Gallas, in: Heinitz-FS, S. 171 ff., 176.
214 Roxin, LB § 11 Rdnr. 127; Schmidhäuser, AT 8/103, S. 254 f.

likte mit dieser generellen Gefahr, mit dem generalisierten Gefahrurteil des Gesetzgebers.

Daß der § 316 StGB strafwürdiges Verhalten normiert, ist meines Erachtens nicht bestreitbar. Es entspricht der allgemeinen inhaltlichen Gefahrvorstellung des Kontrollverlustes des Täters: Der Täter verliert die Kontrolle über sein Handeln bzw. dessen Auswirkungen, so daß der Eintritt eines Schadens immer stärker von einer neu hinzukommenden Zufallskomponente abhängt, auf die sich der Täter redlicherweise nicht hatte verlassen dürfen (normativer Gefahrbegriff). Ein fahruntüchtiger Fahrer hat nicht mehr die vollständige Kontrolle über sein Fahrzeug.

Die Probleme, die diese Auffassung im Hinblick auf den Schuldgrundsatz mit sich bringt, werden jedoch deutlicher am Beispiel des § 306a Abs. 1, Nr. 1 StGB: Wer ein Gebäude in Brand setzt, das als Wohnung von Menschen dient, macht sich strafbar. Das gesetzgeberische Motiv ist offensichtlich – solche Handlungen sind generell gefährlich. Anders aber als bei der Tathandlung des § 316 StGB hat hier der Täter sehr wohl die Möglichkeit, dieser generellen Einschätzung entgegenzuwirken, indem er sich im konkreten Fall vergewissert, daß anderen Menschen keine Gefahr durch das In-Brand-setzen droht. Dieses bloße In-Brand-setzen ist aber bereits durch § 308 StGB erfaßt und kann daher nicht alleinige Grundlage für die Strafbarkeit nach § 306a Abs. 1, Nr. 1 StGB sein. Wieso also sollte ein Täter, der sich vor der Brandstiftung vergewissert hatte, daß niemand körperlich zu Schaden kommen kann, der womöglich diese Gewißheit als Voraussetzung für seine Tat gesetzt hatte, in gleicher Weise bestraft werden, wie der Täter, der sich dieses Wissen nicht vorher angeeignet hat, sondern entweder fahrlässig oder auch bewußt mit dem Leben und der Gesundheit anderer Menschen spielt?

Die gesetzestechnische Besonderheit abstrakter Gefährdungsdelikte, kein Tatbestandsmerkmal „Gefahr" aufzuweisen, hat schon früher[215], aber auch noch in der Gegenwart[216] zu der Ansicht geführt, abstrakte Gefährdungsdelikte würden zwar generell gefährliche Handlungen bestrafen, diese müßten aber im Einzelfall nicht tatsächlich gefährlich sein. Es genüge vielmehr schon die Vermutung einer Gefahr.

Mit dieser Gefahrvermutung, der praesumtio iuris et de iure, wird der gleiche Fehler wiederholt, der schon bei der Frage nach der inhaltlichen Unterscheidbarkeit von abstrakter und konkreter Gefahr aufgezeigt worden ist.

Gemeint ist die Annahme, konkrete Gefahr sei real, abstrakte Gefahr hingegen fiktiv. Die Strafwürdigkeit einer ungefährlichen Handlung kann aber nicht durch eine Gefahrpräsumtion begründet werden[217]. Selbst wenn man – nach Untersu-

215 Vgl. Brehm, S. 38.
216 Vgl. Baumann/Weber/Mitsch, AT, § 8 III 5, Rdnr. 43, S. 108.
217 Brehm, S. 38.

chung jedes abstrakten Gefährdungsdelikts – zu dem Ergebnis käme, daß abstrakte Gefährdungsdelikte de facto unwiderlegliche Gefahrvermutungen enthalten (was, wie am Beispiel des § 306a Abs. 1, Nr. 1 StGB zu sehen ist, nicht der Fall ist), ist damit noch nicht die Frage beantwortet, warum dies so ist und der Beweis des Gegenteils nicht möglich sein soll.

Im heutigen Rechtssystem darf die aus der Zeit der legalen Beweistheorie stammende praesumtio iuris et de iure als überholt angesehen werden.

Außerdem würde sich aus dem Ansatz, daß es auf den Eintritt einer Gefahr zur Bejahung eines abstrakten Gefährdungstatbestandes gar nicht ankomme, ein weiterer Schwachpunkt – diesmal dogmatischer Natur – ergeben. Abstrakte Gefährdungsdelikte wären dogmatisch nämlich inhaltslos, wenn sie den Bezugspunkt der Gefahrerursachung verlieren würden. Deklariert man den Gefährdungscharakter eines Deliktes wie § 306a Abs. 1, Nr. 1 StGB als dessen bloßes gesetzgeberisches Motiv, so ließe es sich nicht mehr zu einem schlichten Tätigkeitsdelikt abgrenzen[218].

Insbesondere der offensichtliche Widerspruch der Bestrafung aus einem abstrakten Gefährdungsdelikt, ohne daß es im Einzelfall überhaupt zu einer Gefährdung gekommen ist, zum Gerechtigkeitsgedanken, wurde für zahlreiche Versuche zum Anlaß genommen, eine „Materialisierung" des Begriffes des abstrakten Gefährdungsdeliktes vorzunehmen. Darauf ist näher einzugehen[219].

bb) Die jüngere BGH-Rechtsprechung

In neuerer Zeit hat sich der BGH den oben skizzierten stärker werdenden Bedenken in der Literatur hinsichtlich § 306a Abs. 1 Nr. 1 (bzw. gegenüber der alten Fassung des § 306 Nr. 2 StGB) StGB in allerdings sehr eingeschränktem Maße angenommen. Abstrakte Gefährdungsdelikte werden vom BGH aber nicht als potentiell konkrete, sondern eher als „eingeschränkte" abstrakte Gefährdungsdelikte behandelt. So sei Straflosigkeit nur angebracht, wenn der Täter von der absoluten Ungefährlichkeit seines Handelns ausgehen konnte. Im Falle des § 306a Abs. 1, Nr. 1 StGB wurde dementsprechend der Anwendungsbereich dieser Straflosigkeitsklausel auf kleine einräumige Hütten bzw. Häuschen beschränkt[220].

Diese Einschränkung ist indes dogmatisch überhaupt nicht untermauert. Wenn bei dem überwältigenden Großteil der Fälle letztlich eine Gefährdung nicht vorliegen muß, sondern auch die Fälle definitiver Ungefährlichkeit abstrahiert werden auf im Prinzip eine einzige Ausnahme, dann bleibt diese Ausnahmeregelung dem eigentlichen Ansatz fern. Sie ergibt sich nicht aus ihm, d.h. der BGH bleibt letztlich die Antwort schuldig, warum in diesem Einzelfall Straflo-

218 So zu Recht Horn, S. 20, 21, 27.

219 Vgl. die nächsten Seiten.

220 BGHSt 26, 121 (124 f.); zustimmend Blei, JA 1976, S. 99; Jescheck/Weigend, § 26 II 2, S. 264 f.

sigkeit eintreten soll, wo es doch grundsätzlich auf einen Gefahreintritt gar nicht ankomme.

Ferner ist die Einschränkung des BGH halbherzig und unbefriedigend, da der extrem enge Anwendungsbereich der Ausnahme ihren praktischen Wert fast auf ein Nichts reduziert. Bei fast allen denkbaren Fällen bliebe es bei den oben beschriebenen Unrechtsbegründungen der abstrakten Gefährdung, so daß auch die gleiche Kritik angebracht ist[221].

b) Abstrakte Gefährdungsdelikte als eine Art konkreter Gefährdungsdelikte

Die nachfolgenden Versuche einer neuen Unrechtsbegründung abstrakter Gefährdungsdelikte beschreiten einen ganz neuen Weg: Sie legen abstrakte Gefährdungsdelikte – zumeist am Beispiel des § 306a Abs. 1, Nr. 1 StGB – als eine Art konkreter Gefährdungsdelikte aus.

aa) Die Gefährdungsdelikte bei Binding

Auch Binding wendet sich gegen die von der herrschenden Meinung formulierten unwiderleglichen Gefahrvermutung bei abstrakten Gefährdungsdelikten. Da somit in vielen Fällen eine schlichte Gefahrfiktion pönalisiert werde, sei eine derartige Strafbarkeit seines Erachtens mit den Grundsätzen des Strafrechts unvereinbar. Daher sollten so gestaltete abstrakte Gefährdungstatbestände entweder aus dem Kriminalstrafrecht entfernt oder aber im Sinne eines konkreten Gefährdungsdeliktes ausgelegt werden[222].

Diese Gefährdung müsse dem Täter im Einzelfall nachgewiesen werden. Auch die Eignung einer Handlung zur Herbeiführung eines Verletzungserfolges sei konkret zu beurteilen. Nun rechnete Binding abstrakte Gefährdungsdelikte nicht zu den konkreten; ihm war durchaus bewußt, daß das Gefährdungsdelikt nicht nur die Schaffung eines Gefahrerfolges verbietet, da der Eintritt eines Gefahrerfolges oft vom Zufall abhängt. Da diese Zufallsfaktoren eben nicht vom Täter kontrollierbar sind, wird bereits die ex ante betrachtete gefährliche Handlung pönalisiert, da bereits vor der Tathandlung festzustehen hat, ob sie erlaubt oder verboten ist.

Ein Delikt wie z.B. § 306a Abs. 1, Nr. 1 StGB wird in diesem Konzept Bindings zu einem „vorsätzlichen potentiellen konkreten Gefährdungsdelikt" mit verminderter Gefährlichkeit[223]. Die Verminderung der Gefährlichkeit besteht darin, daß

---

221 So auch Wolter, S. 280.

222 Binding, Normen, S. 368 ff., 394 ff. teilte daher konsequent abstrakte Gefährdungsdelikte in „große Polizeiübertretungen" und konkrete Gefährdungsdelikte ein.

223 So nennt es Wolter, S. 294.

Binding die Herbeiführung eines adäquaten Gefährdungs- bzw. Verletzungsrisikos minderer Qualität genügen läßt[224].

bb) Die Einteilung Rabls – Abstrakte Gefahr als eine Art konkrete Gefahr

Rabl geht zunächst von den gleichen Prämissen wie Binding aus. Auch er sieht neben der Verletzung nur in der konkreten Gefährdung eine mögliche, d.h. strafrechtlich relevante Angriffsart für den Bestand eines Rechtsguts. Auch er bestimmt die konkrete Gefahr ex ante[225]. Neu ist an seiner Konzeption, daß er den abstrakten Gefährdungsdelikten eine Gefährdungsvermutung unterlegt, die im Prozeß widerleglich ist[226]. Um die Bestrafung aus einem abstrakten Gefährdungsdelikt bei nachweislicher konkreter Ungefährlichkeit zu vermeiden, verlangt Rabl den wirklichen Eintritt einer konkreten Gefahr auch bei abstrakten Gefährdungsdelikten; dieser Gefahrerfolg sei zwar vom Gesetzgeber präsumiert, jedoch im konkreten Prozeß beweisbedürftig und widerlegbar[227]. Damit wird aber der Eintritt einer konkreten Gefahr zum ungeschriebenen Tatbestandsmerkmal jedes abstrakten Gefährdungsdelikts[228]. So gesehen gäbe es dogmatisch nur noch konkrete Gefährdungsdelikte. Die Existenz abstrakter Gefährdungsdelikte wird also nicht begründet, sondern letztlich verneint.

Ferner sind innere Widersprüche in der Konstruktion Rabls vorzufinden: So soll eine ex ante bestimmte konkrete Gefährdung nachträglich im Prozeß noch widerlegt werden können. Des weiteren ist es widersprüchlich, daß man – geht man von dem Willen des Gesetzgebers und dem Sinn abstrakter Gefährdungsdelikte aus, gefährliche Verhaltensweisen als solche zu bestrafen – eine Tathandlung, die bei ihrer Vornahme für einen objektiven Betrachter als gefährlich erscheint, wegen der Widerlegung des Gefahrurteils im Prozeß ex post für straflos erklären muß[229].

Schließlich ist Rabls Lösungsvorschlag nicht mit dem Grundsatz „in dubio pro reo" in Einklang zu bringen. Denn da er den Erfolg einer konkreten Gefahr zum Unrechtstatbestand zählt, von der Straflosigkeit aber nur ausgeht, wenn das Gefahrurteil ex ante durch eine ex post – Bewertung im Prozeß widerlegt wird, lastet er dem Täter mögliche Zweifel über ein unrechtsbegründendes Tatbestandsmerkmal auf[230].

---

224 Binding vertrat zu den konkreten Gefährdungsdelikten die „restriktive Gefährdungsrisikotheorie", vgl. Wolter, a.a.O.

225 Rabl, S. 4, 19 f.

226 Rabl, S. 21.

227 Rabl, S. 21.

228 Cramer, S. 56; Horn, S. 32.

229 Vgl. zur Kritik an Rabls Konzept: Brehm, S. 69, 71; Wolter, S. 294 f.

230 Brehm, S. 70; Wolter, S. 295.

cc) Die Lösung Schröders: Der Gegenbeweis der Ungefährlichkeit

Einen ähnlichen Weg wie Rabl hat auch Schröder gewählt. Er will den Gegenbeweis der Ungefährlichkeit zulassen, „wenn der Tatbestand dem Schutz bestimmter konkreter Objekte dient, bei denen im Einzelfall mit Sicherheit festgestellt werden kann, ob sie tatsächlich in Gefahr gebracht worden sind“[231].

Auch hier ist der gleiche Einwand angebracht: Wenn das Gericht den Gefährlichkeitsnachweis führen muß, werden die abstrakten Gefährdungsdelikte wie bei der Lösung Rabls in konkrete umgewandelt; den Gefährlichkeitsnachweis hingegen dem Angeklagten aufzuerlegen, würde gegen den Grundsatz „in dubio pro reo“ verstoßen[232].

c) Abstrakte Gefährdungsdelikte als „potentielle konkrete Gefährdungs- bzw. Verletzungsdelikte“

aa) Ein adäquates Risiko als objektive Strafbarkeitsbedingung – Der Ansatz Baumanns

Der Ansatz Baumanns sieht vor, eine wenigstens entfernte Wahrscheinlichkeit des konkreten Gefahrerfolgs (= adäquates Risiko) de lege ferenda als objektive Bedingung der Strafbarkeit einzufügen und somit auf einen Handlungsunwert in Form eines Fahrlässigkeits- oder Vorsatzbezuges zu verzichten[233].

Baumann zufolge müsse man auf derartige subjektive Feststellungen verzichten, um den Gerichten erhebliche Beweisschwierigkeiten zu ersparen. Im Fall eines „non liquet“ hält es Baumann für „nicht unbillig“, wenn der Richter dieses contra reum ausschlagen ließe, da der Täter schließlich durch den Verstoß gegen eine Risikovorschrift aus der allgemeinen Ordnung ausgebrochen sei[234].

An dieser Stelle wird die bei der Darstellung der Funktionen der Gefährdungsdelikte[235] angeschnittene Frage relevant, ob sich eine solche Verlagerung des Problems in den Bereich der objektiven Strafbarkeitsbedingungen mit dem Schuldgrundsatz vereinbaren läßt. Denn dieser Ansatz widerspricht dem allgemeinen Grundsatz, daß alle für den Rechtsgüterschutz konstitutiven Merkmale dem Bereich des Unrechts zuzuordnen sind[236]. Reduziert man einen abstrakten Gefährdungstatbestand teleologisch dahingehend, daß nur durch die Schaffung eines konkreten adäquaten

231 Schröder, ZStW 81, S. 7 ff., 16.; im Anschluß daran ebenso: Henkel, in: Eb. Schmidt-FS, 1961, S. 594; Jescheck/Weigend, § 26 II 2, S. 264 ff.

232 Vgl. dazu Horn, S. 25 f.; Schönke/Schröder-Cramer, Rdnr. 4 vor §§ 306 ff.; Roxin, LB, § 11 Rdnr.128.

233 Baumann, DAR 1962, S. 99 f. mit Fußnote 60, 61a.

234 Baumann, a.a.O., S. 100, Fußnote 61a.

235 Bei „2. Mangelnder Nachweis der Kausalität zwischen Tathandlung und Erfolg“ am Beispiel des § 227 StGB, S. 169 f.

236 Wolter, a.a.O., S. 283.

Gefährdungs- bzw. Verletzungsrisikos der Tatbestand erfüllt ist, so ist auch dieses einschränkende Element unrechtskonstitutiv und bedarf eines Vorsatz- oder Fahrlässigkeitsbezugs im Sinne der §§ 15, 16 Abs. 1, 18 StGB.

Das „non liquet" dem Angeklagten aufzubürden, ist aber im Unrechtsbereich (nicht unbedingt im Bereich objektiver Strafbarkeitsbedingungen) ein krasser Verstoß gegen den Grundsatz „in dubio pro reo"[237]. Würde man Zweifel über das Vorhandensein einer konkreten Gefahr zugunsten des Angeklagten auslegen, Strafbarkeit also nur bejahen, wenn der Richter das Vorhandensein einer konkreten Gefahr positiv nachweisen kann, so würden aus abstrakten Gefährdungsdelikten schlicht konkrete werden[238]. Dieser Einwand ist schon bei den oben dargestellten Ansätzen erhoben worden.

bb) Der Ansatz Rudolphis

Rudolphi setzt für die Strafbarkeit abstrakter Gefährdungsdelikte voraus, daß der Täter den Tatbestand vorsätzlich erfüllt und zumindest den objektiv-subjektiven, jedenfalls fahrlässigen Handlungsunwert, sowie den Gefährlichkeitsunwert des konkreten Gefahrerfolgsdeliktes bzw. der Verletzungsstraftat erfüllt hat[239]. Der „Gefährlichkeitsunwert" ist also – anders als der Handlungsunwert als subjektives Unrechtselement – ein objektives Unrechtselement im Sinne eines primären Erfolgsunwertes[240], der aber nicht identisch ist mit dem konkreten Gefahrerfolg, sondern vielmehr eine objektive Vorstufe dessen darstellt. Auf den Eintritt eines konkreten Gefahrerfolges oder gar einer Rechtsgutsverletzung komme es durchaus nicht an.

Rudolphi formuliert es freilich bezüglich des Fahrlässigkeitserfordernisses als Handlungsunwert, den der Täter verwirklicht, wenn er mit seiner Handlung zumindest fahrlässig zugleich die Realisierung des von § 306a Abs. 1, Nr. 1 StGB mißbilligten Sachverhaltsunwertes „erstrebt" haben muß.

Doch – wie auch schon Gallas richtigerweise ausgeführt hat[241] – unterscheiden sich abstrakte und konkrete Gefahr nicht in der bloßen Möglichkeit der Verletzung. Neben dem Handlungsunwert der Fahrlässigkeit bezüglich der Schaffung eines Verletzungsrisikos entsteht aber bei tauglicher Schaffung eines solchen Risikos neben dem subjektiven Unrechtselement auch ein objektives Element – das Risiko selbst – als Gefährlichkeitsunwert. Somit wird aus einem abstrakten Gefährdungsdelikt wie § 306a Abs. 1, Nr. 1 StGB eine Kombination aus einem vollendeten Vorsatzdelikt (der Brandstiftung) mit einem „fahrlässigen (beende-

---

237 Horn, S. 26; Wolter, a.a.O., S. 283.
238 Vgl. Kritik bei Horn, S. 27.
239 Vgl. Rudolphi, in: Maurach-FS, S. 60.
240 So Wolter, a.a.O., S. 285.
241 Gallas, Heinitz-FS, S. 176.

ten) tauglichen Gefährdungs- bzw. Verletzungsversuchs" und so zu einem „fahrlässigen potentiellen konkreten Gefährdungs- bzw. Verletzungsdelikt"[242].

Um für die grundsätzliche Übertragbarkeit dieses Ansatzes auf die Verbrechensverabredung festzuhalten: Man könnte auf den ersten Blick meinen, daß bei dieser Konstruktion die Strafbarkeit der Schaffung des Verletzungsrisikos von der Begehung des Vollendungsunrechts (bei § 306a Abs. 1, Nr. 1 StGB die vollendete Brandstiftung) abhängig ist. Dann ließe sich dieser Ansatz nicht auf die Verabredung mit der fahrlässigen Schaffung eines gegenüber einem Einzelentschluß möglicherweise erhöhten Risikos für das „ins Auge gefaßte" Rechtsgut übertragen, da die Verabredung ohne die Risikoschaffung allein kein Vollendungsunrecht darstellt. Anders gesagt: Das Unrecht der Verabredung kann nicht schon in dem vorsätzlichen „Sich-Verabreden", sondern nur in dem Vorwurf der dabei möglicherweise feststellbaren Fahrlässigkeit in bezug auf die Schaffung eines erhöhten Verletzungsrisikos liegen.

Doch trügt dieser Eindruck. Zu berücksichtigen ist, daß § 306a Abs. 1, Nr. 1 StGB ein gegenüber den §§ 303, 308 StGB selbständiger Tatbestand ist. Diese Selbständigkeit erlangt er aber – und insoweit ist § 306a Abs. 1, Nr. 1 StGB doch mit der Verbrechensverabredung vergleichbar – nur aufgrund der Schaffung des Verletzungsrisikos. Ginge es „nur" um die Beschädigung bzw. Zerstörung fremden Eigentums, so wäre dieses Unrecht bereits durch die §§ 303, 308 StGB abgedeckt. Die Zerstörung eigenen Eigentums hingegen ist ohne Schaffung eines Verletzungsrisikos anderer Rechtsgüter nicht strafbar.

Diese Konstruktion ist also durchaus auf die Verabredung übertragbar.

Rudolphi hat damit einen neuen und im Ansatz richtigen Weg zur Unrechtsbegründung abstrakter Gefährdungsdelikte gefunden. Seine Überlegungen sind weitgehend von Brehm und Horn bestätigt und umfassend formuliert worden.

cc) Abstrakte Gefährdungsdelikte als Delikte folgenloser Fahrlässigkeit: Der Ansatz von Horn und Brehm

Einen eigenen dogmatischen Charakter gegenüber den konkreten Gefährdungsdelikten könnte man den abstrakten Gefährdungsdelikten zuweisen, wenn man sie als Tatbestände folgenloser Fahrlässigkeit einstuft[243], wobei sich die Folgenlosigkeit auf den Nichteintritt einer Verletzung bezieht. In diesem Fall wären die abstrakten Gefährdungsdelikte also dogmatisch bei den Fahrlässigkeitsdelikten anzusiedeln. So wird auch dogmatisch der allgemeinen Gefahrvorstellung Rechnung getragen, die auf den Verlust von Kontrolle bei dem Täter abstellt. Der Ver-

---

242 So ganz richtig Wolter, a.a.O., S. 285.

243 Dafür insbesondere Brehm, S. 126 f., 138; auch Horn, S. 11, 22, 28, 94 f., 218, hält abstrakte Gefährdungsdelikte insoweit für dogmatisch eigenständig; Rudolphi, in: Maurach-FS, S. 56 f., insbes. 59 f.

lust von Kontrolle ist ein gefährdendes Verhalten, das aber nicht in einen Gefahrerfolg im Sinne konkreter Gefährdungsdelikte umschlagen muß, wenn eine nach dem normativen Gefahrbegriff als gefahrverhindernd zu bewertende Rettung (d.h. eine zu erwartende) eintritt. Strafgrund der sogenannten „abstrakten Gefahr" wäre demnach die Schaffung eines primären Gefahrerfolgs[244] durch die Vornahme einer grundsätzlich gefährdenden objektiven Sorgfaltspflichtverletzung.

Bei der Frage der Funktion von Gefährdungsdelikten wurde hervorgehoben, daß sie bezüglich der Fahrlässigkeitsdelikte die gleiche Funktion übernehmen, wie es die Versuchsstrafbarkeit bei den Verletzungsdelikten übernimmt: Die Ausschaltung des Zufallsaspekts[245]. Da konkrete Gefährdungsdelikte Erfolgsdelikte sind, übernimmt innerhalb der Gefährdungsdelikte die Pönalisierung durch abstrakte Gefährdungstatbestände die gleiche Funktion.

Da aber – wie dargestellt – abstrakte Gefährdungsdelikte strukturell Fahrlässigkeitsdelikte sind, Verletzungsdelikte aber grundsätzlich Vorsatzdelikte, könnte dies konsequenterweise bedeuten, daß abstrakte Gefährdungsdelikte – strukturell betrachtet – als „fahrlässige Versuche" einzustufen wären. Dieser Schluß wird auch tatsächlich gezogen.

dd) Abstrakte Gefährdungsdelikte als fahrlässige (untaugliche) Versuche: Der Ansatz Schünemanns

Schünemann modifiziert den Ansatz von Horn und Brehm, indem er das Unrecht abstrakter Gefährdungsdelikte durch die neue Figur des „fahrlässigen Versuchs" begründen will. Soweit mit der Bezeichnung als „Versuch" nur die vorsätzliche Begehung des abstrakten Gefährdungstatbestandes und der Nichteintritt der Verletzung des gefährdeten Rechtsguts gemeint ist, bedeutet diese Konstruktion noch keine besondere Modifikation des Ansatzes von Horn und Brehm. Bei Schünemann kommt allerdings hinzu, daß er die Konstruktion des „fahrlässigen Versuchs" auch unter Einbeziehung des untauglichen Versuchs beim Vorsatzdelikt entwickelt und somit im Unterschied zu Brehm und Horn nicht an die objektive Sorgfaltspflichtverletzung als strafbegründenden Faktor anknüpfen will, sondern schon eine subjektive Sorgfaltspflichtverletzung des Täters für ausreichend hält[246].

Nur so könne man den Willen des Gesetzgebers zur Bestrafung einer bloßen Verbotshandlung mit dem höherrangigen, weil verfassungsrechtlich verankerten Schuldgrundsatz nach dem „Prinzip der kleinsten gemeinsamen Basis" in Einklang

---

244 Oder auch einer „Erfolgsgefahr" in der Terminologie von Roxin, LB, § 11 Rdnr. 129.

245 Vgl. S. 145 f.

246 Schünemann, JA 1975, S. 798; strafwürdig sei die Erfüllung des abstrakten Gefährdungstatbestandes Schünemann zufolge „erst recht", wenn der Täter schon objektiv sorgfaltswidrig handelte und ihm dies erkennbar war.

bringen, „denn was gerade noch schuldangemessen ist, kommt der das Schuldprinzip vernachlässigenden legislatorischen Entscheidung am nächsten“[247].

Nun ist zur Legitimität der Bestrafung bloßer Verbotswidrigkeiten an anderer Stelle bereits genügend gesagt worden[248]; es ist auch sehr zweifelhaft, ob ein gesetzgeberischer Wille oder besser: eine illegitime Auslegung desselben mit dem höherrangigen Schuldgrundsatz in „Konkordanz“[249] zu bringen ist. Der Grundsatz der praktischen Konkordanz spiegelt die Bemühung wieder, gleichrangiges, sich widersprechendes Recht jeweils zur größtmöglichen Entfaltung kommen zu lassen, während sich bei hierarchischen Unterschieden zwischen sich widersprechenden Rechtssätzen die Wertentscheidung zugunsten des höherrangigen Rechtssatzes von selbst versteht[250].

Bei Schünemann lassen sich aber noch weitere inhaltliche Kritikpunkte anbringen.

Schünemann zufolge würde zum einen das bloße Abstellen auf die objektive Sorgfaltswidrigkeiten den Täter, der das abstrakte Gefährdungsdelikt vorsätzlich erfüllt, dabei aber unwissend objektiv sorgfaltsmäßig handelt, unnötig privilegieren; zum anderen seien Täter, die subjektiv sorgfaltswidrig, aber objektiv sorgfaltsgemäß handeln, aufgrund ihrer Gefährlichkeit auch aus dem abstrakten Gefährdungstatbestand zu bestrafen[251]. Des weiteren sei der Ansatz von Brehm und Horn insoweit falsch, da eine ex ante aufzustellende Sorgfaltsnorm ex post betrachtet „durchaus in concreto sinnlos erscheinen kann“[252].

Letzteres ist sicher richtig; doch es besagt keineswegs, daß es auf ein objektives ex ante – Urteil nicht ankommt[253]. Ferner ist es sehr bedenklich, wenn man als Strafgrund abstrakter Gefährdungsdelikte den „fahrlässigen untauglichen Versuch“ als Synthese aus dem vorsätzlichen untauglichen[254] und dem de lege lata nicht strafbaren fahrlässigen tauglichen Versuch genügen lassen will. Die Bedenklichkeit ergibt sich aber nicht aus dem formalen Argument, daß der fahrlässige taugliche Versuch nicht strafbar ist. Denn seine Strafbarkeit ist de lege ferenda durchaus wünschenswert und ließe sich den bereits geltenden abstrakten Gefährdungsdelikten wie § 306a Abs. 1, Nr. 1 StGB im Wege einer teleologischen Reduktion unterlegen[255].

---

247 Schünemann, a.a.O.

248 Vgl. S. 111 ff.

249 So der Wortlaut bei Schünemann, a.a.O.

250 Zum Grundsatz der praktischen Konkordanz im öffentlichen Recht vgl. Hesse, Rdnr. 317 ff.

251 Schünemann, a.a.O.

252 Schünemann, a.a.O.

253 So zu Recht Wolter, S. 289.

254 Der ohnehin nur unter erheblichen Einschränkungen strafbar ist, vgl. § 23 Abs. 3 StGB und die aufschlußreichen Ausführungen dazu von Wolter, S. 290.

255 Vgl. auch Wolter, S. 289.

Aber ein fahrlässiger Versuch kann de lege ferenda nur strafbar sein, wenn das Verhalten tauglich ist, das der Norm zugrundeliegende Verbot zu verletzen, also wenn es im Sinne der Schaffung eines adäquaten Gefährdungsrisikos gefährlich ist. Das Ausbleiben eines Gefahrerfolgs und damit letztlich auch eines Verletzungserfolgs ist dann nicht mehr dem Täterverhalten, sondern dem bloßen Zufall zuzuschreiben. Dieser Umstand begründet das strafbare Unrecht und macht die Pönalisierung auch erst kriminalpolitisch sinnvoll[256]. Die Synthese in Form des fahrlässig-untauglichen Versuchs ist also nicht möglich, da der untaugliche Versuch schon bei den Vorsatzdelikten erheblichen Beschränkungen unterliegt und der fahrlässige Versuch nur bei Schaffung eines objektiven Risikos auch de lege ferenda strafwürdig ist. Dies kann auch anhand existierender Fahrlässigkeitsdelikte plastisch untermauert werden: Bei § 222 StGB (wie auch bei allen anderen Fahrlässigkeitsdelikten) ist Fahrlässigkeit nur strafbar bei entsprechendem Eintritt eines Verletzungserfolges, in diesem Fall des Todes eines Menschen. Warum sollte eine fahrlässige Handlung, die ein unter Umständen weniger gewichtiges Rechtsgut noch nicht einmal gefährden kann, strafbar sein?

Im übrigen nimmt Schünemann eine Trennung zwischen objektiver und subjektiver Sorgfaltspflichtverletzung vor, die nicht einsichtig ist. Sie verwischt den Bezug, der zwischen beiden Elementen besteht, denn es geht immer um eine Sorgfaltspflichtverletzung, die objektiv besteht und subjektiv vorwerfbar ist[257]. Es ist also überhaupt nicht denkbar, in Ermangelung einer objektiven Sorgfaltspflichtverletzung noch die Frage nach dem individuellen Erkennenkönnen aufzuwerfen. Wenn also – um bei dem Beispiel des § 306a Abs. 1, Nr. 1 StGB zu bleiben – einem objektiven Betrachter ex ante ohne weiteres erkennbar ist, daß sich in dem in Brand gesetzten Wohnhaus niemand aufhält, dann ist die Frage nach dem sorglos sich nicht vergewissernden Täter gar nicht mehr zu stellen.

Schünemann kann hier dem Täter gar nicht sinnvoll den Vorwurf der Fahrlässigkeit bezüglich einer Lebensgefährdung machen, sondern nur noch den der Verletzung einer bloßen Erkundungspflicht[258]. Da aber das Einhalten einer Erkundigungspflicht die Lage des in concreto betroffenen Rechtsguts nicht verbessern kann (zumal sie gar nicht verschlechtert war), kann das Unterlassen dieser Pflicht nicht als strafrechtlich relevanter Rechtsgutsangriff gewertet werden[259].

Es bleibt also festzuhalten, daß den Ausführungen Horns und Brehm entsprechend abstrakte Gefährdungsdelikte unter Zugrundelegung eines Fahrlässigkeitsvorwurfs nur strafbar sind, wenn die Tathandlung objektiv sorgfaltswidrig ist und damit ex ante und aus Sicht eines allwissenden objektiven Betrachters

---

256 So ganz richtig Wolter, S. 290.

257 Vgl. zur Untrennbarkeit beider Elemente auch Lackner/Kühl, § 15, Rdnr. 36.

258 In diesem Sinne Wolter, S. 291.

259 Wolter, S. 291.

zur Rechtsgutsverletzung taugt. Erst dann kann von einer realen Gefährdung gesprochen werden.

Wolter will darüber hinaus die Begehung abstrakter Gefährdungsdelikte auch dann als strafwürdig bezeichnen, wenn die Tathandlung zwar untauglich ist, der Täter aber Vorsatz bezüglich der Gefährdung hat und dementsprechend irrtümlich von der Tauglichkeit seiner Tathandlung ausgeht[260].

Dies erscheint meines Erachtens sehr fragwürdig zu sein, da dann – z.B. im Fall des § 306a Abs. 1, Nr. 1 StGB – bereits in der Regel der (untaugliche) Versuch der §§ 211, 212 StGB gegeben sein dürfte.

Dieser Ansatz ist aber ohnehin im Hinblick auf die Strafwürdigkeit der Verbrechensverabredung wenig fruchtbar, da nicht davon auszugehen ist, daß die Komplottanten durch die Verabredung selbst das erst durch die spätere Ausführungshandlung anzugreifende Rechtsgut angreifen wollen. Die Verabredung ist eine Vorbereitungshandlung.

Der Vorwurf der Schaffung einer besonderen Qualität des gemeinsamen Tatentschlusses gegenüber dem allein gefaßten Entschluß in Form einer gesteigerten Gefährdung ist daher ausschließlich im Fahrlässigkeitsbereich zu suchen.

ee) Der Ansatz von Volz

Auch Volz unterwirft die abstrakten Gefährdungsdelikte einer einschränkenden Auslegung, indem er sie durch das reduzierende Merkmal des vorsätzlichen oder fahrlässigen „Risikoeingehens" ergänzt[261]. Insoweit unterscheidet sich sein Ansatz nicht von Brehms und Horns Konzept. Der Unterschied ergibt sich daraus, daß Volz im Unterschied zu Rudolphi und den Genannten nicht auf das konkrete Risiko des Gefahrerfolges, sondern auf die generelle Möglichkeit des Erfolges „ohne Rücksicht auf die Handlungswirkung" abstellt.

Hier stellt sich zum einen die Frage, wie man ein „Risikoeingehen" ohne Berücksichtigung der Handlungswirkung beurteilen kann, zum anderen, wie man dieser nur generellen Gefahr beim „Risikoausschluß" in concreto entgegenwirken soll[262].

Der Ansatz von Volz stellt daher eher einen Rückfall zum Strafgrund der generellen Gefahr dar und ist deshalb aufgrund der dazu schon vorgebrachten Argumente nicht verwertbar[263].

260 Wolter, S. 296.
261 Volz, S. 143 ff.
262 So zu Recht Wolter, S. 286.
263 Vgl. S. 148 ff.

ff) Der Ansatz Cramers

Cramer sieht den Wesensgehalt abstrakter Gefahr in ihrer „Wahrscheinlichkeit einer konkreten Gefahr“, abstrakte Gefahr bedeute also die Schaffung eines Zustandes, „in dem eine (konkrete) Gefährdung des geschützten Rechtsguts wahrscheinlich ist“[264], wohingegen sich konkrete Gefahr durch die Wahrscheinlichkeit einer Rechtsgutsverletzung auszeichne. Objektiv sei das Risiko einer abstrakten Gefährdung dementsprechend gegenüber einer konkreten Gefahr gemindert.

In subjektiver Hinsicht verlangt Cramer einen „verkürzten“ Vorsatz, der sich auf das Kennen der das Gefahrurteil tragenden Anknüpfungstatsachen beschränkt, ohne das Werturteil (Gefahrurteil) bewußt nachzuvollziehen[265].

Allgemein wird dagegen eingewendet, daß so gesehen abstrakte und konkrete Gefährdungsdelikte ebenfalls dogmatisch nicht unterscheidbar wären, sondern lediglich bezüglich ihrer unterschiedlichen Intensitätsgrade[266].

Dieser Vorwurf ist aber nicht berechtigt[267]. Cramer will durchaus nicht die abstrakte Gefahr als eine – wenn auch intensitätsgemilderte – konkrete Gefahr aufgefaßt wissen, sondern bezieht sich eindeutig auf das gefährliche Verhalten beim abstrakten Gefährdungsdelikt[268]. Es wird hier also lediglich Cramers Versuch sichtbar, abstrakte Gefährdungsdelikte durch ein gewisses Risiko- bzw. Erfolgsunrecht im Sinne eines Gefährlichkeitsunrecht teleologisch zu reduzieren. Dieser Ansatz ist durchaus richtig. Dennoch kann Cramers Konzept so nicht gefolgt werden. Zum einen widerspricht ein reduzierter Vorsatz in seinem Sinne dem § 16 S. 1 StGB, da er nicht den Erfordernissen der Parallelwertung in der Laiensphäre entspricht[269]. Zum anderen ist abstrakte Gefahr als Möglichkeit, d.h. als Risiko einer konkreten Gefahr immer auch die konkrete (adäquate) Möglichkeit, d.h. Gefahr einer Verletzung[270].

Im Folgenden soll die Konzeption des abstrakten Gefährdungsdelikts als Delikt gefährdender Fahrlässigkeit bzw. als fahrlässiger tauglicher Versuch vorausgesetzt werden. Sie ist meines Erachtens der einzige Weg, die Gefahr der Preisgabe materieller Gerechtigkeit durch eine generalisierte, d.h. konkret nicht nachzuweisende Erfüllung des Schutzzwecks der Norm zu vermeiden, ohne gegen strafrechtliche Begrifflichkeit zu verstoßen.

---

264 Cramer, S. 74.

265 Cramer, a.a.O.

266 Kaufmann, JZ 1963, S. 425 ff., 433; Horn, S. 23, 24.

267 Auch Schünemann hält den Ansatz für formulierbar, JA 1976, S. 214.

268 Vgl. auch Wolter, S. 293 (Fußnote 816).

269 Wolter, S. 292.

270 Gallas, Heinitz FS, S. 176: „Denn in der bloßen Möglichkeit einer Schädigung stimmen abstrakte und konkrete Gefährdung miteinander überein“; Wolter, S. 292.

Abstrakte Gefährdungsdelikte stellen sich daher – um in der Terminologie Wolters[271] zu sprechen – als fahrlässig-taugliche potentielle Gefährdungs- bzw. Verletzungsdelikte dar, in denen dem Täter der Vorwurf gemacht wird, fahrlässig (subjektives Unrechtselement) eine Situation geschaffen zu haben, in der aufgrund der ex ante beurteilten Verletzungstauglichkeit der situationsbegründenden Handlung ein Verletzungsrisiko besteht, das ex ante aus Sicht eines objektiven Beobachters nicht ausgeschlossen ist (objektives Unrechtselement, Gefahr).

d) Folgerungen

Welche Folgerungen können nun aus den letzten Erörterungen sowie den herausgearbeiteten generellen Anforderungen an strafbares Unrecht[272] für den Unrechtsgehalt von Gefährdungsdelikten gezogen werden?

Unrecht erfordert eine von dem handelnden Subjekt reflektierte Verletzung eines mit einem Rechtsgutsobjekt verbundenen Rechtsguts. Vor diesem Hintergrund kann auch eine Gefährdung desselben unrechtskonstitutiv sein. Voraussetzung ist jedoch eine wirkliche Gefährdung, nicht lediglich die Möglichkeit einer Gefährdung bei gleichzeitiger Verneinung einer akuten Verletzungsmöglichkeit[273]. Gerade dieser Gesichtspunkt – die Pönalisierung von typischen Gefahrenquellen, ohne daß es im Einzelfall wirklich zu einer Gefährdung des objektbezogenen Rechtsguts gekommen sein muß – liegt aber der herrschenden Meinung zur Begründung des Strafunrechts abstrakter Gefährdungsdelikte zugrunde. Er muß jedoch zur Unrechtsbegründung ausscheiden, da ein Verhalten, das vom Täter nicht als gefährdend erkannt werden kann und auch nicht gefährlich ist, kein Strafunrecht darstellen kann. Bestraft wird in diesen Fällen der bloße Ungehorsam bzw. die Normbeeinträchtigung als solche[274].

Dennoch ist nicht jedes abstrakte Gefährdungsdelikt pauschal als Pönalisierung bloßen Ungehorsams anzusehen.

Es hat sich gezeigt, daß Gefährdungsdelikte durchaus auch Delikte „folgenloser“[275] Fahrlässigkeit sein können, ohne daß für eine Pönalisierung freilich auf ein objektives Unrechtselement in Gestalt des beschriebenen Verletzungsrisikos verzichtet werden kann.

Dieses Verletzungsrisiko – also die Gefährdung – muß sich dabei natürlich auf ein konkretisierbares Schutzobjekt beziehen[276]. Bei der Verbrechensverabredung

---

271 Wolter, S. 299 f.

272 Vgl. S. 128 (120 ff.).

273 Vgl. hierzu auch Beck, S. 86, 87.

274 Daß dieser Gesichtspunkt zur Unrechtsbegründung ebenfalls nicht ausreicht, ist mehrfach dargelegt worden, vgl. S. 125 ff.

275 Gemeint ist das Fehlen einer Verletzung.

276 Vgl. zur Notwendigkeit der Gutsbezogenheit vgl. S. 125 f., 128 f.

wird dies der Träger des jeweils von der Verbrechensnorm geschützten Rechtsguts sein, dessen Verletzung die Komplottanten verabreden.

Die Gefährdung muß dabei aus dem Handlungsrecht der objektiven Sorgfaltspflichtverletzung resultieren und konkret sein. Wie aufgezeigt worden ist, gibt es keinen strukturellen Unterschied zwischen konkreter und abstrakter Gefahr, sondern lediglich jeweils unterschiedliche Voraussetzungen des Gefahrurteils[277]. Eine bloß abstrakte Gefahr in dem Sinne, daß in einem unter die Strafnorm subsumierbaren Einzelfall keine Gefährdung des Rechtsguts erforderlich ist bzw. vorliegt, ist letztlich keine Gefahr und reicht niemals zur Begründung strafbaren Unrechts[278].

Liegt jedoch dem Handeln des Täters eine objektive Sorgfaltspflichtverletzung zugrunde, folgt daraus eine gewisse Unkontrollierbarkeit seines Tuns. Verbindet man diese Sorgfaltspflichtverletzung (tatbestandlich) mit einem Rechtsgutsobjekt[279], so folgt aus der Sicht (auch) eines unbeteiligten Dritten in der Situation des Täters ein Gefährlichkeitsurteil, das (aus seiner Sicht) begründet ist: Wer ein erkennbar zum Wohnen bestimmtes Haus in Brand steckt, ohne zu wissen, ob die dort lebenden Menschen sich zum Tatzeitpunkt im Haus befinden, kann zunächst nur davon ausgehen, daß die Möglichkeit, Menschen zu verletzen bzw. zu töten, besteht (Gefährdung).

Ein Problem abstrakter Gefährdungsdelikte gegenüber konkreten Gefährdungsdelikten im Hinblick auf die Unrechtsbegründung ist mit diesem Gefahrurteil aus Sicht des Täters aber immer noch nicht überwunden.

Während bei konkreten Gefährdungsdelikten die Gefahr als Erfolg aus Sicht eines jeden Betrachters eintritt, ist dies bei abstrakten Gefährdungsdelikten bei gleichzeitiger teleologischer Reduktion ihres Tatbestandes auf das Erfordernis einer objektiven Sorgfaltspflichtverletzung nur aus Sicht des Täters bzw. eines Dritten an seiner Stelle zwingend der Fall. Es bleibt ja weiterhin möglich, daß das in Brand gesetzte Haus leer steht. In diesem Fall bestünde gewissermaßen nur eine subjektive Gefahr, während objektiv, d.h. heißt aus Sicht eines allwissenden Betrachters, die Möglichkeit einer Rechtsgutsverletzung nie bestanden hat. So wird die Bezeichnung solcher Delikte als untauglicher fahrlässiger Versuch durch Schünemann verständlich.

---

277 Vgl. S. 142 ff.

278 Vgl. dazu S. 148 ff.

279 Im Fall der Verbrechensverabredung also das jeweils durch die Verbrechensnorm geschützte Rechtsgutsobjekt.

Nach den bisher genannten Voraussetzungen strafbaren Unrechts ist es daher sehr fraglich, ob ein solcher „fahrlässiger Gefährdungsversuch“ strafbares Unrecht darstellen kann[280].

Dieses Problem stellt sich bei der Verbrechensverabredung in tatsächlicher Hinsicht nicht so deutlich, strukturell jedoch ist es ebenso vorhanden. Es geht sicherlich grundsätzlich um die gemeinsame Tatplanung, z.B. eine konkrete Person zu töten, eine bestimmte Bank auszurauben etc. Bei der Verbrechensverabredung könnten vergleichbare Fälle wie die Inbrandsetzung eines kurzfristig leerstehenden Wohnhauses aber auch entstehen, wenn die Umsetzung der Verabredung sich letztlich als untauglicher Versuch darstellen würde, wenn die Komplottanten zum Beispiel planen würden, einen nicht existenten Menschen zu töten. Hieraus folgt die zwingende Straflosigkeit der Verbrechensverabredung zu einem untauglichen Versuch (der ursprünglich natürlich als Vollendung geplant war), da – wie gesagt – dieser „fahrlässige Gefährdungsversuch“ kein Unrecht darstellen kann. Sieht man von diesen Fällen zwingend strafloser Verbrechensverabredung ab[281], verbleiben die Fälle, in denen die durch die Verabredung vorbereitete Tat begehbar ist. Reduziert man den Tatbestand der Verbrechensverabredung teleologisch auf das Erfordernis einer objektiven Sorgfaltspflichtverletzung, verlangt man also, daß strafbare Verabredung Kontrollverlust der Komplottanten mit sich bringt, so wäre die damit eintretende Gefährdung für das objektbezogene Rechtsgut auch aus Sicht eines allwissenden Betrachters mithin konkret gegeben. Damit wäre auch den bisher aufgestellten Voraussetzungen strafbaren Unrechts Genüge getan.

Es bleibt jedoch noch die Frage offen, ob ein solcher Kontrollverlust und eine damit einhergehende Gefährdung typisch ist für eine Verbrechensverabredung[282]. Hierzu ist eine Betrachtung und Bewertung der konkret zur Verbrechensverabredung vertretenen Gefahrvorstellungen erforderlich.

---

280 Vgl. S. 148 ff., 128; vgl. auch S. 156 ff. (Kritik an Schünemann). Man kann mit dieser Argumentation mit einigem Recht die Existenzberechtigung abstrakter Gefährdungsdelikte ohne tatsächliche Rechtsgutsgefährdung verneinen. Vgl. in diesem Zusammenhang Beck, S. 87, 88, der u.a. ausführt: „Der Sache nach verfolgen diese Normen (Anm. abstrakte Gefährdungsdelikte) legitime pädagogische Ziele mit unzulässigen strafrechtlichen Mitteln“. Ob dieser Standpunkt so kategorisch richtig ist, bleibt zumindest bei Tatbeständen wie § 127 StGB fraglich, vgl. S. 180 ff.

281 Die aber de lege lata strafbar sind!

282 Man könnte auf die Idee kommen, es auf die Frage, ob Kontrollverlust der Verbrechensverabredung typischerweise immanent ist oder nicht, gar nicht ankommen zu lassen und schlicht jene Verabredung zu bestrafen, bei denen der Kontrollverlust vorkommt. Eine solche Idee wäre jedoch gegenüber der grundgesetzlichen Forderung straftatbestandlicher Bestimmtheit nicht haltbar, wie auf S. 183 ff. aufgezeigt werden wird.

VII. Die spezifischen Gefahrvorstellungen zur Verbrechensverabredung

Wenn also eine entsprechende teleologische Reduktion auf das Erfordernis einer objektiven Sorgfaltspflichtverletzung bei abstrakten Gefährdungsdelikten möglich ist, so stellt sich die Frage, ob Entsprechendes auch auf die Verbrechensverabredung übertragbar ist. Hierfür bedarf es noch einer weiteren Einordnung der Verbrechensverabredung in das System der abstrakten Gefährdungsdelikte.

1. Kontrollverlust infolge einer verstärkten Bindung des Einzelnen an den gemeinsamen Tatplan

Roxin unterscheidet zwischen zwei angeblich unterschiedlichen Gefahrvorstellungen, die § 30 StGB zugrunde lägen.

Zum einen bezieht er auf § 30 Abs. 2 StGB und der „Annahme eines Erbietens" in § 30 Abs. 2 StGB die Gefahrvorstellung eines „Ingangsetzen eines selbständig und unbeherrschbar weiterwirkenden Kausalverlaufes"[283]. Den restlichen Alternativen des § 30 Abs. 2 StGB, also auch der Verbrechensverabredung, hingegen soll die durch die gegenseitige Willensbindung gesteigerte Rechtsgutsbedrohung den Gefahrzustand umschreiben[284].

Nun kann zweifellos nicht bestritten werden, daß die Komplottanten durch die Verabredung keinen gänzlich unbeherrschbaren und selbständigen Kausalverlauf in Gang setzen. Aber auch ein konkret Fahruntüchtiger kann zum Beispiel die Weiterfahrt noch beeinflussen. Ein gänzlicher Kontrollverlust ist auch gar nicht erforderlich. Er muß nur so groß sein, daß die hier am Anfang des Gefahrabschnitts dargestellte „Wahrscheinlichkeit" einer Rechtsgutsverletzung erreicht ist.

Damit zeigt sich aber auch, daß die von Roxin als zwei unterschiedliche Gefahrvorstellungen dargestellten Zustände sich sehr wohl auf den gemeinsamen Nenner des Kontrollverlustes zurückführen lassen.

Nach herrschender Meinung, die auch Roxin teilt, liegt die Gefahr der Verabredung in der gegenseitigen Festlegung auf den gemeinsamen Tatentschluß[285]. Der Einzelne könne sich, ob nun aus psychologischen oder objektiven Gründen, vom gemeinsamen Verbrechensentschluß weitaus schwerer lösen, als vom allein gefaßten Entschluß. Damit wird aber nichts anderes als ein (teilweiser) Kontrollverlust des Einzelnen umschrieben.

---

283 Roxin, LK, Rdnr. 3 zu § 30.

284 Roxin, a.a.O.

285 Letzgus, S. 130 ff.; Roxin, a.a.O.; Tröndle/Fischer, § 30 Rdnr. 2.

2. Kontrollverlust im Hinblick auf das zukünftige Verhalten der anderen Komplottanten

Auch eine weitere zur Verbrechensverabredung vertretene Gefahrvorstellung stellt den Aspekt des Kontrollverlustes des einzelnen Komplottanten in den Vordergrund: Die Gefahr soll demnach nicht in erster Linie durch das Phänomen der individuellen Bindung an den kollektiven Plan, sondern vor allem aufgrund der vom Einzelnen jeweils (mit-)geschaffenen Möglichkeit, daß die anderen Komplottanten ohne sein Zutun die Tat vollenden, geprägt sein[286].

Da diese Gefahr – so die Vertreter dieser Ansicht – durch den präsumtiven Täter geschaffen werde, könne durchaus der Ingerenzgedanke eine strafrechtliche Haftung schon bezüglich dieser Gefahrschaffung begründen.

Daß diese Gefahrvorstellung diskussionswürdig ist und auch den Gesetzgeber zumindest beeinflußt hat, bestätigt ein Blick auf die Rücktrittsregelung in § 31 StGB: Die einzige Tatalternative des § 30 StGB, bei der § 31 StGB keine Erfolgsabwendungspflicht als Rücktrittsvoraussetzung nennt, ist das „Sich-bereit-Erklären". Dies ist gleichzeitig die einzige Tatalternative, bei der die Möglichkeit der Tatbegehung durch einen anderen (möglicherweise gar eines Dritten) offensichtlich eher gesenkt, jedenfalls aber nicht geschaffen wird, während dies z.B. bei der versuchten Anstiftung unbestreitbar der Fall ist[287]. Ist die Gefahrverschaffung derart, daß sie für den Gefahrverursacher eine Erfolgsabwendungspflicht begründet, so erscheint es durchaus legitim, die Gefahrschaffung als solche zu pönalisieren.

Die verschiedenen Vorstellungen über den Gefahrinhalt der Verbrechensverabredung verlangen als gemeinsame Grundlage letztlich einen Konktrollverlust des einzelnen Komplottanten. Interessanterweise hat auch der Alternativentwurf zum Regierungsentwurf eines Strafgesetzbuch von 1962 ganz explizit auf die Gefahrvorstellung des Kontrollverlustes abgestellt und die Verbrechensverabredung für nicht strafbar gehalten[288].

VIII. Die eigenständige Situation der Verbrechensverabredung

Die Frage, unter welchem Aspekt die Verbrechensverabredung gefährlich sein soll, muß eingeengt werden auf Tatsituationen, die nur der Verbrechensverabre-

---

286 Weber, ZStW-Beiheft 1987, S. 16; Schäfer, Niederschriften, S. 207.

287 So auch Weber, a.a.O.

288 Vgl. § 32 AE, der die Strafbarkeit der versuchten Beteiligung auf den Fall der versuchten Anstiftung beschränkt. Gallas, ZStW 80, S. 33 stimmt dieser Einschränkung unter dem Vorbehalt zu, daß man den Besonderen Teil des StGB unter dem Aspekt überprüft, ob nicht zwingende kriminalpolitische Gründe eine weitergehende Sonderregelung für einzelne Tatbestände notwendig machen.

dung als eigenständiges Delikt unterfallen. Tatsituationen, die hingegen bereits nach anderen Tatbestandsalternativen des § 30 StGB strafbar sind, gleichzeitig aber auch unter die Verbrechensverabredung subsumierbar sind, können demgegenüber keinen Aufschluß über den *spezifischen* Gefahrgehalt der Verabredung geben.

Bereits im zweiten Teil dieser Arbeit wurde darauf hingewiesen, daß es durchaus zu Überschneidungen zwischen den Alternativen des § 30 StGB kommen kann[289].

So ist z.B. der Fall denkbar, daß sich Komplottanten zu einem Verbrechen verabreden, wobei ein Teil der Komplottanten bereits vorher zur Tat entschlossen war, der andere Teil hingegen nicht.

Dieses Verhalten ist jeweils nur als Verbrechensverabredung strafbar, weil diese lex specialis gegenüber der ebenfalls verwirklichten versuchten Anstiftung bzw. dem Sich-bereit-Erklären ist. Denn die bereits Entschlossenen würden sich in diesem Fall grundsätzlich einer versuchten Anstiftung, die sich erst mit der Verabredung Entschließenden eines Sich-bereit-Erklärens strafbar machen.

Die in dieser Fallkonstellation möglicherweise gegebene Gefahr kann demnach nicht als die für die Verabredung charakteristische bezeichnet werden. Eine Bestrafung aus § 30 Abs. 2, 3. Alt. StGB wäre mithin überflüssig.

Eine weitere denkbare Konstellation ist es, daß die Komplottanten erst durch den gemeinsamen Tatentschluß zur Tat bereit sind, die Tat also jeweils nicht allein begangen hätten. Aber auch hier kann sich nicht der typische, d.h. eigenständige Gefahrgehalt der Verabredung widerspiegeln, da auch hier die Strafbarkeit der Komplottanten durch die versuchte Anstiftung in Form der wechselseitigen Anstiftung abgedeckt wäre[290].

Bloße Tatgeneigtheit ist wiederum im Sinne strafrechtlicher Bestimmtheit als Unentschlossenheit zu werten.

Damit zeigt sich, daß die Strafbarkeit der Verbrechensverabredung einen eigenständigen Sinn nur in dem Zusammenschluß von grundsätzlich bereits zur Tat Entschlossenen hat, deren notwendige Vorstufe also die von mehreren potentiellen Nebentätern ist. Der besondere Gefahrgehalt muß demnach in dem Zusammenschluß von mehreren potentiellen Nebentätern liegen, quasi in der „Bündelung" vorhandener und im Hinblick auf den Rechtsgutsangriff konkretisierter krimineller Energie.

Durch die Verabredung müßte, soll sie strafbares Unrecht darstellen, weiterhin die Gefahr einer Rechtsgutsverletzung gegenüber dieser herausgearbeiteten Vorstufe anwachsen.

---

289 S. 81 ff.

290 Vgl. S. 164 f.

Ob dies unter den beiden vertretenen Gefahrvorstellungen – der besonderen Bindung an den gemeinsamen Tatplan einerseits und der Unkontrollierbarkeit des Verhaltens der anderen Komplottanten andererseits – tatsächlich der Fall ist, soll im Folgenden untersucht werden.

IX. Bewertung der spezifischen Gefahrvorstellungen

1. Konspiration im Sinne einer gegenseitigen „vertragsmäßigen" Bindung

Nach herrschender Ansicht besteht die besondere Gefährlichkeit der Verabredung in der gegenseitigen Festlegung der Komplottanten auf den gemeinsam gefaßten Tatentschluß.

Dadurch, daß ein gemeinsamer Tatentschluß geschlossen wurde, soll es dem Einzelnen erschwert sein, sich von der gemeinsamen „Verpflichtung" zu lösen.

Das klingt zunächst sehr einleuchtend. Tatsächlich wird es oft so sein, daß man sich von einer gemeinsamen Verpflichtung schwerer lösen kann, als von einem alleinigen Entschluß. In der Literatur wird daher oft von einer „vertragsmäßigen" Bindung der Komplottanten gesprochen. Doch worauf beruht diese denkbare gegenseitige Bindung?

In der Literatur wird versucht, diese Frage teils mit objektiven, teils mit subjektiven, psychologischen Bindungskriterien zu beantworten.

a) Psychologische Ursachen

aa) Die Suggestionswirkungen bei der Verabredung: Das Strafbegründungsmodell Letzgus'

Ein eigener suggestionspsychologischer Ansatz der Strafbegründung der Verabredung ist von Letzgus entwickelt worden[291]. Die besondere Gefahr der Verabredung gegenüber einem Einzelentschluß sei in der gegenseitigen suggestiven Beeinflussung der Komplottanten zu sehen, durch die der kriminelle Wille verfestigt werde und eine gegenseitige Bindung der Komplottanten entstehe[292].

Letzgus zufolge ist die Suggestion bei der Verabredung im Gegensatz zur Anstiftung eine wechselseitige, und gerade das mache die Verabredung besonders gefährlich[293].

Unter Suggestion versteht man die „affektive Beeinflussung der körperlich-seelischen Ganzheit auf der Grundlage eines zwischenmenschlichen Grundvoll-

---

291 Letzgus, S. 130 ff.

292 Letzgus, a.a.O.

293 Letzgus, S. 130.

zugs, der affektiven Resonanzwirkung“[294]. Suggestion hat dabei wenig mit logischer, argumentativer Überzeugungskraft oder objektiver Autorität zu tun; es geht vielmehr um Qualitäten, die der *Erscheinungssphäre* des Suggestors anheften[295].

Gegenseitige Suggestion führt zum einen zu einer Steigerung der Bewußtseinsinhalte, verbunden mit einer Schmälerung der Gegenkräfte, zum anderen zu einer Steigerung des Willens, die Gruppenziele durchzusetzen[296], mit anderen Worten: Durch Suggestion werden die Ziele und Motive des Individuums mehr und mehr ersetzt durch die Ziele der Gruppe („Wir“-Bildung). Letzgus spricht von der „Beeinträchtigung der Kontrollinstanz des Ich-Zentrums“[297]. Die besondere Gefährlichkeit der gegenseitigen Suggestion gegenüber der einseitigen soll also darin liegen, daß die rationalen Kräfte zurücktreten und sich der Einzelne in der Gruppe mutiger und mächtiger fühlt, als wenn er allein handeln würde[298]. Damit sei die Verabredung für das vom Tatplan erfaßte Rechtsgut gefährlicher, als ein Einzelentschluß, da der Einzelne in der Gruppe Dinge zu tun bereit sein soll, die er sich allein nicht zu tun trauen würde.

Letzgus' suggestionspsychologischer Ansatz ist in der wissenschaftlichen Diskussion keine sehr große Bedeutung beigemessen worden. Dies liegt vor allem daran, daß die Bedeutung suggestiver Einflüsse bei den Handlungsalternativen des § 30 StGB zum einen noch nicht empirisch erfaßt worden sind, zum anderen sich wohl auch kein allgemeingültiges psychologisches Gesetz wird finden lassen, wonach es generell schwerer ist, sich von einem gemeinsamen Tatentschluß schwerer lösen zu können, als vom Einzelentschluß[299].

Ein weiterer Einwand gegen das Suggestionsmodell ergibt sich auch aus der mangelnden Berücksichtigung suggestiver Einflüsse bei der Tatbestandsformulierung des § 30 Abs. 2, 3. Alt. StGB. Dazu muß tiefer in die psychologischen Untersuchungen zur Suggestion und ihren Voraussetzungen eingedrungen werden:

Suggestibilität ist kein feststehender Faktor, sondern wird durch Umwelteinflüsse ständig verändert[300]. So hängt die Stärke der wechselseitigen Suggestion davon ab, inwieweit die Beteiligten körperliche Fühlung miteinander haben[301].

---

294 Stoviks/Pflanz, S. 6.
295 Pöll, S. 47, 79, 252 f.
296 Le Bon, S. 18.; Scherer, S. 24; Wulffen, S. 51
297 Letzgus, a.a.O.
298 Letzgus, S. 131.
299 Roxin, LK, Rdnr. 7 zu § 30; kritisch zur Bedeutung der Suggestion auch Maiwald, ZStW 88, S. 719.
300 Stoviks/Pflanz, S. 40.
301 Scherer, S. 27.

Nur wenn sich die Komplottanten sehen und räumlich nahe sind, ist wirklich von der Möglichkeit wesentlicher gegenseitiger Suggestion auszugehen[302].

Die Verbrechensverabredung in ihrer gegenwärtigen gesetzlichen Fassung verlangt aber keine körperliche Fühlungnahme der Komplottanten: Sie ist auch telefonisch oder gar brieflich möglich. Mit unserer modernen Kommunikationstechnik bieten sich immer mehr immer unpersönlichere Kommunikationsformen an, wie z.B. das Internet.

Darüber hinaus hängen die Wirkungen der Suggestion erheblich von der Anzahl der Komplottanten ab. Zwar ist Suggestion auch bei lediglich zwei Beteiligten denkbar[303]; sie ist aber keineswegs mit der in größeren Gruppen vergleichbar[304]. Insbesondere die Suggestibilität ist wesentlich geringer, so daß die Wahrscheinlichkeit, daß es bei einer Verbindung von zwei Komplottanten überhaupt zu suggestiven Beeinflussungen kommt, eher gering ist[305]. Besonders starke suggestive Einflüsse und Wirkungen sind vor allem bei Menschenmassen, zumindest bei großen Gruppen feststellbar[306].

Die unrechtsbegründende Gefährdung könnte dann darin bestehen, daß der Einzelne die Kontrolle über sich selbst und damit über die von ihm in Gang gesetzten Kausalverläufe verliert, da er der Einfußsphäre des Suggestors unterliegt.

Doch auch hier sind Einwände geboten. Letzgus zufolge sei die Suggestion bei der Verabredung gerade deswegen so gefährlich, weil sie im Gegensatz zur Anstiftung eine wechselseitige sei[307]. Damit unterlegt er folgerichtig auch der Anstiftung die Wirkung der Suggestion, wenn auch einer einseitigen. Auf diese Weise drückt er allerdings nur aus, daß sich die Verabredung als wechselseitige versuchte Anstiftung darstellt. So kann aber, wie bereits gesagt, nicht der Strafgrund der Verabredung herausgearbeitet sein, da eine Strafbarkeit wegen Verabredung überflüssig ist, wenn alle Komplottanten der versuchten Anstiftung schuldig sind.

Die eigenständige Tatsituation der Verabredung ist die von mehreren potentiellen Nebentätern, die sich, aus welchen Gründen auch immer – zusammentun.

Die Wirkung des Suggestors kann die Strafbarkeit des Beeinflußten also nicht dadurch begründen, daß er sich deshalb erst zu dem Verbrechen entschließt, sondern daß er als Entschlossener, der sich mit anderen Komplottanten zusammentut, in der Gruppe *verbleibt*. Inhalt der Gefährdung wäre also, daß sich der

---

302 Das sagt auch Letzgus, S. 130, ohne freilich auf den denkbaren Mangel von Suggestionswirkungen im Falle des Fehlens einer körperlichen Fühlung einzugehen.

303 v. Hentig, S. 84; Pöll, S. 254; Stoviks/Pflanz, S. 101, 105; Wulffen, S. 64 f.

304 Scherer, S. 28; Wulffen, S. 61.

305 Stoviks/Pflanz, S. 101.

306 Scherer, a.a.O.

307 S.o., S. 167.

einzelne zur Tat Entschlossene unter den Suggestionseinfluß der anderen Komplottanten stellt und sich so schwerer vom gefaßten Tatentschluß lösen kann, als ein allein vorgehender (Neben-)Täter.

Denkbar zur Begründung des Kontrollverlustes im Einzelfall ist hier auch die „Suggestivwirkung“, die von der Verabredungssituation als solcher ausgeht: Ein Komplottant kann sicher auch dadurch stärker an den gemeinsamen Tatentschluß gebunden sein, weil er, obwohl er bereits zuvor die Tat begehen wollte, sich im Verbund mit den anderen noch sicherer, von der Möglichkeit des eigenen Scheiterns unabhängiger fühlt.

Inwieweit es tatsächlich bei Verbrechensverabredungen zu suggestiven Beeinflussungen mit der Folge des verstärkten Zusammenhalts der Gruppe kommt, ist wie gesagt empirisch nicht erfaßt und wohl auch nicht erfaßbar.

Darüber hinaus ist noch ein weiterer Einwand gegen das Argument stärkeren Zusammenhalts einer Gruppe aufgrund suggestiver Einflüsse wesentlich: Gerade in Ermangelung der tatbestandlichen Berücksichtigung von suggestiven Einflüssen kann man sich die mit einer Verabredung einhergehenden gegenseitigen Beeinflussungen nicht rein suggestiv vorstellen, sondern muß sie auch – subjektadäquat – rational denken[308]. Vor diesem Hintergrund ist der gemeinschaftliche Komplott wesentlich stärker der Kritik des einzelnen Komplottanten ausgesetzt, wie der jeweils eigene Einzelentschluß. So mag es zwar richtig sein, daß ein Einzelentschluß an sich leichter aufgegeben werden kann, intersubjektiv gesehen ist jedoch der gemeinsame Tatentschluß instabiler[309].

bb) Gegenseitige psychische Stärkung

Ein weiterer Aspekt einer psychologisch bedingten gegenseitigen Bindung könnte darin liegen, daß manch ein Täter nur bereit ist, eine Tat zu begehen, wenn er in einer Gruppe handelt. Hierbei geht es nicht um suggestive Einflüsse, sondern darum, daß der einzelne Komplottant die objektive Tatsache, daß er nicht allein, sondern im Verbund mit anderen (möglicherweise erfahrenen und „kompetenten“) Komplottanten handelt, psychisch derart verarbeitet, daß er die geplante Tat zu begehen bereit ist[310]. Es geht also um die gegenseitige psychische Stärkung der Komplottanten, indem jeder auf den Beitrag des anderen zählen kann und dadurch den Mut entwickelt, die Tat zu begehen[311].

Der wesentliche Unterschied zur Suggestion besteht darin, daß eine räumliche Fühlungnahme keine Rolle spielen muß. Außerdem ist die psychische Stärkung

308 Beck, S. 205, 206.

309 Beck, S. 206.

310 Vgl. dazu Scherer, S. 29, der das Beispiel einer Forschungsgruppe anführt, die sich zur Forschungsreise zusammentut, da die Einzelnen allein die Reise meist nicht wagen würden.

311 Letzgus, S. 132.

nicht das Ergebnis einer dauernden Wechselwirkung[312]; sie wirkt allein aufgrund der Tatsache, daß eine Gruppe handelt.

Auch wenn sicher grundsätzlich von gegenseitigen psychischen Stärkungen innerhalb einer Gruppe auszugehen ist, so kann dies nicht strafbegründend wirken. Einem anderen Komplottanten psychisch zu dessen Beitrag zu stärken, kann insbesondere keine *täterschaftsbegründende* Wirkung haben, sondern hat statt dessen nur beihelfenden Charakter[313]. Da aber die Verbrechensverabredung antizipierte Mittäterschaft ist, kann die psychische Beihilfe zu der geplanten Tat eines anderen allein nicht antizipiertes Täterschaftsunrecht für den psychisch stärkenden Komplottanten begründen[314].

b) Objektive Ursachen einer gegenseitigen Bindung

Die Annahme der gegenseitigen Festlegung auf den Verbrechensplan könnte durch das Vorhandensein objektiver Gründe, die das Lösen vom gemeinsamen Plan erschweren, untermauert sein.

So wird teilweise davon ausgegangen, daß sich die Komplottanten in eine quasi-vertragliche Beziehung begeben, aus der sie sich vor allem deswegen schwerer als vom Einzelentschluß lösen könnten, weil durch die „Verhaltensnormen einer kriminellen Subkultur"[315] und die Ausübung von Machtmitteln die Komplottanten anderenfalls mit Repressalien durch die anderen Komplottanten rechnen müßten[316].

Solcher Argumentationsweise muß man grundsätzliche Kritik entgegenstellen: Zum einen ist nicht bei jeder Verbrechensverabredung von derartigen hierarchischen Strukturen auszugehen, die jeden Komplottanten zu einem „Duckmäuser" gegenüber einem oder mehreren anderen Komplottanten werden lassen. Man muß sich vor Augen führen, daß nach einhelliger Ansicht die Verbrechensverabredung antizipierte Mittäterschaft darstellt, die gerade durch Gleichrangigkeit der Beteiligten gekennzeichnet ist. Bei der hier dargestellten Ansicht bekommt man hingegen leicht den Eindruck, als handele es sich bei der antizipierten Mittäterschaft um eine antizipierte (wechselseitige) mittelbare Täterschaft. Dies ist ein wissenschaftlicher Erklärungsversuch zum Unrecht der Mittäterschaft, der eigentlich als überwunden anzusehen ist. Man kann daher sagen, daß der Fall des stark hierarchisch durchstrukturierten Komplotts gerade nicht der typische

312 Scherer, S. 29.

313 Eben in Form der antizipierten psychischen Beihilfe.

314 So ähnlich auch zu Recht Letzgus, S. 135, der nachgewiesene psychische Stärkungen nur als Straferhöhungsgrund bei begangenen Taten ansieht.

315 So Roxin, LK, Rdnr. 10 zu § 30.

316 Roxin, a.a.O., Fußnote 23, meint, daß die Mitwisser einen nachträglichen Rücktritt als „Verrat" ansehen könnten.

Fall ist, den § 30 Abs. 2, 3. Alt. StGB pönalisiert. Ferner ist mit diesem Ansatz unter dem Aspekt des Kontrollverlustes des Einzelnen als wesentliches Merkmal der Gefährdung das Unrecht des in der Hierarchie oben anzusiedelnden Komplottanten, dessen Position sich nicht durch Kontrollverlust, sondern -gewinn auszeichnet, nicht erklärbar.

Schließlich spielt sich nicht jede Verbrechensverabredung in einem Bereich „krimineller Subkultur“ mit eigenen Verhaltensnormen ab, in denen der nachträgliche Rücktritt zwingend als „Verrat“ aufgefaßt wird und in denen der Zurücktretende mit Repressalien zu rechnen hat. Zwar wird eine kriminelle Tat verabredet; von einer „kriminellen Subkultur“ kann aber allenfalls in sozialen Umfeldern gesprochen werden, in denen kriminelles Verhalten eben kultiviert, d.h. regelmäßig und organisiert angewendet wird[317].

Zum anderen, und dies ist das entscheidende Gegenargument, wären es diese objektiven Umstände, die im Einzelfall vorliegen mögen, die die Bindungen hervorrufen, nicht die Verabredung an sich. Der Ansatz einer „kriminellen Subkultur“ geht gerade davon aus, daß die Bindungen im Prinzip schon vor der Verabredung bestehen und lediglich im Rahmen des gemeinsamen Verbrechensplans aktuell werden. Nur eine durch Abhängigkeiten untermauerte Verabredung bindet wirklich, nicht aber die Verabredung als solche[318]. Jedoch ist es die Verabredung als solche, die in § 30 Abs. 2, 3. Alt. StGB unter Strafe gestellt wird[319].

§ 49 a StGB in der bis 1943 gültigen Fassung, der die Verabredung nicht explizit, wohl aber der Sache nach umfaßte, trug der mangelhaften Gefährlichkeit des bloßen (gegenseitigen) Versprechens dadurch Rechnung, daß es nur strafbar war, wenn Vorteile in Aussicht gestellt wurden[320].

2. Unkontrollierbarkeit des Verhaltens der anderen Komplottanten

Die andere vertretene Gefahrvorstellung geht davon aus, daß der einzelne Komplottant durch die Verabredung die Gefahr schafft, daß die anderen Komplottanten die Tat ohne sein Zutun vollenden können[321]. Diese Ansicht erfährt, wie bereits ausgeführt, durch die Rücktrittsregelung in § 31 StGB eine gesetzli-

---

317 Vgl. dazu die Ausführungen zu den §§ 127, 129, 129a StGB, S. 176 ff.

318 So auch Jakobs, ZStW 97, S. 765, 766 (Fußnote 19); demgegenüber meint Beck, S. 205, daß sich ein vorhandenes (allgemeines) Abhängigkeitsverhältnis durchaus in dem konspirativen Willensentschluß konkretisieren und in bezug auf die verabredete Tat zu einer konkreten – und aus diesem Grunde – gefährlichen Bindung werden kann.

319 Aus diesem Grunde kommt auch Beck, S. 205, zu dem gleichen Ergebnis, daß bereits vor der Verabredung vorhandene Abhängigkeitsverhältnisse unberücksichtigt bleiben müssen.

320 Darauf weist auch Jakobs a.a.O. hin. Eine Ausnahme machte das Gesetz damals allerdings für den Mordkomplott, § 49 b StGB a.F.

321 Schäfer, Niederschriften, S. 207; Weber, ZStW-Beiheft 1987, S. 16.

che Fundierung, da bei der Verabredung die Erfüllung einer Erfolgsabwendungspflicht als Rücktrittsvoraussetzung normiert ist.

Ob diese Gefahrvorstellung tatsächlich das Unrecht der Verabredung begründen kann, läßt sich im Hinblick auf die bereits erarbeitete selbständige Tatsituation der Verabredung beantworten. Eine lediglich als Verabredung strafbare Handlung besteht in dem gemeinsamen Tatentschluß von bereits zur Tat Entschlossenen. Dies bedeutet gleichzeitig, daß die Gefahr, die Tat könne von einem anderen als dem jeweiligen Komplottanten begangen werden, bereits vor der Verabredung bestanden hat. Es wäre eher diskussionswürdig, ob durch die Verabredung diese Gefahr nicht sogar gesenkt wird, da Inhalt der Verabredung ja gerade der ist, daß die Tat nicht von einem Einzelnen, sondern nur durch alle gemeinsam begangen werden soll.

Resümierend läßt sich festhalten, daß sich lediglich die Gefahrvorstellung einer gegenseitigen, psychologisch begründeten Bindung an den gemeinsamen Tatplan, die im Einzelfall stärker sein kann, als die an einen Einzelentschluß, in der Verabredung realisieren kann und gleichzeitig der Verabredung selbst und nicht irgendwelchen tatbestandlich nicht erfaßten objektiven Umständen entspringt.

Im folgenden sollen die abstrakten Gefährdungsdelikte nach ihren typischen Konstellationen strukturiert und untersucht werden, inwieweit die Verbrechensverabredung in das so entstehende System abstrakter Gefährdungsdelikte paßt. Sinn dieser systematischen Erfassung ist es, die Kriterien der Unrechtsbegründung der Verabredung gegebenenfalls aus einem Vergleich mit den der Verabredung strukturell am nächsten stehenden abstrakten Gefährdungsdelikten zu ziehen.

X. Die Verbrechensverabredung im System der abstrakten Gefährdungsdelikte

Bei abstrakten Gefährdungsdelikten handelt es sich immer wenigstens insoweit um Vorverlagerungen der Strafbarkeit, als daß es nie auf die Vollendung einer Rechtsgutsverletzung ankommt. Auch und vor allem diese Tatsache spricht für die Einordnung der Verbrechensverabredung als (allgemeines) abstraktes Gefährdungsdelikt. Allerdings lassen sich innerhalb des Systems abstrakter Gefährdungsdelikte verschiedene Stufen der Vorverlagerung feststellen. Man kann sie dabei in zwei Obergruppen einteilen:

1. Vollzug des deliktischen Verhaltens

Bei der ersten Gruppe hat es mit dem Verzicht auf den Eintritt einer Rechtsgutsverletzung bzw. einer konkreten Gefahr sein Bewenden; im übrigen ist das deliktische Verhalten schon vollzogen. Im wesentlichen wird also nur die Realisierung der Schadensneigung des tatbestandlich erfaßten Verhaltens generalisiert. Als Beispiele lassen sich die uneidliche Falschaussage bzw. der Meineid

(§§ 153, 154 StGB), die Trunkenheitsfahrt (§ 316 StGB), der unerlaubte Umgang mit Kernbrennstoffen (§ 328 StGB), sowie Tatbestände aus dem Nebenstrafrecht (z.B. §§ 64 Abs. 2 Nr. 1, 19 BSeuchenG) anführen. Das deliktische Verhalten erschöpft sich in diesen Fällen in der Erzeugung der abstrakten Gefahr. Der Täter befindet sich demnach nicht – wie bei der Verbrechensverabredung – in der Vorbereitungsphase des eigentlichen Delikts. Demnach müssen auch die Maßstäbe für die Strafwürdigkeit jeweils unterschiedlich sein.

2. Abstrakte Gefährdungsdelikte im Vorbereitungsstadium

Des weiteren gibt es abstrakte Gefährdungsdelikte, die abweichend von der ersten Gruppe Handlungen erfassen, die sich wie die Verbrechensverabredung im Vorbereitungsstadium zu einer noch folgenden Tat befinden. Sie sind auf ein weiteres deliktisches Verhalten angelegt und ohne Bezug auf dieses entweder überhaupt nicht oder kaum gefährlich.

Klassische Typen dieser Art finden sich v.a. im Waffengesetz und im Versammlungsgesetz. So ist das Führen von Waffen bei Versammlungen ohne behördliche Genehmigung (§ 27 VersammlG) und die Verwendung bewaffneter Ordner (§ 24 VersammlG) genauso mit Strafe bedroht, wie die Herstellung, Bearbeitung etc. von vollautomatischen bzw. halbautomatischen Selbstladewaffen (§ 52 a Abs. 1 WaffG). Auch das Herstellen bzw. Erwerben von Falschgeld (§§ 146, 147 StGB) gehören in diese Gruppe, wobei gerade die Strafbarkeit der *Vorbereitung* zur Erstellung von Falschgeld (selbst schon eine Vorbereitungshandlung) in § 149 StGB eine besonders ausgeprägte Form der Vorfelddelinquenz darstellt.

All diesen Delikten ist es eigen, ihren Unrechtscharakter in erster Linie aus der Besorgung vor weiterem deliktischen Verhalten zu beziehen.

Das Führen einer Waffe bei einer Versammlung muß an sich zu nichts führen; es eröffnet aber auch die Möglichkeit, daß etwas in Zukunft passieren könnte. Auch das Herstellen oder der Erwerb von Falschgeld können ihren Unrechtsgehalt höchstens aus der damit entstehenden Möglichkeit beziehen, daß dieses Geld in den Geldverkehr kommt.

Genauso verhält es sich bei der Verbrechensverabredung: Als solche bewirkt sie nichts. Sie bereitet lediglich eine Straftat vor.

Es fragt sich nun, nach welchen Maßstäben derartige Verhaltensweisen strafwürdig sein können. Hierzu werden in der Literatur verschiedene Kriterien angeboten:

a) Der zwingende Schluß von der Vorbereitung auf die Tat

Bei einigen Vorbereitungshandlungen wird vertreten, daß sie ihrer äußeren Art nach eindeutig auf das vorbereitete Delikt verweisen und daher dann strafbar sein sollten, wenn die wirksame Bekämpfung dieser Kriminalitätsformen ein frühzeitiges Einschreiten erfordert[322].

Diese Beschreibung der Verhaltensform trifft sicher in den allermeisten Fällen der Münzdelikte zu. Jedoch läuft diese Begründung der Strafbarkeit auf einem sehr schmalen Grad, da die meisten Verhaltensweisen dieser Gruppe abstrakter Gefährdungsdelikte verschieden interpretierbar sind. Vorbereitungshandlungen sind eben oft – wie schon ausgeführt[323] – ihrem äußeren Schein nach mit der Rechtsordnung im Einklang.

Außerdem ist der zwingende Schluß eines äußeren Verhaltens auf die Gesinnung des Täters – und lediglich diese Reihenfolge ist mit dem Tatprinzip vereinbar – bei einer Verabredung kaum denkbar: Die Verabredung ist an sich nur ein sozialer Kontakt, der das Verschmelzen zweier Intentionen zu einer gemeinsamen beinhaltet. Wenn man den äußeren Vorgang der Verabredung, der in einem Gespräch, einem Briefwechsel, gegebenenfalls auch lediglich in einem Blickwechsel bestehen kann, auf seine Bedeutung als Straftat hin untersuchen möchte, dann müßte man den Inhalt der Verabredung kennen (*Verbrechens*verabredung). Der Inhalt der Verabredung ist aber lediglich Wort gewordene (gegebenenfalls nicht einmal das) Gesinnung der Komplottanten in einem meist privaten Rahmen. Es spricht vieles dafür, die Bewertung der Verbrechensverabredung als zwingende Vorbereitung einer Straftat als Bewertung der bloßen Gesinnung der Komplottanten anzusehen[324]. Anders hingegen bei den Münzdelikten: Hier ist etwas Objektives „in der Welt“, das unabhängig vom Willen des Täters existiert. Dies ist der entscheidende Unterscheidungsansatz, den es im Folgenden zu untersuchen gilt.

b) Gefährdung durch unkontrollierbare Übertragbarkeit

Die Herstellung bzw. der Erwerb von Falschgeld, die Herstellung automatischer Selbstladewaffen etc. umschreiben nicht nur Vorgänge, die den Schluß auf ein weiteres kriminelles Verhalten nahelegen, sie zeichnen sich auch durch die Erschaffung von Produkten aus, die man als Privatperson kaum legal verwenden kann[325]. Diesen Verhaltensweisen kann ein Vorwurf entgegengebracht werden, der nicht an der Gesinnung des Täters allein ansetzt und sich somit vom Gesinnungsstrafrecht abhebt. Da die Produkte des Tatverhaltens (z.B. Falschgeld, Waffen) unabhängig vom Täterwillen existieren, ist auch ihre Verwendung unübersehbar. Die nur in seltenen Ausnahmefällen vorhandene Harmlosigkeit des Täters, der z.B. die Waffe nur zu seinem eigenen Schutz und grundsätzlich

---

322 Stratenwerth, Rdnr. 641.

323 Vgl. S. 129 f.

324 So sinngemäß auch Jakobs, ZStW 97, S. 765

325 Vgl. auch Jakobs, a.a.O., S. 770.

überhaupt nicht verwenden will, bewegt sich in einem zeitlich zumeist eingrenzbaren Bereich und ist kaum Gewähr dafür, daß nicht doch in Zukunft eine Straftat unter Verwendung des Falschgeldes oder der Waffe passiert[326]. Damit ist der obige Begriff der Gefahr wieder aufgenommen. Die Existenz solcher Tatprodukte außerhalb der Willenswelt des Täters nimmt diesem ein gehöriges Maß an Kontrolle darüber.

Auch im Hinblick auf das Tatprinzip ist die Strafbarkeit solcher Delikte kaum zu beanstanden: Die in diesen Tatbeständen umschriebenen Verhaltensweisen stören aufgrund ihrer generellen Unkontrollierbarkeit, ihrer objektiven Gefährlichkeit, per se und nicht erst im Hinblick auf die Gesinnung des Täters: Gerade die Verselbständigung gegenüber der Tätergesinnung macht das Gefahrmoment aus[327]. Hier kommt also eine Gefahrvorstellung zum Tragen, die auch bezüglich der Verbrechensverabredung vertreten wird[328], dort allerdings unberechtigterweise: Die Übertragbarkeit des Tatproduktes im weitesten Sinne auf andere ist für den Täter nicht vollständig kontrollierbar. Das gilt insbesondere für die Münzdelikte, in deren Rahmen es zumeist zu einer massenhaften Herstellung von Falschgeld kommt.

Die Verbrechensverabredung hingegen existiert nur zwischen den Komplottanten und ist von der Gruppe im Regelfall absolut beherrschbar. Sie ist auf diesen Personenkreis beschränkt. Handelt einer der Komplottanten unabhängig von den anderen, so handelt er eben nicht aufgrund einer eigenständigen Verabredung, sondern aufgrund des quasi wieder auflebenden ursprünglichen Einzelentschlusses.

Für die anderen Komplottanten käme so gesehen neben dem Vorwurf der eigenen Verabredung nicht einmal mehr der Vorwurf der (versuchten) Anstiftung des handelnden Komplottanten in Betracht: Ein omnimodo facturus kann eben nicht mehr angestiftet werden.

3. Die Verbrechensverabredung im Vergleich zu speziellen Komplottformen

Im Strafgesetzbuch finden sich weitere gesetzlich geregelte Formen des Komplotts neben der allgemeinen Bestrafung der Verbrechensverabredung. Wie man bereits aus der Entstehungsgeschichte des § 30 StGB ersehen kann, ist die Verabredung nur ein Teil eines Komplotts, zu dem auch weitere Vorbereitungshandlungen und vor allem auch die Tatbegehung selbst gehören. Jedes Handeln gegen ein strafrechtlich geschütztes Rechtsgut durch zwei oder mehrere miteinander verbundene Täter kann als Komplott gegen dieses Rechtsgut bezeichnet werden.

---

326 In diesem Sinne auch Jakobs, a.a.O., S. 770, 771.

327 Jakobs, a.a.O., S. 771.

328 Vgl. Schäfer, S. 207; Weber, ZStW-Beiheft 1987, S. 16.

Rückschlüsse auf die Strafwürdigkeit der Verabredung kann man aber nur aus solchen Komplottformen erwarten, die der Verabredung strukturell nahestehen, d.h. solche, die auch als Vorbereitungshandlungen zu charakterisieren sind. So müssen Bandendelikte aus der Betrachtung herausfallen; aus ihnen kann ohnehin kein Rückschluß auf Strafwürdigkeitskriterien gelingen, da bandenmäßige Begehung nie strafbegründend, sondern immer nur strafschärfend wirkt[329].

Strukturell nahezu identisch mit der Verbrechensverabredung sind spezielle Komplottformen, die jeweils Delikte mit eigenem Strafrahmen und damit nicht nur strukturell vergleichbare, sondern „echte" Gefährdungsdelikte darstellen.

Es handelt sich dabei um Delikte, die sich – wie auch die Verbrechensverabredung – in die Gruppe der „Organisationsdelikte"[330] einreihen lassen, da ihre Strafbarkeit an den Zusammenschluß bzw. die mitgliedschaftliche Betätigung in verbotenen Kollektiven anschließt. Auch die Aufrechterhaltung nach einem staatlichen Verbot ist gemäß der §§ 84 ff. StGB strafbar. Letztgenannte Delikte sollen aber hier außer Acht gelassen werden. Im Hinblick auf die Strafbarkeit der Verbrechensverabredung, d.h. des Zusammenschlusses von mindestens zwei Komplottanten sind für diese Arbeit auch nur jene Delikte interessant, deren Strafbarkeit zumindest auch an den Zusammenschluß zu einer Vereinigung anschließen. Dies sind vor allem die §§ 127, 129, 129a StGB.

a) *Vereinigung als strafrechtsrelevanter Begriff*

Nach der Rechtsprechung liegt eine „Vereinigung" bereits bei jeder Organisation vor, zu der sich eine Mehrheit natürlicher oder juristischer Personen zu einem gemeinsamen Zweck freiwillig zusammengeschlossen und einer organisierten Willensbildung unterworfen hat[331], wobei mit „Unterwerfung" die Unterordnung des Einzelwillens unter den Willen der Gesamtheit gemeint ist[332].

Damit fehlt es aber noch an einem Kriterium, das einer insoweit von jeder anderen Organisation nicht unterscheidbaren Vereinigung strafrechtliche Relevanz verleiht. Generell ist für strafrechtliches Unrecht intersubjektive Wirkung des jeweiligen Handelns ausschlaggebend. Damit ist – wie schon bei der Verabredung aufgezeigt worden ist – die Entfaltung einer nach außen gerichteten Tätigkeit für die Strafbarkeit von Vereinigungszusammenschlüssen entscheidend[333]. Strafrechtserheblich ist mithin nur die tätige, einen Zweck verwirklichende Vereinigung[334].

329 Z.B. bei §§ 244, 253 Abs. 4, 260 StGB.

330 Vgl. Beck, S. 201 ff.

331 BGHSt 10, 17; bereits RGSt. 13, 273.

332 So daß sich die Mitglieder als einheitlicher Verband „fühlen", Schönke/Schröder-Lenckner, § 129, Rdnr. 4.

333 Beck, S. 203.

334 Beck, a.a.O.

b) *§ 129 StGB, Bildung einer kriminellen Vereinigung*

Eine „Verabredung“ im speziellen Sinne stellt die Bildung einer kriminellen Vereinigung nach § 129 StGB dar, weil dieser Tatbestand neben der Bildung eines Komplotts das Bestreben, Straftaten zu begehen, tatbestandlich erfordert.

Anders als bei der Verabredung müssen diese Straftaten allerdings nicht im einzelnen konkretisiert sein; es genügt vielmehr, daß die Zwecke oder Tätigkeit der gebildeten Vereinigung auf die Begehung (irgendwelcher) Straftaten gerichtet sind. Wesentlich stärker als bei der Verbrechensverabredung steht also bei § 129 StGB das Element der Organisation im Mittelpunkt strafrechtlicher Pönalisierung. Das bloße Merkmal der Organisation ist aber als unrechts*begründendes* Element problematisch. Dies zeigt die bereits erwähnte Wertung des Gesetzgebers, bandenmäßige – d.h. insoweit auch mit einem überdurchschnittlichen Organisationsgrad ausgestattete – Deliktsbegehung lediglich straf*erhöhend* zu berücksichtigen.

Nun kann keineswegs bestritten werden, daß eine wirksame Organisation mehr als ein bloß interner „Planungszusammenhang“ ist, auf den die Rechtsgemeinschaft dementsprechend auch anders reagieren muß[335]. Auf die Verbrechensverabredung bezogen heißt dies aber auch, daß aus diesem Unterschied zu § 129 StGB (dem höheren Organisationsgrad) eben gerade kein Rückschluß auf die Strafbarkeit der Verbrechensverabredung geschlossen werden kann. Denn selbst der konkretisierteste Tatplan – sei es auch der mehrerer – kann ohne gefährdende, intersubjektiv wirksame Handlung nicht strafwürdig sein.

Doch es stellt sich auch die Frage, ob das Organisationsdelikt aus § 129 StGB selbst strafbares Unrecht darstellen kann, also: Ob das Gefährlichkeitsurteil über eine kriminelle Vereinigung, wie es § 129 StGB fällt, begründet ist.

Rudolphi zufolge ist Strafgrund bzw. Inhalt des Gefährlichkeitsurteils bei § 129 StGB vor allem die „auf die Begehung der beabsichtigten Taten hindrängende Eigendynamik“[336].

Die Gefährlichkeit der kriminellen Vereinigung – dies deutet auch schon die tatbestandliche Fassung mit ihrer unkonkreten Zwecksetzung der Begehung künftiger Straftaten an – liegt vor allem in ihrem Tätigkeitspotential, in organisierter Form Straftaten zu begehen, wobei die Organisierung gerade der „Perfektionierung“ der Tatbegehungen dienen soll. Das allein beschreibt aber nicht die von Rudolphi behauptete Eigendynamik. Diese meint vielmehr ein der behaupteten Zwecksetzung von außen zugeschriebenes Praxisvermögen, vollzieht also den Schluß auf den Tatwillen allein auf der Grundlage eines zunächst nur vorhandenen Organisationswillen[337]. Der Wille zur Bildung einer kriminellen Vereinigung

---

335 Vgl. hierzu Jakobs, ZStW 97, 767.

336 Rudolphi, in: SK, § 129, Rn. 3; vgl. auch Schroeder, S. 22, 28.

337 Beck, S. 206.

impliziert aber durchaus noch keinen Tatwillen und erst recht keinen Tatentschluß[338], auch wenn eine Zwecksetzung der Vereinigung festgelegt sein mag.

Somit wird das Gefährlichkeitsurteil über eine Organisation mit krimineller Zwecksetzung durch die von Rudolphi behauptete „Eigendynamik" letztlich nur mit der Unwissenheit über die aktuelle Gefährlichkeit der Vereinigung begründet[339].

Grundlage dieses Urteils sind also weder eine enthemmende Wirkung der organisatorischen Eingebundenheit, noch der ohnehin zufällige gruppendynamische Prozeß, sondern eine aus der Unwissenheit über eine konkrete Tatvorbereitung resultierende generelle Festlegung auf das – von außen betracht – jederzeit realisierbare Gefährlichkeitspotential[340]. Eine solche generelle Festlegung begegnet hier den gleichen Bedenken wie bei den abstrakten Gefährlichkeitsdelikten allgemein, soweit versucht wird, mit „abstrakter" Gefahr letztlich die Strafbarkeit von konkret ungefährlichen Handlungen zu pönalisieren[341].

Dieses Gefährlichkeitsurteil ist also unbegründet; ebenso läßt sich so kein eigenständiger Unrechtskern bei dem bloßen Gründungsakt der Vereinigung ausmachen. Ohne eigenständigen Unrechtskern der bloßen Gründung einer kriminellen Vereinigung läßt sich aber auch ihre Strafbarkeit in § 129 StGB nicht begründen.

c) § 129 a StGB, Bildung einer terroristischen Vereinigung

Da sich grundsätzlich die Bildung einer terroristischen von der einer ansonsten kriminellen Vereinigung nicht unterscheidet, liegt es nahe, daß hier dieselben Bedenken gegenüber einer Strafbarkeit bestehen.

Etwas anderes kann sich dementsprechend nur aus dem Unterschied der Zwecksetzung bei den beiden Delikten ergeben, also aus der Tatsache, daß bei § 129 a StGB die Zwecksetzung spezifisch eine „terroristische" ist. Es stellt sich die Frage, ob aus dieser Zwecksetzung eine gesteigerte, unrechtsbegründende Gefährlichkeit resultiert. Dazu müßte allerdings der Inhalt dieser Zwecksetzung näher geklärt werden. Ein Ansatzpunkt könnte dabei die ideologische Übereinstimmung der Mitglieder einer terroristischen Gruppe sein[342]. Die wissenschaftliche Auseinandersetzung mit den Ursachen des Terrorismus hat aber gerade gezeigt, daß die Mitglieder einer terroristischen Vereinigung nicht durch eine eigenständige kohärente Theorie miteinander verbunden sind[343].

338 Soweit man richtigerweise darin den Beginn der Umsetzung eines Tatwillens sieht.

339 Beck, S. 206, 207.

340 So ganz richtig Beck, S. 207.

341 Wie das bei der Gefahrpräsumtion als Strafgrund passieren kann, vgl. S. 148 ff.

342 Vgl. Beck, S. 207.

343 Rohrmoser, S. 130.

Eine Unrechtsbegründung kann auch nicht aus einem für § 129 a StGB typischen Täterprofil gezogen werden. Die vorwiegend dualistische Konstruktion des terroristischen Weltbildes[344] spricht zwar grundsätzlich für einen besonders gewissenlosen, nihilistischen Tätertypus; letztlich würde dieser Standpunkt mit seiner Pönalisierung der speziellen Gesinnung anläßlich der Vereinigungsgründung jedoch die antizipierte Festlegung auf eine zweckentsprechende Praxis fördern und käme so in unlösbare Konflikte mit dem Prinzip des Tatstrafrechts[345].

d) Resümee

Die vorstehenden Ausführungen haben gezeigt, daß sich aus einem bloßen Organisationstatbestand – sei es in Form einer bandenmäßigen Tatbegehung oder in Form der eigenständigen Delikte aus §§ 129, 129a StGB – jedenfalls keine Unrechtsbegründung schließen läßt. Vielmehr kann der gefährdende Gesichtspunkt einer organisierten Begehungsweise nur straferhöhend berücksichtigt werden, wie es bei den bandenmäßig begangenen Delikten auch geschieht. Der Unrechtssachverhalt wird erst durch das jeweils verwirklichte Einzeldelikt begründet. Alles andere liefe auf die Pönalisierung einer bloßen Gesinnung oder auf die Bestrafung aufgrund eines generalisierenden Gefahrurteils hinaus, welches auf die Notwendigkeit des Eintritts eines faktisch wirksamen Gefahrzustandes verzichtet. Dies wiederum ist mit dem geltenden Tatstrafrecht unvereinbar und stößt auf die gleichen Bedenken, wie sie schon zu der Strafbarkeit abstrakter Gefährdungsdelikte angeführt wurden[346].

e) § 127 Abs. 1 StGB, Bildung bewaffneter Haufen

Abschließend soll in diesem Zusammenhang noch die Strafbegründung des § 127 StGB näher beleuchtet werden, der sich gegenüber den eben behandelten §§ 129, 129a StGB als Sonderfall ausnimmt.

Gemäß § 127 Abs. 1 StGB ist unter anderem die Bildung bewaffneter Haufen und damit eine spezielle Eingehungsform eines Komplotts strafbar.

Als Haufen im Sinne dieser Norm wird allgemein die räumliche Vereinigung einer bestimmten, vom Einzelfall abhängigen, aber jedenfalls größeren Zahl von Menschen angesehen[347]. Dieser gilt als bewaffnet, wenn jedenfalls eine erhebliche Anzahl von Mitgliedern (nicht notwendig die Mehrzahl) mit Waffen im technischen Sinne ausgerüstet sind[348]. Das Tatbestandsmerkmal „Bilden“ um-

344 Vgl. Münkler, S. 122 f.

345 Beck, S. 208.

346 Vgl. insbesondere S. 161 ff.

347 RGSt 56, 281; vgl. näher v. Bubnoff, in: LK, § 127, Rdnr. 4.

348 Lackner/Kühl, § 127, Rdnr. 2.

faßt sowohl die Zusammenführung bewaffneter Personen, als auch die Bewaffnung bereits Zusammengeführter[349].

Genauso wie die Verabredung ist das Tatverhalten aus § 127 Abs. 1 StGB ein Zusammenschluß mehrerer Personen, der nach einhelliger Meinung als abstraktes Gefährdungsdelikt strafbar ist[350]. Damit entsprechen sich § 127 StGB und § 30 StGB auch insofern strukturell.

Im Unterschied zu § 30 Abs. 2, 3. Alt. StGB ist allerdings keine bestimmte Tat geplant; § 127 StGB liegt lediglich die Gefahrvorstellung zugrunde, daß es ganz allgemein zu besonders gefährlichen Taten kommen kann. Eine Verbrechensverabredung hingegen ist de lege lata nur strafbar, wenn die verabredete Tat hinreichend konkretisiert ist.

Demnach ist § 30 StGB im Hinblick auf die Zweckrichtung des Zusammenschlusses stärker konkretisiert, als hinsichtlich seiner äußeren Form. Dazu im Gegensatz bezieht sich der Tatbestand des § 127 StGB *nur* auf die Form des Zusammenschlusses, während eine bestimmte Zweckrichtung desselben – wenn diese auch sicher aus der äußeren Form heraus vermutbar ist – tatbestandlich irrelevant ist.

Konsequenterweise ist die § 127 StGB zu unterlegene Gefahrvorstellung eine andere, als die die Verabredung charakterisierende: Wie auch bei den Münzdelikten entsteht bei § 127 StGB eine vom Willen des Einzelnen unabhängige Gefahr. Wer eine bewaffnete Mannschaft gründet oder sie mit Waffen und Ähnlichem ausrüstet, kann nicht ausreichend kontrollieren, daß diese Waffen nicht unabhängig vom eigenen Willen eben durch die anderen Komplottanten benutzt werden. Als „Zulieferer" von Waffen hat man regelmäßig wohl nicht einmal ein Interesse daran. Anders als bei dem eigenständigen Fall der Verbrechensverabredung, bei dem der einzelne Tatentschluß schon bestand, begründet der Täter hier erst die Gefahr der Benutzung der Waffen in noch dazu organisierter Form. § 127 StGB normiert keinen Zusammenschluß von einzelnen Tatentschlüssen, er normiert ein Verhalten, daß die Organisation einer Ansammlung von Menschen zu einem bewaffneten und damit für den Einzelnen nicht mehr kontrollierbaren „Haufen" bewirkt[351].

Anders als bei dem Willenszusammenschluß einer Verabredung wird bei § 127 StGB quasi „aus dem Nichts" durch einen äußeren Zusammenschluß und der Bewaffnung von Menschen ein außerhalb des Willens des Einzelnen existierendesp Gefährdungspotential begründet.

Aufgrund dieses Unterschiedes, der in der objektiven und damit willensunabhängigen „Äußerlichkeit" der Tathandlung des § 127 StGB liegt, läßt sich mit

---

349 v. Bubnoff, in: LK, § 127, Rdnr. 4; Lackner/Kühl, § 127, Rdnr. 2.

350 v. Bubnoff, in: LK, § 127 Rdnr. 2; Lackner/Kühl, § 127 Rdnr.1; Maurach/Schroeder/Maiwald, § 60 I 6, Rdnr. 11, 12.

351 Vgl. zu den einzelnen Tatbestandsvoraussetzungen v. Bubnoff, in: LK, § 127 Rdnr. 3 ff.

den Kriterien der Strafwürdigkeit des § 127 StGB kein positiver Rückschluß auf die Strafwürdigkeit der Verabredung ziehen.

Es bleibt somit nur noch die Frage offen, ob § 127 Abs. 1 StGB selbst strafbares Unrecht darstellt, den oben herausgearbeiteten „Mindestanforderungen“ an ein Gefahrurteil genügt[352].

Das Handlungsunrecht im Sinne eines Fahrlässigkeitsvorwurfs in bezug auf das durch die Bewaffnung entstehende Gefahrpotential ist angesichts der erwähnten Unkontrollierbarkeit entsprechender „Haufen“ jedenfalls zu bejahen; im Regelfall dürfte eine Gefährdung sogar Sinn der Bildung sein. Der Verlust der Kontrolle des bzw. der Bildenden kann dabei in jedem Einzelfall vorausgesetzt werden, so daß insoweit eine konkrete Gefahr immer anzunehmen ist – Fälle, in denen eine konkrete Gefahr durch die Bewaffnung einer größeren Anzahl zusammengeführter Menschen definitiv ausgeschlossen ist, sind bei lebensnaher Betrachtung nicht denkbar. Bewaffnete Haufen sind somit auch aufgrund ihrer Gefährlichkeit strafwürdig, wenn die Intention hinter der Bildung ausnahmsweise nicht rechtsfeindlich sein sollte. Im Gegensatz zu dem Inbrandsetzen eines Wohnhauses, welches einen zeitlich eingrenzbaren Geschehensablauf betrifft, der aufgrund dieser Eingrenzbarkeit im Einzelfall konkret ungefährlich sein kann (weil das Haus leersteht), begrenzt § 127 Abs. 1 StGB das Tatgeschehen gerade nicht. Der bewaffnete Zustand ist ein Zustand, der zunächst jedenfalls Bestand hat.

Anders als bei einer Verbrechensverabredung kann die Bildung bewaffneter Haufen auch nicht auf eine bestimmte geplante Tat eingeengt werden, deren Begehung im Einzelfall unmöglich sein könnte, so daß insoweit keine konkrete Gefahr bestünde.

Schließlich unterscheidet sich § 127 Abs. 1 StGB gegenüber den §§ 129, 129a StGB dadurch, daß nicht lediglich (im Endeffekt sogar überhaupt nicht) eine organisierte rechtsfeindliche Gesinnung pönalisiert wird, sondern eine vollendete, gefährdende Tat. Es handelt sich nicht um eine Vorbereitungstat, die Möglichkeit der Aufgabe der rechtsfeindlichen Gesinnung zur Beseitigung des Gefahrzustandes besteht gerade nicht, weil eine rechtsfeindliche Gesinnung nicht der Gegenstand der Bestrafung der Bildung eines bewaffneten Haufens ist.

§ 127 Abs. 1 StGB stellt somit ähnlich wie auch § 316 StGB einen Typus abstrakter Gefährdungsdelikte dar, bei denen das abstrakte Gefahrurteil durch die Stärke der generell gefahrauslösenden Tatbestandmerkmale (Fahren in fahruntüchtigem Zustand einerseits, Bildung bewaffnet Haufen andererseits) kaum durch eine Beurteilung des konkreten Falles widerlegt werden kann. Mag dies bei § 316 StGB insbesondere bei extrem kurzen Fahrten ohne Berührung mit anderen Verkehrsteilnehmern oder Sachwerten noch konstruierbar sein, fällt dies bei § 127 Abs. 1 StGB doch schon schwerer. Letztlich ist das stets reali-

352 Vgl. insbesondere S. 161 ff.

sierbare Gefährdungspotential erst abgebaut, wenn der Haufen „abgerüstet“ ist. Anders als bei den §§ 129, 129a StGB besteht eine (keineswegs für eine Bestrafung ausreichende) Unwissenheit über das aktuelle Gefährdungspotential der Vereinigung hier gerade nicht bzw. ist ausgesprochen eingegrenzt.

Wenn sich die Strafbarkeit abstrakter Gefährdungsdelikte überhaupt begründen läßt, dann bei Delikten wie § 127 Abs. 1 StGB, bei denen sich das durch den Tatbestand abstrahierte Gefahrurteil von einem konkreten nur noch formal unterscheiden läßt. Letzte Unklarheiten insoweit könnten bei tatbestandlich strengeren Anforderungen an die Art der Bewaffnung und die Anzahl der Bewaffneten geklärt werden. Dies bleibt einer entsprechenden teleologischen Auslegung des geltenden Tatbestandes oder einer gesetzgeberischen Änderung vorbehalten.

F. Verfassungsrechtliche Kritik – Die Einhaltung des Bestimmtheitsgebotes

Besonders starke Kritik an dem früheren § 49 a StGB wurde von Lange vor allem auch in verfassungsrechtlicher Hinsicht geübt.

Nicht neu und schon näher dargestellt ist der auch von Lange geübte Kritikpunkt, daß die Strafbarkeit des § 30 StGB bzw. § 49 a StGB „als Ausdruck polizeilichen Geistes den Gedanken der Tatschuld durchbricht“[353].

Einen neuen Aspekt bietet die Kritik Langes, soweit sie die in § 49 a StGB a.F. bzw. § 30 StGB normierten Tathandlungen als mit Art. 3 Abs. 1 GG nicht vereinbar deklariert. Ferner verletze das „Übergewicht des Gesinnungsmoments den Grundsatz rechtsstaatlicher Tatbestandsbestimmtheit“, also Art. 103 Abs. 2 GG.

Einen Verstoß gegen Art. 3 Abs. 1 GG sieht Lange zum einen in der Gleichbehandlung der in § 30 StGB normierten Vorbereitungshandlungen mit dem Versuch[354], zum anderen auch darin, daß in § 30 Abs. 1 StGB Vorbereitungshandlungen unter Strafe gestellt werden, „soweit sie mit animus socii vorgenommen werden, während die animo auctoris begangenen Handlungen entsprechender Art nicht erfaßt sind“[355]. Letzterer Aspekt kann hier ausgeklammert werden, da er ohnehin nicht die Verbrechensverabredung betrifft. Gewichtiger ist schon die – insbesondere im Hinblick auf die gesamten obigen Ausführungen – wenig einleuchtende Gleichbehandlung mit der Strafbarkeit des Versuchs. Hier wird wesentlich Ungleiches (wesentlich) gleich behandelt. Auch Roxins Einwand, daß sich aufgrund der Anordnung obligatorischer Strafmilderung in § 30 Abs. 1, 2 StGB im Gegensatz zur lediglich fakultativen Strafmilderung bei der Versuchsstrafbar-

---

353 Vgl. Kohlrausch/Lange, § 49 a Anm. II; Niederschriften, Bd. 2, S. 212 f.

354 Kohlrausch/Lange, § 49 a Anm. III.

355 Kohlrausch/Lange, § 49 a Anm. II.

keit[356] schon ein sachlicher Unterschied ergebe, vermag diesen Vorwurf trotz seiner theoretischen Richtigkeit nicht zu entkräften[357].

Ein nicht widerlegbarer Kritikpunkt Langes ist aber vor allem der Verstoß des Bestimmtheitsgrundsatzes aus Art. 103 Abs. 2 GG[358].

An dieser Stelle ist die Verknüpfung der dargestellten Unrechtskriterien abstrakter Gefährdungsdelikte (im Vorbereitungsstadium) mit der gegenwärtigen Strafbarkeit der Verbrechensverabredung erforderlich:

Die dargestellten abstrakten Gefährdungsdelikte, insbesondere die spezielle Komplottform aus § 127 StGB, stellen Tatbestände dar, in denen die objektive Sorgfaltspflichtverletzung als Kernpunkt der Unrechtsbestimmung abstrakter Gefährdungsdelikte den „Normalfall" der Tatbegehung darstellt, während die Einhaltung der Sorgfaltspflichten ein spezielles Täterverhalten erfordert, das dem Wesen der Tat eigentlich fremd ist. Somit sorgt die dargestellte teleologische Reduktion der Tatbestände auf die Fälle der Sorgfaltspflichtverletzung nur für die Aussortierung seltener Ausnahmefälle aus dem Bereich der Strafbarkeit. Bei der Verbrechensverabredung hingegen ist dies nicht der Fall. Als allgemein gefaßter Komplottfall übernimmt § 30 Abs. 2, 3. Alt. StGB quasi die Funktion eines Auffangtatbestandes, der auch bzw. gerade den Fall der Verabredung im Bereich der cogitatio als Normalfall und nicht etwa als Ausnahmefall erfaßt. Gerade im Hinblick auf die tatbestandliche Fassung spezieller Komplottformen liegt der offensichtliche Sinn der Strafbarkeit der Verbrechensverabredung gerade in der Pönalisierung des allgemeinen, im Sinne des „Aus-der-Hand-Gebens" des Kausalverlaufes im Vergleich zum bloßen Alleinentschluß genauso ungefährlichen Komplotts.

Abgesehen von dem fehlenden Nachweis konkreter Gefährdung[359] sind die oben dargestellten Grundsätze der teleologischen Reduktion somit nicht auf die Verbrechensverabredung übertragbar, da es an der gesetzlichen Bestimmtheit im Sinne des Art. 103 Abs. 2 GG tatsächlich mangelt. Würde man aus dieser teleologischen Reduktion ein so weitgehendes Prinzip machen, daß es auch die Verbrechensverabredung umfassen würde, könnte man – überspitzt gesagt – auch das Strafgesetzbuch auf einen Paragraphen reduzieren, der zum Beispiel alles unter Strafe stellt, was nach Ansicht des Gerichts „stört". Anhand dieses

---

356 Roxin, in: LK, § 30 Rdnr. 4.

357 So spricht auch Roxin, a.a.O., den Ausführungen Langes einige Berechtigung in rechtspolitischer Hinsicht zu.

358 Anderer Ansicht ist auch hier Roxin, a.a.O., der allerdings nur darauf abstellt, daß „wenigstens nach Meinung des Gesetzgebers" eine hinreichend bestimmte Rechtsgutsgefährdung bestraft wird.

359 Der aber notwendig wäre, vgl. S. 161 ff.

Tatbestandsmerkmals „stört" könnte man anschließend die gesamte strafrechtliche Dogmatik im Wege einer teleologischen Reduktion einführen.

Dieses natürlich sehr überzogene Beispiel soll verdeutlichen, daß ein strafrechtlicher Tatbestand zumindest insoweit konkretisiert und bestimmt sein muß, daß die teleologische Reduktion auf das Erfordernis der Sorgfaltspflichtverletzung auch tatsächlich „Halt" finden kann.

Derart konkretisiert ist Langes allgemein gehaltene Kritik der mangelnden gesetzlichen Bestimmtheit nur allzu berechtigt.

G. Abschließende Beurteilung der Strafbarkeit der Verbrechensverabredung

Wie aufgezeigt worden ist, muß das Unrecht der Verbrechensverabredung in der Möglichkeit einer Rechtsgutsverletzung gesucht werden. Abstrakte Gefährdungstatbestände – zu denen strukturell auch die Verbrechensverabredung gehört – können nach strafrechtlichen Begriffen nur Unrecht darstellen, soweit der Täter objektiv sorgfaltswidrig handelt und somit ex ante betrachtet ein Verletzungsrisiko für das Rechtsgut nicht ausschließen kann (sog. primäres Verletzungsrisiko als primärer Erfolgsunwert).

Das Unrecht abstrakter Gefährdungsdelikte kann also – wenn überhaupt – in Anlehnung an Rudolphi, Horn, Brehm und Wolter nur dann bejaht werden, wenn die Tatbestände, die in ihrer weiten Fassung oftmals – wie bei § 306a Abs. 1 Nr. 1 StGB aufgezeigt wurde – auch Handlungen erfassen, die in der konkreten Situation auch ex ante betrachtet überhaupt keine Gefährdungs- bzw. Verletzungstauglichkeit aufweisen, teleologisch dahingehend reduziert werden, daß die Verletzung objektiver Sorgfaltspflichten durch den Täter Voraussetzung für die Strafbarkeit ist. Damit ist aber nur ein Handlungsunrecht des Täters und damit ein begründetes Gefahrurteil nur aus seiner Sicht begründet. Unrecht erfordert nach den hier erarbeiteten Maßstäben tatsächliche Gefährdung eines objektbezogenen Rechtsguts und nicht nur die Möglichkeit der Verletzung aus Sicht der Täter (ex ante). Daraus folgt zwingend, daß selbst bei Vorliegen einer objektiven Sorgfaltspflichtverletzung im Rahmen abstrakter Gefährdungsdelikte nicht auf die objektive Möglichkeit einer Rechtsgutsverletzung verzichtet werden kann. Wer ein zwar zum Wohnen bestimmtes, aber zwischenzeitlich leerstehendes Haus anzündet, gefährdet kein Menschenleben, egal, ob er das Haus untersucht hatte oder nicht. Somit ist zweifellos eine teleologische Reduktion dieser Tatbestände auf das Erfordernis einer objektiven Sorgfaltswidrigkeit notwendig, aber nicht zureichend. Auf den Eintritt einer Gefahr kann nicht verzichtet werden, wobei es begrifflich nur konkrete, nicht aber abstrakte Gefahr gibt. Es gibt lediglich den Unterschied zwischen konkreten, d. h. auf den Einzelfall bezogenen Gefahrurteilen und abstrakten bzw. abstrahierenden Gefahrurteilen, die Zustände beschreiben, die generell gefährlich sein mögen, es im Einzelfall aber nicht sein müssen. Letztgenannte Fälle sind einer Unrechtsbegründung, wie sie in dieser Arbeit vertreten wird, nicht zugänglich. Auf die Verbrechensverabredung bezogen bedeutet dies, daß die Verabredung zum untauglichen Versuch straflos sein muß.

Geeignet für diese teleologische Reduktion sind nur solche Gefährdungsdelikte, die – wie z.B. die in dieser Arbeit mit der Verbrechensverabredung verglichenen Gefährdungsdelikte[360] – eine Sorgfaltspflichtverletzung quasi als Regelfall normieren: Die Ausschaltung jedes primären Verletzungsrisikos, d.h. die Beachtung objektiver Sorgfaltspflichten hinsichtlich des grundsätzlich durch die Tathandlung gefährdeten Rechtsguts, muß sich als Widerlegung der von der Norm aufgestellten Regel darstellen: Wer ein Wohnhaus in Brand setzt, gefährdet ex ante betrachtet die gewöhnlich dort lebenden Menschen, *es sei denn*, der Täter vergewissert sich vor der Tat, daß kein Mensch konkret gefährdet werden kann. Dabei muß das tatbestandlich erfaßte Verhalten typischerweise zu einem Umschlagen in eine konkrete Gefährdung oder Verletzung führen, wobei ein gefahrabwendendes Handeln des Täters (oder anderer) zumindest unwahrscheinlich, das heißt unerwartet wäre. In diesen Fällen beeinträchtigt das primär gefahrsetzende Verhalten die äußere Freiheit anderer[361].

Diese tatbestandliche Normierung eines grundsätzlich im Sinne einer objektiven Sorgfaltspflichtverletzung gefährlichen Verhaltens entspricht auch dem normativen Gefahrbegriff: Erfüllt der Täter die Merkmale des Tatbestandes, so kann er sich grundsätzlich nicht auf das Ausbleiben eines Verletzungserfolges berufen – gefährlich war sein Verhalten trotzdem, es sei denn, er hat im konkreten Einzelfall der Realisierung der Gefahr wirksam und verläßlich entgegengewirkt. Anders aber ist es hinsichtlich der Notwendigkeit des Eintritts konkreter Gefährlichkeit. Selbst dem sorglos handelnden Täter kann kein strafbares Unrecht vorgeworfen werden, wenn sein Tun nicht gefährdet. Daran ändert auch die normative Erfassung des Gefahrbegriffs nichts.

Delikte wie zum Beispiel § 306a Abs. 1, Nr. 1 StGB normieren den Regelfall einer solchen objektiven Sorgfaltspflichtverletzung, der der Täter allerdings in Einzelfällen – je nach Fassung des Tatbestandes – entgegenwirken kann; daher muß es für die Strafbarkeit auf die Begehung der Sorgfaltspflichtverletzung ankommen. Begeht der Täter aber die rechtsgutsspezifische Sorgfaltspflichtverletzung, zum Beispiel weil er sich nicht vergewissert hat, ob sich in dem In-Brand-gesetzten Haus Menschen aufhalten oder nicht, so gibt er seine Kontrollmöglichkeiten hinsichtlich der Integrität des Rechtsguts auf und schafft zumindest

360 Insbesondere die §§ 127, 316 StGB, vgl. S. 180 ff.
361 Köhler, AT, S. 32.

ex ante betrachtet ein Gefährdungs- und damit auch Verletzungsrisiko, welches objektive Gefährlichkeit aber nicht entbehren darf.

Bei § 30 Abs. 2, 3. Alt. StGB ist im Regelfall aber noch nicht einmal dieses zumindest ex ante betrachtet bestehende Gefährdungs- bzw. Verletzungsrisiko vorhanden, da kein Zustand wie das In-Brand-setzen, die Bewaffnung eines „Haufens" oder die Existenz von Falschgeld geschaffen wird, der außerhalb des Willens der Komplottanten existiert und sich daher zumindest teilweise ihrer Kontrolle entzieht.

Die Tatsache, daß bei manchen Verbrechensverabredungen eine gegenseitige Bindung zwischen den Komplottanten entstehen kann, begründet nicht zwingend einen Regelfall. Insoweit kann auf obige Ausführungen verwiesen werden. Außerdem erhöht es die Kontrolle jedes einzelnen Komplottanten über den weiteren Geschehensablauf: Denn ist die Bindung so stark, daß der Bestand des Komplotts Bedingung für die letztliche Tatvollendung ist, so hat jeder Komplottant die Möglichkeit, durch Bruch des Komplotts die gesamte Tatbegehung zu unterbinden. Es ist durchaus so, daß die Verbindung mehrerer zur Tat Entschlossener als spezifische Ausgangssituation der Verabredung das Risiko einer für den Einzelnen unkontrollierbaren Geschehensentwicklung senkt bzw. im Idealfall sogar auflöst. Ist der Bestand des Komplotts hingegen nicht Voraussetzung für die Tatbegehung durch Einzelne, so hat sich durch die Verabredung selbst gegenüber ihrer Ausgangssituation nichts geändert, was strafbegründend wirken könnte.

Da kein von dem Einzelnen unkontrollierbarer Vorgang *durch die Verabredung*[362] „nach außen" getragen wird, der weitere Ablauf vielmehr vom Willen jedes Einzelnen (mit-)abhängt, ist der Bereich der straflosen cogitatio nicht überschritten: Durch die Verabredung selbst ist keine gegenüber dem Einzelentschluß gesteigerte Gefahr für das betroffene Rechtsgut geschaffen worden. Die jetzige gesetzliche Fassung der Verbrechensverabredung gibt keinen Anlaß daran zu zweifeln, daß bei einer strafbaren Verabredung jeder Komplottant genauso von seinem Tatentschluß zurücktreten kann, als wenn er allein stünde. § 30 Abs. 2, 3. Alt. StGB kann so nur als Gesinnungsstrafrecht bezeichnet werden.

Komplotte können im Sinne der Schaffung eines primären Verletzungsrisikos gefährlich sein.

Dies zeigen Tatbestände wie der dargestellte § 127 StGB. Voraussetzung ist aber der *gesetzlich erfaßte* Grundfall einer objektiven Sorgfaltspflichtverletzung, der

---

362 Dies kann nicht deutlich genug betont werden, da durchaus nicht behauptet werden soll, daß bei jeder Verbrechensverabredung jeder einzelne Komplottant die absolute Kontrolle über das weitere Geschehen innehat. Es geht nur um die Frage, ob ein Komplottant mit der Verabredung selbst eine gegenüber dem Einzelentschluß gesteigerte Rechtsgutsgefahr begründet, d.h. ob er insoweit eine rechtsgutsspezifische Sorgfaltspflicht verletzt.

der Täter im Einzelfall ausnahmsweise und sofern es der Tatbestand überhaupt zuläßt entgegenwirken kann, was zur Straflosigkeit führen müßte. So ist § 30 Abs. 2, 3. Alt. StGB aber nicht ausgestaltet; es fehlt die Erfassung des objektiv Gefährlichen, von den Komplottanten nicht Kontrollierbaren. Handlungen können unter dem Gefahraspekt nur strafbar sein, wenn sie zumindest potentiell konkret gefährlich sind, d.h. aus Sicht des Täters ex ante konkret gefährlich sein können. So ist gegen die Bestrafung spezieller Komplottformen nach Strafrechtsbegriffen meines Erachtens nichts einzuwenden, wenn sie entsprechend ausgestaltet sind. Die Verbrechensverabredung allgemein zu bestrafen, stellt Gesinnungsstrafrecht dar, bedeutet es doch nichts anderes, als im Falle (antizipierter) Mittäterschaft allein den gemeinsamen Tatentschluß zu bestrafen, also die Erfüllung lediglich des subjektiven Tatbestandes. § 30 Abs. 2 3. Alt. StGB bedeutet auch im Hinblick auf seinen Strafrahmen als Versuch des Verbrechens faktisch nichts anderes, als eine Haftung von Mittätern zu begründen, die bei Alleintätern völlig undenkbar wäre und es auch bei Mittätern sein müßte: Eine nur angestrebte Mittäterschaft (Verabredung) als mittäterschaftlichen Versuch zu bestrafen, ohne eine unmittelbare Ausführungshandlung gemäß § 22 StGB vorauszusetzen. Damit bewegt sich die Bestrafung der Verbrechensverabredung nicht nur im Rahmen des Gesinnungsstrafrechts und im Gegensatz zu strafrechtlichen Grundbegriffen wie dem Tatgrundsatz, sie ist auch verstrickt in unlösbare Widersprüche zu anderen Rechtsinstituten und Normen sowie logischen Gesetzen. Die antizipierte Mittäterschaft wird, da sie – wenn auch versehen mit der obligatorischen Strafmilderung gemäß § 49 Abs. 1 StGB – nach den Vorschriften über den Versuch des Verbrechens bestraft wird, als vollführte Mittäterschaft (zum Versuch) geregelt, obwohl sie faktisch nicht ausgeführt ist.

Komplotte, die die Begehung von Straftaten intendieren, „stören" immer. Dennoch ist ein Komplott deswegen kein Strafdelikt. Gestört wird nämlich zunächst nur eine öffentliche Ordnung oder ein öffentlicher Friede und dies auch nur, wenn Komplotte in größerer Anzahl anzutreffen sind. Doch dieser letzte Satz deutet schon an, daß man sich mit solchen „Rechtsgütern" in eine völlig unplastische Begrifflichkeit begibt. Eine öffentliche Sicherheit oder ein öffentlicher Friede sind nicht per se Rechtsgüter: Rechtsgutskonstitutiv können nur besondere Bedingungen äußerer Freiheit anderer sein[363]. Erst die Verletzung der durch solche Bedingungen konstituierten Rechtsgüter in entsprechender Massierung können wiederum den öffentlichen Frieden gefährden.

Schließlich muß als Kritik an der Strafbarkeit der Verbrechensverabredung auch ihr Mangel an empirischer Relevanz betont werden.

Zweifelsohne bedeutet die Tatsache, daß ein Delikt (zumeist wegen seltener Begehung) nur selten bestraft wird bzw. bestraft werden kann nicht zwingend,

363 Köhler, AT, S. 33.

daß es nicht strafwürdig ist, auch wenn das kriminalpolitische Bedürfnis – gerade bei der Bestrafung von Vorbereitungshandlungen wie der Verbrechensverabredung immer wieder in den Vordergrund geschoben – in diesen Fällen nicht ohne weiteres einleuchtet.

Bei der Verbrechensverabredung liegt der Fall ohnehin anders. Die seltene Bestrafung aus § 30 Abs. 2, 3. Alt. StGB ergibt sich nicht daraus, daß die Tat selten begangen werden würde: Vielmehr ist eine Verbrechensverabredung denknotwendiges Zwischenstadium jeder mittäterschaftlichen Tatbegehung, die durchaus nicht selten ist.

Bestrafung hängt aber faktisch davon ab, inwieweit Straftaten ermittelt, ihnen durch Staatsanwaltschaft und Polizei nachgegangen werden kann. Und genau darin liegt das rein tatsächliche Problem der Strafbarkeit der Verbrechensverabredung. Da sie – wie ausgeführt – grundsätzlich Teil der Interna der Komplottanten bleibt, solange sie nicht aus dem Planungszusammenhang in das Versuchsstadium eindringen, bleibt ihre Entdeckung dem Zufall überlassen. Anders als bei der versuchten Anstiftung, die insbesondere dann gegeben ist, wenn der Anzustiftende sich nicht anstiften läßt, womit gleichzeitig ein potentieller Strafanzeigender verbleibt, ist die Verabredung nur als vollendete strafbar, womit jeder Komplottant das Bedürfnis hat (nicht nur im Sinn einer größeren Effizienz hinsichtlich der geplanten Tat, sondern auch aufgrund der Aussicht von Strafe), die Verbrechensverabredung geheim zu halten.

Die Ermittlungsmethoden, die erforderlich wären, um Verbrechensverabredungen wirksam ahnden zu können, dürften von keinem Vertreter des Rechtsstaates erwünscht sein. Selbst von den Verfechtern eines großen Lauschangriffs und anderer intensiver Eingriffe in die Privatsphäre der Bürger kann es kaum befürwortet werden, der Kriminalpolizei und Staatsanwaltschaft Ermittlungsmöglichkeiten in die Hand zu geben, die auch die Privatsphäre von Bürgern durchleuchten müßten, deren Verhalten bislang nicht den geringsten Anlaß für die geplante Begehung von Straftaten gegeben hat. Genau dies ist aber die grundsätzliche Ausgangsposition der Ermittlungsbehörden, die für einen konspirativen Komplott eben grundsätzlich keine Anhaltspunkte haben.

Entsprechend ist eine Entwicklung erkennbar, die nicht nur die Strafgesetzgebung insbesondere in Form der Schaffung immer neuer abstrakter Gefährdungsdelikte – § 30 StGB ist insoweit eine Art Vorreiter – sondern auch die Ermittlungstätigkeiten erfaßt, die unter Schlagwörtern wie „Verbrechensbekämpfung" immer stärker zu einer Verabsolutierung polizeilicher und geheimdienstlicher Ermittlungen tendiert[364].

---

364 Vgl. dazu allgemein Hassemer, JuS 1987, S. 257 ff.

Entsprechend der Verabsolutierung des generalpräventiven Ansatzes – in welcher dogmatischen Verflechtung auch immer – wird in der modernen Zeit immer stärker die Zweckmäßigkeit der Strafverfolgung im Sinne der Prävention betont, die Gesellschaft als das zentrale und einzige „Subjekt“ herausgestellt, während der einzelne durch Negierung der personalen Verantwortlichkeit zum Objekt wird[365].

365 Köhler, AT, S. 42.

Literaturverzeichnis

Abegg, Julius Friedrich Heinrich: Lehrbuch der Strafrechtswissenschaft, Neustadt a.d. Orla 1836, zit.: Abegg, Lehrbuch.

– Von dem Verhältnis des intellektuellen Urhebers eines Verbrechens zu dem physischen Urheber, NACr 1841, S. 379 ff.

Amelung, Knut: Rechtsgüterschutz und Schutz der Gesellschaft. Untersuchungen zum Inhalt und Anwendungsbereich eines Strafrechtsprinzips auf dogmengeschichtlicher Grundlage. Zugleich ein Beitrag zur Lehre von der „Sozialschädlichkeit“ des Verbrechens, Frankfurt a.M. 1972.

Arzt, Gunther/Weber, Ulrich: Strafrecht, Besonderer Teil, LH 2, Bielefeld 1982.

v. Bar, Ludwig: Zur Lehre von Versuch und Theilnahme am Verbrechen, Nach der Ausgabe Hannover 1859 Frankfurt a.M. 1968.

Bassenge, Peter: Der allgemeine strafrechtliche Gefahrbegriff und seine Anwendung im zweiten Teil des Strafgesetzbuches und in den strafrechtlichen Nebengesetzen, Dissertation Bonn, 1961.

Bauer, Anton: Lehrbuch des Strafrechts, Göttingen 1833, zit.: Bauer, Lehrbuch.

– Abhandlungen aus dem Strafrechte und dem Strafprocesse, Göttingen 1840, zit.: Bauer, Abhandlungen.

Baumann, Jürgen: Haltet den Dieb!, DAR 1962, S. 93 ff.

Baumann, Jürgen/Weber, Ulrich/Mitsch, Wolfgang: Strafrecht, Allgemeiner Teil, Lehrbuch, 10. Auflage, München 1995.

Baur, V.: Begriff und Tatbestand der Miturheberschaft nach den heutigen Strafgesetzbüchern, GS 1867, S. 342 ff.

Beck, Wolfgang: Unrechtsbegründung und Vorfeldkriminalisierung: Zum Problem der Unrechtsbegründung im Bereich vorverlegter Strafbarkeit, – erörtert unter besonderer Berücksichtigung der Deliktstatbestände des politischen Strafrechts, Diss., Berlin 1992

Beling, Ernst: Die Lehre vom Verbrechen, Tübingen 1906 im Neudruck Aalen 1964.

Bemmann, Günter: Die Umstimmung der Tatentschlossenen zu einer schwereren oder leichteren Begehungsweise, S. 273 ff., in: Festschrift für Wilhelm Gallas, hrg. von Karl Lackner, Heinz Leferenz, Eberhard Schmidt, Jürgen Welp und Ernst Amadeus Wolff, Berlin, New York 1973.

Berlichius, Matthias: Conclusiones practicabiles, secundum ordinam constitutionum Divi Augusti, Electoris Saxoniae, Lipsiae: Grosii 1615.

Berner, Albert Friedrich: Die Lehre von der Theilnahme am Verbrechen und die neueren Controversen über Dolus und Culpa, Berlin 1847, zit.: Berner, Theilnahme, S.
– Lehrbuch des Deutschen Strafrechts, 17. Auflage, Leipzig 1895, zit.: Berner, Lehrbuch, S.
Binding, Karl: Lehrbuch des Gemeinen Deutschen Strafrechts, Besonderer Teil, 2. Band, Leipzig 1905; zit.: Binding, Lehrbuch II, S.
– Die Normen und ihre Übertretung: Eine Untersuchung über die rechtmäßige Handlung und die Arten des Delikts, Band I, Neudruck der 4. Auflage, Leipzig 1922 (Neudruck Aalen 1965), zit.: Binding, Normen, S.
Blei, Hermann: Strafrecht I, Allgemeiner Teil, 12. Auflage, München 1996
Bockelmann, Paul: Zur Abgrenzung der Vorbereitung vom Versuch, in: Strafrechtliche Untersuchungen, Göttingen 1957, S. 135 ff.
Böhmer, Jo.Samuel Frider de: Meditationes in constitutionem criminalem Carolinam, Halae Magdeburgica 1749.
Le Bon, Gustave: Psychologie der Massen, Stuttgart 1951.
Bottke, Wilfried: Strafrechtswissenschaftliche Methodik und Systematik bei der Lehre vom strafbefreienden und strafmildernden Täterverhalten, Ebelsbach 1979, zit.: Bottke, Methodik, S.
– Rücktritt vom Versuch der Beteiligung nach § 31 StGB, Berlin 1980, zit.: Bottke, Rücktritt, S.
Brehm, Wolfgang: Zur Dogmatik des abstrakten Gefährdungsdeliktes, Tübingen 1973.
Breidenbach, M.W.A.: Commentar über das Großherzoglich Hessische Strafgesetzbuch, 1. Band, Darmstadt 1842.
v. Buri, Maximilian: Der sogenannte mittlere Standpunkt für die Unterscheidung zwischen Urheberschaft und Beihilfe, GA 1864, S. 505.
– Urheberschaft und Beihilfe, GA 1869, S. 233
– Über die Teilnahme am Verbrechen, GS Bd. 22 (1870), S. 1.
– Über die Causalität und deren Verantwortung, 1873.
– Die Mittäterschaft im Sinne des deutschen Strafgesetzbuches, GS Bd. 25 (1873), S. 237.
– Zur Lehre von der Teilnahme am Verbrechen, GA 1876, S. 89.
– Versuch und Causalität, GS 32 (1880), S. 321 ff.
– Über die Kausalität und Teilnahme, ZStW 1882, S. 232.
– Beiträge zur Theorie des Strafrechts und zum Strafgesetzbuche, Leipzig 1894, zit.: v. Buri, Beiträge, S.
– Über das Wesen des Versuchs, GA Band 25, S. 265 ff.
Burkhardt, Björn: Das Zweckmoment im Schuldbegriff, GA 1976, S. 321 ff.

Busch, Jost Dietrich: Die Teilnahme an der versuchten Anstiftung, NJW 1959, S. 1119 ff.

– Die Strafbarkeit der erfolglosen Teilnahme und die Geschichte des § 49 a StGB, Diss. Marburg 1964.

Busch, Oskar: Gefahr und Gefährdungsvorsatz in der Dogmatik des modernen Strafrechts, Leipzig 1897, zit.: Busch, Gefahr, S.

Busch, Richard: Zur Teilnahme an den Handlungen des § 49 a StGB, in: Festschrift für Reinhart Maurach, hrsg. von Friedrich Christian Schroeder und Heinz Zipf, Karlsruhe 1972, S. 245 ff., zit.: Busch, Teilnahme, S.

Coenders, Albert: Strafrechtliche Grundbegriffe, insbesondere Täterschaft und Teilnahme, Düsseldorf 1909.

Cramer, Peter: Der Vollrauschtatbestand als abstraktes Gefährdungsdelikt, Tübingen 1962.

Cucumus, C.: Über den Unterschied zwischen Complott und Bande, Beitrag zur Beurtheilung des Entwurfs des Strafgesetzbuches, München 1831, in: NACr, 14. Band, S. 1 ff., 1833/34.

Demuth, Hennrich: Der normative Gefahrbegriff: Ein Beitrag zur Dogmatik der konkreten Gefährdungsdelikte, Bochum 1980.

Dimitratos, Nikolaos: Das Begriffsmerkmal der Gefahr in den strafrechtlichen Notstandsbestimmungen, Dissertation München 1989.

Dreher, Eduard: „Grundsätze und Probleme des § 49 a StGB“, in: GA 1954, S. 11 ff.

Fabian, Marianne: Die Verabredung zum Mord nach § 49 b R.St.G.B., in: Strafrechtliche Abhandlungen Heft 216, S. 1 ff., Breslau 1926, zit.: Fabian, Verabredung, S.

Fabian, Theodor: Abgrenzung von untauglichem Versuch und Putativdelikt und Erörterung ihrer Strafbarkeit, in: Strafrechtliche Abhandlungen, Heft 63, Breslau 1905, zit.: Fabian, Abgrenzung.

v. Feuerbach, Paul Johann A.: Revision der Grundsätze und Grundbegriffe des positiven peinlichen Rechts, Teil 1 Erfurt 1799, zit.: Feuerbach, Revision.

– Kritik des Kleinschrodischen Entwurfs zu einem peinlichen Gesetzbuche für die Chur-Pfalz-Bayrischen Staaten, 1. Teil, Gießen 1804, zit.: Feuerbach, Kritik.

– Lehrbuch des gemeinen in Deutschland gültigen Peinlichen Rechts, 5. Auflage, Gießen 1812 und 14. Auflage, hrsg. von C.J.A. Mittermaier, Gießen 1847, zit.: Feuerbach, LB, Auflage.

Finger, August: Begriff der Gefahr und Gemeingefahr im Strafrecht, in: Festgabe für Reinhard von Frank, S. 230 ff., Neudruck Aalen 1969 der von August Gegler herausgegebenen Ausgabe aus Tübingen 1930.

Frölichs de Frölichsburg, J. C.: Commentarius in Kayser Carl des 5. und des Heiligen Römischen Reichs Peinliche Halsgerichtsordnung, Frankfurt u.a. 1741

Gallas, Wilhelm: „Zur Kritik vom Verbrechen als Rechtsgutsverletzung", in: Gegenwartsfragen der Strafrechtswissenschaft, Festschrift für Graf W. v. Gleispach, S. 50 ff., hrsg. von Georg Dahm, Friedrich Schaffstein, Karl Siegert, Berlin, Leipzig. 1936.

– „Abstrakte und konkrete Gefährdung", in: Festschrift für Ernst Heinitz, S. 171 ff., hrsg. von Hans Lüttger i.V.m. Hermann Blei und Peter Hanau, Berlin 1972.

– Der dogmatische Teil des Alternativ-Entwurfs, ZStW 80, S. 1 ff.

Geib, Gustav: Lehrbuch des Deutschen Strafrechts, II. Band, Allgemeine Lehren, Leipzig 1882.

Geyer, August: Theilnahme Mehrerer an einem Verbrechen und Begünstigung, S. 139 ff., in: Handbuch des deutschen Strafrechts, hrg. von Fr. v. Holtzendorff, Berlin 1877.

v. Gönner, N.T.: Einige Motive zum Baierischen Entwurf des Strafgesetzbuchs, München 1825.

Grolman, Karl: Grundzüge der Criminalwissenschaft, 1. Auflage, Gießen 1798 im Neudruck Glashütten im Taunus 1970, 4. Auflage, Gießen 1825.

Gropp, Walter: Tagungsbericht: Diskussionsbeiträge der Strafrechtslehrertagung 1985 in Frankfurt a.M., ZStW 97, S. 919 ff.

Hälschner, Hugo: System des preußischen Strafrechts, Erster oder allgemeiner Teil, Bonn 1858, zit.: Hälschner, Preußisches Strafrecht AT.

– Das gemeine deutsche Strafrecht, 1. Band, Bonn 1881.

Hassemer, Winfried: Prävention im Strafrecht, JuS 1987, S. 257 ff.

Heffter, August Wilhelm: Lehrbuch des gemeinen deutschen Strafrechts, 6. Auflage, Braunschweig 1857.

Hegel, Georg Wilhelm Friedrich: Grundlinien der Philosophie des Rechts (1821), hrsg. von Georg Lasson, 3. Aulage, Leipzig 1930, zit.: Hegel, Rph.

– Die Vorlesung von 1819/20 in einer Nachschrift, hrg. von Dieter Henrich, Frankfurt a.M. 1983, zit.: Hegel, Vorlesungsnachricht.

Heimberger, Joseph: Teilnahme am Verbrechen, Freiburg, Leipzig 1896.

Henke, Eduard: Handbuch des Criminalrechts und der Criminalpolitik, Band 1, Berlin/Stettin,1823.

Henckel, Hans: Der Gefahrbegriff im Strafrecht, Breslau 1930 (Strafr. Abh. 270).

Henkel, Heinrich: Die „praesumtio doli“ im Strafrecht, in: Festschrift für Eberhard Schmidt, hrsg. von Paul Bockelmann und Wilhelm Gallas, Göttingen 1961, S. 578 ff.

v. Hentig, Hans: Der Gangster, Berlin, Göttingen, Heidelberg 1959.

Herzberg, Rolf Dietrich: Der Versuch beim unechten Unterlassungsdelikt, MDR 1973, S. 89 ff.

Hesse, Konrad: Grundzüge des Verfassungsrechts der Bundesrepublik Deutschland, 20. Auflage, Heidelberg 1995.

v. Hippel, Robert: Deutsches Strafrecht, Band 2, Berlin 1930.

Hobbes, Thomas: Leviathan oder Stoff, Form und Gewalt eines bürgerlichen und kirchlichen Staates, hrg. und eingeleitet von Iring Fetscher, Frankfurt a.M. 1976.

Honig, Richard M.: Die Einwilligung des Verletzten I, Mannheim u.a. 1919.

Horn, Eckhard: Konkrete Gefährdungsdelikte, Köln 1973.

Hoyer, Andreas: Die Eignungsdelikte, Berlin 1987.

Hücking, Günther: Gefahr, gegenwärtige Gefahr, Dauergefahr, Gefährlichkeit: Erscheinungsformen des Gefahrbegriffs und ihre Bedeutung im geltenden Strafrecht, Bonn 1935.

Jähnke, Burkhard/Laufhütte, Heinrich Wilhelm/Odersky, Walter (Hrsg.): Strafgesetzbuch, Leipziger Kommentar, 11. Auflage, Berlin, New York 1994.

– 9. Auflage, hrg. von Paulheinz Baldus, Günther Willms, Band 1 (§§ 1-79), Berlin, New York 1974

– 10. Auflage, hrg. von Hans-Heinrich Jescheck, Wolfgang Ruß, Günther Willms, Band 1 (§§ 1-31) Berlin, New York 1985, zit.: Verfasser, in: LK, Fundstelle.

Jakobs, Günther: Schuld und Prävention, Tübingen 1976 (Recht und Staat, 452/453).

– „Kriminalisierung im Vorfeld einer Rechtsgutsverletzung“, in: ZStW 97, S. 751 ff.

– Strafrecht, Allgemeiner Teil, 2. Auflage, Berlin, New York 1993.

Jescheck, Hans-Heinrich/Weigend, Thomas: Lehrbuch des Strafrechts, Allgemeiner Teil, 5. Auflage, Berlin 1996.

Kant, Immanuel: Werke in 10 Bänden, hrsg. von Wilhelm Weischedel, Darmstadt 1975, zit.: Kant, Band, Seite.

Kaufmann, Armin: Anmerkung zu BGHSt 9, 131, JZ 1956, S. 606 f.

– Strafrechtsdogmatik zwischen Sein und Wert, hrsg. von Gerhard Dornseifer, Köln u.a. 1982, zit.: Kaufmann, Strafrechtsdogmatik, S.

Kaufmann, Arthur: Das Schuldprinzip: Eine strafrechtlich-rechtsphilosophische Untersuchung, Heidelberg 1961, zit.: Kaufmann, Schuldprinzip, S.

– Unrecht und Schuld beim Delikt der Volltrunkenheit, JZ 1963, S. 425 ff.

Klein, Ernst Ferdinand: Grundsätze des gemeinen deutschen und preußischen Peinlichen Rechts, Halle 1796.

Kleinschrod, Gallus Aloys: Systematische Entwicklung der Grundbegriffe und Grundwahrheiten des peinlichen Rechts, 2. Ausgabe, Erlangen 1799, zit.: Kleinschrod, Grundbegriffe.

– Entwurf des peinlichen Gesetzbuches für die kurpfalz-baierischen Staaten, München 1802, zit.: Kleinschrod, Entwurf.

Köhler, Michael: Über den Zusammenhang zwischen Strafrechtsbegründung und Strafzumessung, Heidelberg 1983, zit.: Köhler, Strafrechtsbegründung, S.

– Zur Frage des Strafbarkeit des Leugnens von Völkermordtaten, NJW 1985, S. 2389 ff.

– Der Begriff der Strafe, Heidelberg 1986, zit.: Köhler, Begriff der Stafe, S.

– Strafrecht, Allgemeiner Teil, Berlin, Heidelberg u.a., 1997, zit.: Köhler, AT, S.

Köstlin, Christian Reinhold: Neue Revision der Grundbegriffe des Criminalrechts, Tübingen 1845, zit.: Köstlin, Neue Revision.

– System des Deutschen Strafrechts, Abteilung I, Allgemeiner Teil, Tübingen 1855, Neudruck Aalen 1978.

Kohlrausch, Eduard/Lange, Richard: Strafgesetzbuch, 43. Auflage, Berlin 1961.

Krauß, Detlev: Erfolgsunwert und Handlungsunwert im Unrecht, ZStW 76, S. 19 ff.

v. Kries, Johannes: Über den Begriff der objectiven Möglichkeit und einige Anwendungen derselben, in: Vierteljahresschrift für wissenschaftliche Philosophie 12 (1888), S. 179 ff., 287 ff., 393 ff., zit.: v. Kries, Begriff der objektiven Möglichkeit, S.

– Prinzipien der Wahrscheinlichkeitsrechnung, 2., mit einem Vorwort versehener Abdruck, Tübingen 1927, zit.: v. Kries, Wahrscheinlichkeitsrechnung, S.

Kühl, Kristian: Versuch in mittelbarer Täterschaft - BGHSt 30, 363, JuS 1983, S. 180 ff.

Küper, Wilfried: Versuchs- und Rücktrittsprobleme bei mehreren Tatbeteiligten, JZ 1979, S. 738 ff.

– Zur Problematik des Rücktritts von der Verbrechensverabredung, JR 1984, S. 265 ff.

Lackner, Karl: Das konkrete Gefährdungsdelikt im Verkehrsstrafrecht, Berlin 1967, zit.: Lackner, Gefährdungsdelikt, S.

Lackner, Karl/Kühl, Kristian: Strafgesetzbuch mit Erläuterungen, 23. Auflage, München 1999.

Langenbeck, Wilhelm: Die Lehre von der Theilnahme am Verbrechen, Jena 1868.

Lenckner, Theodor: Problem beim Rücktritt des Beteiligten, in: Festschrift für Wilhelm Gallas, hrsg. von Karl Lackner, Heinz Leferenz, Eberhard Schmidt, Jürgen Welp und Ernst Amadeus Wolff, Berlin, New York, 1973, S. 281 ff.

Letzgus, Klaus: Die Vorstufen der Beteiligung: Erscheinungsformen und ihre Strafwürdigkeit, Berlin 1972.

v. Lilienthal, Karl: Der Stooksche Entwurf eines Schweizerischen Strafgesetzbuches, ZStW 15, S. 260 ff.

v. Liszt, Franz: Der Zweckgedanke im Strafrecht, in: Strafrechtliche Vorträge und Aufsätze, 1. Band, S. 126 ff., zit.: v. Liszt, Zweckgedanke, S.

v. Liszt, Franz/Schmidt, Eberhard: Lehrbuch des Deutschen Strafrechts, 1. Band, 26. Auflage, Berlin und Leipzig 1932.

Luden, Heinrich: Handbuch des teutschen gemeinen und partikularen Strafrechts, Jena 1847.

Luhmann, Niklas: Normen in soziologischer Perspektive, Soziale Welt 20 (1969), S. 28 ff.

– Ausdifferenzierung des Rechts, Frankfurt a.M. 1981.

– Rechtssoziologie, 2. Auflage, Opladen 1983.

Maiwald, Manfred Literaturbericht, Strafrecht – Allgemeiner Teil (Teilnahmelehre) über: Klaus Letzgus, Vorstufen der Beteiligung, ZStW 88, S. 712 ff.

Marezoll, Theodor: Das gemeine deutsche Criminalrecht als Grundlage der neuen deutschen Strafgesetzgebungen, 3. Ausgabe, Leipzig 1856.

Maurach, Reinhart: Die Problematik der Verbrechensverabredung (§ 49 a II StGB), in: JZ 1961, S. 137 ff.

Maurach, Reinhart/Gössel, Karl Heinz/Zipf, Heinz: Strafrecht, Allgemeiner Teil, Teilband 2, 7. Auflage, Heidelberg 1989.

Maurach, Reinhart/Schroeder, Friedrich-Christian/Maiwald, Manfred: Strafrecht, Besonderer Teil, Teilband 2, 7. Auflage, Heidelberg 1991.

Miricka, August: Formen der Strafschuld und ihre gesetzliche Regelung, Tübingen 1908.

Mittermaier, C.F.A.: Über den neuesten Zustand der Criminalgesetzgebung in Deutschland: mit Prüfung der neuen Entwürfe für die Königreiche Hannover und Sachsen, Heidelberg 1825.

Morstadt, Karl Eduard: Ausführlicher kritischer Commentar zu Feuerbachs Lehrbuch des gemeinen deutschen Rechts (vollendet Ed. Osenbrüggen), Schaffhausen 1855.

Münkler, Herfried: Grundelemente terroristischer Ideologie, in: Bundesministerium des Innern (Hrsg.): Auseinandersetzung mit dem Terrorismus – Möglichkeiten der politischen Bildungsarbeit, S. 109 ff., Stuttgart 1981.

Mylonopoulos, Christos: Über das Verhältnis von Handlungs- und Erfolgsunwert im Strafrecht, Köln u.a.1981.

Plate, Kristian: Zur Strafbarkeit des agent provocateur, ZStW 84, S. 294 ff.

Pöll, Wilhelm: Die Suggestion, München 1951.

v. Quistorps, Johann Christian: Grundsätze des Deutschen Peinlichen Rechts, 3. Auflage, Rostock u.a. 1783.

Rohrmoser, Günter: Die Frage der Gewalt am Ende des Jahrhunderts, in: Bundesministerium des Innern (Hrsg.): Auseinandersetzung mit dem Terrorismus – Möglichkeiten der politischen Bildungsarbeit, S. 125 ff., Stuttgart 1981

Rousseau, Jean-Jacques: Der Gesellschaftsvertrag oder Die Grundsätze des Staatsrechts, übers. von H. Denhardt, hrsg. von Heinrich Weinstock, Stuttgart 1969.

Roxin, Claus: Sinn und Grenzen staatlicher Strafe, JuS 1966, S. 377 ff.

– Kriminalpolitik und Strafrechtssystem, 2. Auflage, Berlin, New York 1973, zit.: Roxin, Kriminalpolitik, S.

– Strafrechtliche Grundlagenprobleme, Berlin, New York 1973, zit.: Roxin, Grundlagenprobleme, S.

– Tatentschluß und Anfang der Ausführung beim Versuch, JuS 1979, S. 1 ff.

– Die „sozialethischen Einschränkungen" des Notwehrrechts, ZStW 93, S. 68 ff.

– Strafrecht, Allgemeiner Teil, Bd. I, Grundlagen, Aufbau der Verbrechenslehre, 3. Auflage, München 1997.

Rudolphi, Hans-Joachim: Die verschiedenen Aspekte des Rechtsgutsbegriffs, in: Festschrift für Richard M. Honig, S. 151 ff., Göttingen 1970, zit.: Rudolphi, in: Honig-FS, S.

– Strafbarkeit der Beteiligung an den Trunkenheitsdelikten im Straßenverkehr, GA 1970, S. 353 ff.

– Inhalt und Funktion des Handlungsunwertes im Rahmen der personalen Unrechtslehre, S. 51 ff., in: Festschrift für Reinhart Maurach, hrsg. von Friedrich-Christian Schroeder und Heinz Zipf, Karlsruhe 1972, zit.: Rudolphi, in: Maurach-FS, S.

– Der Zweck staatlichen Strafrechts und die strafrechtlichen Zurechnungsformen, in: Grundfragen des modernen Strafrechtssystems, herausgegeben von Bernd Schünemann, Berlin, New York 1984, S. 69 ff., zit.: Rudolphi, Der Zweck staatlichen Strafrechts, S.

Rudolphi, Hans-Joachim/Horn, Eckhard/Günther, Hans-Ludwig: Systematischer Kommentar zum Strafgesetzbuch, Band 1 (§§ 1-79 b), 6. Auflage, Stand November 1997, Band 2 (§§ 80-358), 5. bzw. 6. Auflage, Stand April 1997, Neuwied, Kriftel, Berlin 1997.

Sax, Walter: Grundsätze der Strafrechtspflege, in: Bettermann/Nipperdey/Scheuner, Die Grundrechte. Handbuch der Theorie und Praxis der Grundrechte. 3. Band, 2. Halbband, S. 909 ff., 2. Auflage, Berlin 1972.

Scherer, Martin: Die Formen der Verbrechensbegehung bei den Rotten- und Bandendelikten im Verhältnis zu den Formen der Verbrechensbegehung des Allgemeinen Teils des Strafgesetzbuches, Mainz 1965.

Schilling, Georg: Der Verbrechensversuch des Mittäters und des mittelbaren Täters, Köln, Berlin, Bonn, München 1975.

Schmidhäuser, Eberhard: Der Unrechtstatbestand, in: Festschrift für Karl Engisch, S. 433 ff., Frankfurt a.M. 1969, zit.: Schmidhäuser, in: Engisch-FS, S.

– Vom Sinn der Strafe, 2. Auflage, Göttingen 1971.

– Strafrecht, Allgemeiner Teil (Lehrbuch), 2. Auflage, Tübingen 1975.

v. Schirach, Wilhelm: Entwicklung der Lehre vom Komplott, in: NACr 1817, S. 516 ff.

– Versuch eines Beweises, daß es sowohl nach positiven Gesetzen, als nach allgemeinen Grundsätzen in Ansehung der Strafbarkeit keinen Unterschied zwischen dem Urheber und dem Gehülfen bei demselben gebe, NACr 1819/20, S. 415 ff.

Schmidt, Hans. W.: Rechtsprechung des Bundesgerichtshofs in Staatsschutzsachen, MDR 1993, S. 504 ff.

Schmitt, R.: „Rücktritt von der Verabredung zu einem Verbrechen – BGHSt 12, 306", in: JuS 1961, S. 25 ff.

Schönke, Adolf/Schröder, Horst: Strafgesetzbuch Kommentar, 25. Auflage, München 1997. zit.: Schönke/Schröder-Bearbeiter

Schröder, Horst: Die Gefährdungsdelikte im Strafrecht, ZStW 81, S. 7 ff.

– Grundprobleme des § 49 a StGB, JuS 1967, S. 294 ff.

Schroeder, Friedrich-Christian: Die Straftaten gegen das Strafrecht, Berlin, New York 1985.

Schünemann, Bernd: „Moderne Tendenzen in der Dogmatik der Fahrlässigkeits- und Gefährdungsdelikte", in: JA 1975, S. 792 ff.

Schütze, Theodor Reinhold: Die nothwendige Theilnahme am Verbrechen, Leipzig 1869.

v. Stemann, C.: Über das Anerbieten zur Begehung eines Verbrechens und die Annahme dieses Anerbietens, GerS 28, S. 276 ff.

Stephani, Matthias: Caroli quinti constitutiones publicorum judiciorum cum jure communi collatae, Brunsvigae 1678.

Stoviks, Berthold/Pflanz, Manfred: Suggestion in ihrer relativen zeitbedingten Begrifflichkeit medizinisch und sozial-psychologisch betrachtet, Stuttgart 1961.

Stübel, D. Christoph Carl: Über den Thatbestand der Verbrechen, die Urheber derselben und die zu einem verdammenden Endurteile erforderliche Gewißheit des erstern, besonders in Rücksicht der Tödtung nach gemeinen in Deutschland geltenden und chursächischen Rechten, Wittenberg 1805.

– Über die Teilnahme mehrerer Personen an einem Verbrechen, Dresden 1828, zit.: Stübel, Teilnahme.

Stratenwerth, Günter: Strafrecht, Allgemeiner Teil I, Die Straftat, 3. Auflage, Köln, Berlin, Bonn, München 1981.

Tittmann, Carl August: Handbuch der Strafrechtswissenschaft und der deutschen Strafgesetzkunde, Erster Theil, Halle 1806, zit.: Tittmann, Handbuch, S.

– Über die Darstellung der Lehre von den Urhebern und Gehülfen in einem Strafgesetzbuche, Ein Beitrag zur Strafgesetzgebungslehre, in: NACr 1818, 2. Band, S. 369 ff.

Tröndle, Herbert/Fischer, Thomas: Strafgesetzbuch und Nebengesetze, 49. Auflage, München 1999.

Vogler, Theo: Funktion und Grenzen der Gesetzeseinheit, in: Festschrift für Paul Bockelmann, hrsg. von Arthur Kaufmann, Günter Bemmann, Detlev Krauss, Klaus Volk, München 1979, S. 715 ff.

Volz, Manfred: Unrecht und Schuld abstrakter Gefährdungsdelikte, Göttingen 1968.

Wachenfeld, Friedrich: Lehrbuch des deutschen Strafrechts, München 1914.

Wächter, Carl-Georg: Lehrbuch des Römisch-Teutschen Strafrechts, Erster Theil, Stuttgart 1825, zit.: Wächter, Lehrbuch.

– Beitrag zur Auslegung des Artikel 148 der P.G.O., NACr 1834, S. 102 ff.

– Deutsches Strafrecht – Vorlesungen –, Leipzig 1881, zit.: Wächter, Dt. Strafrecht.

Weber, Ulrich: „Die Vorverlegung des Strafrechtsschutzes durch Gefährdungs- und Unternehmensdelikte“, in: Gleichnamiges Beiheft zur ZStW, Berlin, New York 1987, S. 1 ff.

Wehrstedt, Friedrich-Wilhelm: Das Komplott in der strafrechtlichen Entwicklung seit der Peinlichen Gerichtsordnung Kaiser Karls V. (Carolina) von 1532, Göttingen 1933.

Welzel, Hans: Das Deutsche Strafrecht, 11. Auflage, Berlin 1969.

Winter, Bernhard R.J.: Die Entwicklung der Mittäterschaft im 19. Jahrhundert, Heidelberg 1981.

Wolf, Erik: Die Typen der Tatbestandsmäßigkeit, Breslau 1931.

Wolff, Ernst Amadeus: Die Abgrenzung von Kriminalunrecht zu anderen Unrechtsformen, in: Hassemer, Winfried (Hrsg.), Strafrechtspolitik, Bedingungen der Strafrechtsreform, S. 137 ff., Frankfurt a.M. 1987, zit.: Wolff, Abgrenzung, S.

– Das neuere Verständnis von Generalprävention und seine Tauglichkeit für eine Antwort auf Kriminalität, ZStW 97, S. 786 ff.

Wolter, Jürgen: Objektive und personale Zurechnung von Verhalten, Gefahr und Verletzung in einem funktionalen Straftatsystem, Strafrechtliche Abhandlungen Band 40, Berlin 1981.

Wulffen, Erich: Verbrechen und Verbrecher, Berlin 1925.

Zaczyk, Rainer: Das Unrecht der versuchten Tat, Schriften zum Strafrecht Heft 80, Berlin 1989.

Ziegler, Franz Victor: Die Theilnahme an einem Verbrechen nach PGO., Art. 148 CCC, Marburg 1845.

Zielinski, Diethart: Handlungs- und Erfolgsunwert im Unrechtsbegriff, Berlin 1973.

Des weiteren wurde zitiert aus:

Niederschriften über die Sitzungen der Großen Strafrechts-Kommission, 2. Band, Allgemeiner Teil. 14.-25. Sitzung (21. Sitzung vom 24.3.1955), Bonn 1958.

Stenographische Berichte über die Verhandlungen des Deutschen Reichstages, 2. Legislaturperiode, 3. Session, 1875-1876.

Peter Lang · Europäischer Verlag der Wissenschaften

Christian Widmaier

Häftlingshilfegesetz, DDR-Rehabilitierungsgesetz, SED-Unrechtsbereinigungsgesetze: Rehabilitierung und Wiedergutmachung von SBZ/DDR-Unrecht?

Frankfurt/M., Berlin, Bern, New York, Paris, Wien, 1999. 367 S.
Europäische Hochschulschriften: Reihe 31, Politikwissenschaft. Bd. 382
ISBN 3-631-34767-7 · br. DM 98.–*

Mit dieser Arbeit wird untersucht, ob die in Deutschland bisher zur Rehabilitierung und Wiedergutmachung von SBZ/DDR-Unrecht verabschiedeten Gesetze – das Häftlingshilfegesetz, das DDR-Rehabilitierungsgesetz sowie die SED-Unrechtsbereinigungsgesetze – ihrer Zielstellung gerecht wurden bzw. werden. Hierzu werden die Hintergründe, die Geschichte sowie die Entwicklung dieser Gesetze akribisch untersucht. Ein Schwerpunkt wurde dabei auf die Untersuchung des DDR-Rehabilitierungsgesetzes gelegt, zu der umfangreiche Recherchen im Bundesarchiv angestellt wurden. Im Ergebnis werden zum einen Lücken und Mängel insbesondere in den SED-Unrechtsbereinigungsgesetzen aufgezeigt. Zum anderen wird auf Schieflagen zu den Entschädigungsvorschriften zugunsten der NS-Opfer hingewiesen, die es zu beheben gilt.

Aus dem Inhalt: Untersuchung von Hintergründen, Geschichte und Entwicklung der in Deutschland verabschiedeten Gesetze zur Wiedergutmachung von SBZ/DDR-Unrecht · Intensive Untersuchung des DDR-Rehabilitierungsgesetzes · Aufzeigen von Lücken und Mängeln der SED-Unrechtsbereinigungsgesetze · Hinweis auf Schieflagen zu den Entschädigungsvorschriften zugunsten der NS-Opfer

Frankfurt/M · Berlin · Bern · Bruxelles · New York · Oxford · Wien
Auslieferung: Verlag Peter Lang AG
Jupiterstr. 15, CH-3000 Bern 15
Telefax (004131) 9402131
*inklusive Mehrwertsteuer
Preisänderungen vorbehalten